ADAC Reiseführer

# Toskana

von Kerstin Becker
und Andreas Englisch

## Intro



## Unterwegs

ANTICO
PANPEPATO
NANNINI
Panforte Nero

## Karten und Pläne



# ☐ Service



### Leserforum

Die Meinung unserer Leserinnen und Leser ist wichtig, daher freuen wir uns von Ihnen zu hören. Wenn Ihnen dieser Reiseführer gefällt, wenn Sie Hinweise zu den Inhalten haben – Ergänzungs- und Verbesserungsvorschläge, Tipps und Korrekturen – dann kontaktieren Sie uns bitte:

**Redaktion ADAC Reiseführer**
**ADAC Verlag GmbH**
**Am Westpark 8, 81365 München**
**Tel. 089/76 76 41 59**
**reisefuehrer@adac.de,**
**www.adac.de/reisefuehrer**

# Toskana Impressionen

## Traumlandschaft zwischen Bilderbuchstädten und Kunstschätzen

Die Toskana ist mehr als die **Landschaft** im Herzen Italiens, die von den Regionen Ligurien und Emilia Romagna im Norden, Umbrien und Marken im Osten und Latium im Süden eingerahmt wird. Die Toskana ist mehr als ein **Urlaubsgebiet** mit Mittelmeerstränden, Jachthäfen, Skigebieten, Thermalanlagen, Klöstern, Galerien und Weinstöcken. Eine Unzahl von Berichten prominenter Reisender über den Reiz der Kunstschätze, eingebettet in liebliche Landschaft, verdichtete sich in den Köpfen der Leser zu dem **Traum** der Toskana, dem sich vorzugsweise Nordeuropäer an kalten, grauen Wintertagen hinzugeben pflegen.

Sie träumen dann von Zypressenalleen, die zu zauberhaften alten Weingütern führen, von Zitronengärten und Olivenhainen, von piniengekrönten samtenen **Hügeln** am Horizont, die im Frühnebel liegen und sich erst dann ganz preisgeben, wenn die Sonne den Schleier öffnet. Das sind die klassischen Kalenderbilder aus den fruchtbaren Weinbergen des Chianti zwischen Florenz und Siena und aus der faszinierend kargen Crete südlich von Siena.

**Oben:** *Berühmter Jüngling – Michelangelos David vor dem Palazzo Vecchio in Florenz*
**Rechts oben:** *Einzigartig – die muschelförmige Piazza del Campo in Siena*
**Rechts Mitte:** *Toskanisches Lebenselixier – Wein aus dem Chianti-Gebiet*
**Rechts:** *Toskanisches Szenenbild – Zypressen, sanfte Hügel und einsame Landhäuser*

### Bilder einer Landschaft

Diese klassische Toskana ist eine **Kultur-Region**, seit 2500 Jahren geformt von Menschenhand. Jeder Zentimeter dieses 22 990 Quadratkilometer umfassenden Landstrichs wurde von Bauern durchpflügt, von Schlachtenblut getränkt, von Mönchen, Bürgern und Herrschern besie-

delt, die Straßen, Brücken, Burgen, Städte, Tempel, Kirchen und Paläste errichteten, zum eigenen Schutz, zum Schaden der Feinde, zur Ehre Gottes, aus Prunklust.

Dabei bewiesen sie einen untrüglichen Sinn für Ästhetik. Felder, Baumreihen und Bauernhöfe fügen sich vielerorts so harmonisch in die Rundungen der Landschaft ein, als hätte ein Maler die Szenerie komponiert. Uralte, bereits von den **Etruskern**, die der Toskana den Namen gaben, gegründete Städte, wachsen

schier aus den Hügeln heraus. Obwohl die **Landwirtschaft** nur noch knapp drei Prozent zum Bruttosozialprodukt beiträgt, gelang es den Bewohnern, die Schönheit ihrer Heimat zu bewahren.

Viele **Landgüter** vermieten Zimmer oder Ferienwohnungen, so dass sich die Freuden des toskanischen Landlebens auch Besuchern erschließen, die nicht gleich einen Bauernhof kaufen wollen. Dazu gehört immer der Genuss der unverfälschten regionalen Produkte: Ein Mahl aus Wein, Brot, Olivenöl, Pecorino, Oliven und Wildschweinsalami mit Blick auf zauberhafte Hügel lässt den klassischen Toskana-Traum wahr werden.

## Reiz der Vielfalt

Die bereits genannten Gebiete Chianti und Crete sind nur zwei besonders bekannte Blüten aus dem vielfältigen Reigen *toskanischer Landschaften:* Die Region, zu 67 Prozent hügelig, zu 25 Prozent bergig und zu 8 Prozent eben, bietet ganz unterschiedliche Ansichten: Welten trennen die sanften Hügel um **Pienza** von den schroffen Apuanischen Alpen bei **Carrara**, die fruchtbaren Ebenen der **Maremma** von den tannenbewaldeten

**Oben:** *Mittelalterambiente – Monteriggioni mit vollständig erhaltenem Mauerring*
**Mitte:** *Historienspektakel – Fußballwettkampf Calcio Storico in Florenz*
**Rechts oben:** *Meisterwerk der Renaissance – Fresken von Luca Signorelli und Sodoma in der Abbazia di Monte Oliveto Maggiore*
**Rechts Mitte:** *Lauschiges Plätzchen vor erhabener Kulisse – Piazza del Duomo in Arezzo*
**Rechts:** *Brückenreigen in Florenz*

Höhen und Tälern des **Mugello** nordöstlich von Florenz, die feinen breiten Sandstrände der **Versilia** von den Felsklippen der Halbinsel **Monte Argentario**.

Denn die Toskana ist auch ein reizvolles Badeziel mit lebhaften Ferienorten an ihrer nördlichen Küste und weniger erschlossenen Stränden im Süden. Aber auch aus einer Kunstreise von Stadt zu Stadt wird immer ein Landschaftserlebnis. Der Weg ist ein Teil des Ziels, und in der Toskana lohnt es sich besonders, Autobahnen und Schnellstraßen zugunsten kleiner Landstraßen zu verlassen.

## Von Provinz zu Provinz

So vielfältig wie die Landschaften sind die Städte und Gemeinden und ihre Bewohner. Die **Spezialitäten der Küche** können von Dorf zu Dorf völlig unterschiedlich sein, ebenso wie der **Wein**. Nicht einmal der **toskanische Dialekt**, die Sprache Dantes und Petrarcas, aus der sich die italienische Hochsprache entwickelte, klingt überall gleich. Weil die Toskana sich seit Jahrtausenden um ihre

Städte konzentriert, folgt der Führer dieser Struktur. Ausgehend vom geographischen Zentrum der Toskana, der Stadt **Siena**, ist jeder *Provinzhauptstadt* mit dem dazugehörigen Gebiet ein eigenständiges Kapitel gewidmet. Denn das Selbstbewusstsein und die Selbstständigkeit der Provinzen haben sich bis heute bewahrt – genauso wie die Stadtbilder aus Mittelalter und Renaissance. Die unglaubliche **kulturelle Vielfalt** konnte entstehen, weil mächtige und reiche autonome Bürgerschaften Kunst in Auftrag gaben, um sich selbst verherrlichen zu lassen. So quellen prächtige Kirchen und monumentale Palazzi selbst in Kleinstädten über vor vollendeten Fresken und makellosen Skulpturen.

Eine bezeichnende Spezialität der toskanischen **Kunstzentren** bilden die überaus monumentalen Taufkapellen. Die Größe etwa des Baptisteriums in **Pisa** oder der Taufkirche unterhalb des Doms von **Siena** ist nicht unbedingt nur Zeichen der Frömmigkeit, man kann sie

**Oben:** *Strandidyllen auf der Insel Elba*
**Rechts:** *Tafelfreuden mit Zutaten der Region*
**Unten:** *Landschaftsträume und Klosterromantik– Abbazia di Monte Oliveto Maggiore*
**Rechts oben:** *Zeit für den abendlichen Bummel– Corso Italia in Arezzo*

auch interpretieren als Ausdruck für den Stellenwert, den die Republikaner der Geburt eines weiteren freien Bürgers beimaßen. Denn da wurde mit großer Freude ein Mensch in die Gemeinschaft aufgenommen, der verpflichtet war, sein Leben lang für die **Republik** zu kämpfen. In den italienischen Städten dagegen, die ständig abhängig vom Kirchenstaat oder von einem Königshof waren, entstanden keine erhabenen Taufkirchen.

Mit Liebe pflegen die Bewohner der Dörfer und Städte der Toskana die Erinnerung an die Zeit, als sie als eigenständige Republiken **Weltgeschichte** schrieben. Vielerorts zelebrieren sie jedes Jahr in mittelalterlichen Gewändern mit Umzügen und Reiterspielen ihre traditionellen Feste. Besucher, die sich für die Vergangenheit und die Kultur dieses Landstriches interessieren, die nachfragen, welche Traditionen in den jeweiligen Orten gepflegt werden, welche Spezialitäten und welche Weine die Menschen hier erzeugen, sind in der Toskana überaus geschätzte Gäste.

# Geschichte, Kunst, Kultur im Überblick

## Von Etruskern, Römern, der Macht der Medici und modernem Umweltbewusstsein

**Frühgeschichte bis Bronzezeit** Zeugnisse der Existenz von Neandertalern wurden bei Arezzo und in den Apuanischen Alpen gefunden. Knochen des Homo sapiens kamen bei Talamone ans Licht. Bei Cetona entdeckten Archäologen Reste eines Dorfes der Bronzezeit.

**11.–10. Jh. v. Chr.** Mit Beginn der Eisenzeit verbreitet sich die Villanova-Kultur in der Toskana. Zu diesem Zeitpunkt wandern die Etrusker aus Kleinasien oder Asien ein oder entwickeln sich, nach einer anderen Theorie, aus italischen Stämmen und bilden ihre Hochkultur durch Unterwerfung weniger hoch entwickelter Gemeinschaften.

**10.–6. Jh. v. Chr.** Die Etrusker werden eine der beherrschenden Mächte des Mittelmeerraums. Die Blütezeit etruskischer Kunst bricht im 7. Jh. v. Chr. an.

**5. Jh.–396 v. Chr.** Die Etrusker verlieren wichtige Kriege gegen Griechen und Phönizier. Mit der römischen Eroberung der bedeutenden Etruskerstadt Veji 396 v. Chr. setzt der allmähliche Niedergang der etruskischen Herrschaft ein.

**281–187 v. Chr.** Die Römer erobern das Territorium des alten Etruskerreiches.

**31 n. Chr.** Augustus ordnet nach den siegreichen Kämpfen um die Macht in Rom die römischen Provinzen. Die Toskana wird VII. Region mit dem Namen Etruria. Sie umfasst noch Teile Nord-Latiums. Da die Römer den Küsten der Toskana wenig Aufmerksamkeit widmen, verfallen die hydraulischen Meisterwerke der Etrusker, das Land verwandelt sich in weiten Teilen wieder in Sumpf.

**297** Kaiser Diokletian ordnet die Verwaltungsbezirke neu. Die Toskana wird zur V. Region namens Tuscia. Wirtschaftlich ist sie durch massive Getreideimporte aus Ägypten und Sizilien fast ruiniert. Auch die Mineralverarbeitung hat kaum noch Bedeutung.

**410** Die Stämme der Goten unter Alarich verwüsten weite Teile der Toskana, zerstören das fein gewebte Netz der Verwaltungssitze der Römer und vernichten die wichtigsten wirtschaftlichen Verbindungen und Produktionsstätten.

**553** Die Toskana wird byzantinische Provinz, aber nur 16 Jahre später erobern die Langobarden die Region. Sitz des neuen Herzogtums Toskana wird Lucca.

**774** Unter Karl dem Großen erobern die Franken das Langobarden-Reich. Die Küstenorte der Toskana werden verlassen, weil sich die Angriffe der Sarazenen häufen. Nur Pisa bleibt als größte Stadt in Meeresnähe bestehen.

**888–962** Die Toskana wird Teil des sog. Unabhängigen Italischen Reiches.

**1056** Florenz wird zur Hauptstadt der unter einem Marchese vereinten Toskana und entwickelt sich dank blühenden Handels und der Erfindung des Bankwesens sprunghaft.

**1080** Pisa steigt zur bedeutendsten Hafenstadt im nordwestlichen Mittelmeer auf. Begünstigt durch die Kreuzzüge wird es einer der wichtigsten Häfen für die Einschiffung in das Heilige Land und nach Kleinasien.

**ab 1100** Die Spannungen zwischen Kaiser und Kirche teilen die Städte der Toskana in zwei unversöhnliche Parteien: kaisertreue Ghibellinen und papsttreue Guelfen.

**ab 1125** Florenz zeigt immer deutlicher expansionistische Tendenzen. Vor allem Pisa wird hart, aber zunächst erfolglos bedrängt, weil Florenz wegen

*Zeugnis der etruskischen Hochkultur: Ädikulagrab in der Nekropole San Cerbone in Populonia*

*3000 Plätze hatte dieses unter Kaiser Claudius errichtete Amphitheater in Fiesole bei Florenz*

seiner Textilproduktion dringend einen Hafen braucht.

ab 1200 Das durch Bankgeschäfte reiche Florenz erreicht eine Vormachtstellung über die Stadtrepubliken der Toskana.

1313 Der Tod von Kaiser Heinrich VII. schwächt die ghibellinische (kaisertreue) Partei entscheidend.

1342 Eine Bankkrise trifft Florenz und bedroht die Vormacht der Stadt in der Toskana.

1348 Die große Pest (von Boccaccio in der Einleitung seiner Novellensammlung ›Decamerone‹ beschrieben) tötet allein in Florenz 80 000 Menschen – zwei Drittel der Einwohner.

1406 Die Florentiner nehmen Pisa ein und gewinnen den lang ersehnten Zugang zum Meer.

1434 Cosimo de' Medici kommt in Florenz an die Macht und leitet damit eine – mit Unterbrechungen – drei Jahrhunderte währende Hegemonie der Medici in Florenz und später der ganzen Toskana ein.

1478 Lorenzo de' Medici versucht, ein Gleichgewicht der Kräfte in Italien aufzubauen, mit der Großmacht des Hauses Sforza in Mailand, den Königen von Neapel und dem Kirchenstaat.

1492 Nach dem Tod von Lorenzo besetzt der französische König Karl VIII. Florenz. Der Mönch Fra Girolamo Savonarola ruft eine kurzlebige Theokratie aus, die von fanatischer Frömmigkeit geprägt ist.

1512 Nach der Wahl von Piero Soderini zum Gonfaloniere, des höchsten Amtes der Signoria, kehren die Medici nach Florenz zurück, jedoch nur für 15 Jahre. Dann werden sie erneut

*Förderer der Architektur, Philosophie und Dichtkunst in Florenz: Lorenzo de' Medici*

*Um 1600 ergötzen sich die Sienesen an Stier- und Bärenkämpfen auf der Piazza del Campo*

verbannt, Florenz wird Bürgerrepublik.

1530 Die letzte Florentiner Republik, zu der ein Großteil der Toskana gehört, wird von Karl V. eingenommen. Karl lässt sich 1530 in Bologna zum König von Italien krönen. Die Medici kehren nach Florenz zurück.

1555 Söldnertruppen im Auftrag des Florentiner Medici-Herzogs Cosimo belagern und erobern Siena, die letzte bedeutende Rivalin von Florenz in der Toskana.

1570 Cosimo I. de' Medici (1519–1574) erhält von Papst Pius V. den Titel ›Großherzog der Toskana‹. Ausgenommen von seinem Herrschaftsbereich sind nur Lucca und Massa-Carrara sowie Teile der Küste, der Monte Argentario und Elba, das unter spanische Kontrolle gerät.

1621 Nach dem Tod Cosimos II. übernimmt ein Konsortium die Regierung, weil der Nachfolger Ferdinando II. noch zu jung ist.

1737 Mit dem Tod von Gian Gastone, dem letzten Medici der großherzoglichen Linie, geht die Herrschaft an das Haus Habsburg-Lothringen über.

1808 Die Toskana wird von Frankreich unter dem Namen ›Etrurisches Reich‹ annektiert. Ausgenommen sind die Provinzen Lucca, Massa-Carrara und Piombino, die der Familie Napoleons unterstehen.

1814 Napoleon wird nach Elba verbannt.

1815 Der Wiener Kongress setzt den Großherzog der Toskana, Ferdinand III., wieder ein.

1848 Nach Aufständen in Pisa und Florenz flieht Großherzog Leopold II. Eine republikanische Regierung wird eingesetzt, die binnen kurzem zu einer Diktatur führt.

1852 Leopold II. kehrt mithilfe österreichischer Truppen nach Florenz zurück. Er hat alle progressiven Kräfte Italiens gegen sich.

*Auf dem Weg in die Verbannung: Napoleon 1814 bei der Einschiffung nach Elba*

*Der Ponte Vecchio in Florenz bleibt 1944 von den Kriegszerstörungen verschont*

**1859** Nach einer Demonstration am 27. April 1859 flieht der Großherzog nach Österreich.

**1860** Am 15. März 1860 entscheiden sich die Toskaner, Untertanen des sardisch-piemontesischen Königs aus dem Haus Savoyen zu werden, der Italien einigen will.

**1865–71** Florenz ist Hauptstadt des vereinigten Italien, bis König Vittorio Emanuele II. in Rom einzieht.

**1940** Nach dem Kriegseintritt Italiens an deutscher Seite bombardieren alliierte Flieger die Städte der Toskana schwer.

**1946** Ein Volksentscheid am 2. Juni 1946 begründet die Italienische Republik. Die Königsfamilie wird verbannt. Florenz wird Hauptstadt der Toskana.

**1966** Im November erlebt Florenz seine bislang schwerste Flutkatastrophe.

**1970** Eine Verwaltungsreform bringt der Region Toskana mehr Befugnisse.

**1987** Der Etruskologe Francesco Nicosia beweist durch Grabungen, dass Florenz eine römische Stadtgründung ist.

**1993** Bei einem von der Mafia verübten Bombenattentat vor den Uffizien sterben fünf Menschen.

**1998** Der Toskanische Archipel erhält den Status eines Nationalparks.

**2001** Im Dezember wird der ›Schiefe Turm‹ von Pisa nach langwierigen Restaurierungs- und Sicherungsarbeiten wieder eröffnet.

**2002** Florenz führt als erste von mehreren Kunststädten Italiens ein ›Eintrittsticket‹ für Busreisegruppen ein. Die Gelder sollen zur Verbesserung der Infrastruktur eingesetzt werden.

**2003** 35 Kleinstädte in Italien, darunter in der Toskana Massa Marittima und San Vicenzo, schließen sich dem Netzwerk ›Citta Slow‹ (www.cittaslow.info) an, das sich für Lebensqualität und Umweltschutz stark macht.

**2005** Kardinal Joseph Ratzinger besteigt als Benedikt XVI. den Papstthron.

**2008** Vorgezogene Neuwahlen im April gewinnt Silvio Berlusconi zusammen mit der Lega Nord.

**2010** Eine Regierungskrise beutelt Italien. Ministerpräsident Silvio Berlusconi übersteht eine Vertrauensabstimmung im Dezember nur äußerst knapp.

**2011** In Florenz beginnt der umstrittene Bau eines unterirdischen Hauptbahnhofs nach Plänen von Sir Norman Foster, der die toskanische Hauptstadt an das Hochgeschwindigkeitszugnetz anschließen soll.

*Siegessicher: Silvio Berlusconi bei der Stimmabgabe zur Parlamentswahl 2008*

*Eine Bühne für Bilderbuchblicke – die toskanische Landschaft gleicht den romantischen Träumen eines Künstlers*

# Unterwegs

# Siena und Provinz – im Herzen der Toskana

Neben der grandiosen **Provinzhauptstadt** sollte man auch die **Kleinstädte** und **Klöster** besuchen, die in die sanfte Hügellandschaft rund um Siena eingebettet sind: Pienza, die ›Idealstadt‹ des Papstes Pius II., San Gimignano, das ›Manhattan des Mittelalters‹, die Weinstädte Montepulciano und Montalcino, die Etruskerstadt Chiusi, die Pilgerstation San Quirico d'Orcia, das romantische Kastell Monteriggioni, die Ruinen der Zisterzienserabtei San Galgano, das bezaubernde Kloster Sant'Antimo und den freskengeschmückten Konvent Monte Oliveto Maggiore. Südlich von Siena zeigt die Landschaft Crete Kalenderblattansichten karger Kuppen mit einsamen Gutshäusern unter Zypressenreihen.

## 1 Siena

*Der faszinierende Geist einer eigenwilligen Republik – die Stadt der Contraden.*

Wenn alljährlich am 2. Juli und am 16. August auf der Piazza del Campo der lange Einzug der rivalisierenden Stadtteile Sienas, der Contraden, zum seit dem Jahr 1147 zelebrierten **Pferderennen** ›Palio‹ beginnt, blicken die Zuschauer immer mit einem leichten Schauder auf das Ende des Zuges. Denn dort tragen Knappen die Symbole Hahn, Löwe, Viper, Bär, Schwert und Eiche, die sechs ›Geister‹-Stadtteile repräsentieren. Sie wurden nach einer Massenschlägerei am 2. Juli 1675 auf ewig vom Palio ausgeschlossen und die **Contraden** aufgelöst, aber die Banner werden weiter bei der Eröffnung des Palio mitgetragen.

### Sieneser Fehden

So hält Siena sogar die Erinnerung an gar nicht mehr existierende Contraden wach. Die 17 Stadtteile, die es heute noch gibt, spielen für ihre Bewohner auch heutzutage eine kaum zu überschätzende Rolle. Von der Wiege bis zur Bahre begleitet die Gemeinschaft der Contrada das Leben, eine jede besitzt eine eigene Kirche, einen Schutzheiligen und ein Museum für historische Gewänder und Siegestrophäen vom Palio.

Bei aller Wildheit des Palio [s. S. 20] ist das Pferderennen eine harmlose Art, die innerstädtischen Konflikte auszutragen.

*Panorama zum Verlieben: Siena mit Piazza del Campo vor toskanischer Landschaft*

Zur Zeit der mittelalterlichen Blüte Sienas als **eigenständige Stadtrepublik** nutzten die Sienesen die Fenster ihrer Paläste nicht, um das Tageslicht einzufangen, um ihre Bilder und Statuen geschickt zu beleuchten, sondern um durch die Öffnungen mit einer Armbrust unliebsame Gegner zu bekämpfen. Papsttreue (Guelfen) gegen Kaiseranhänger (Ghibellinen), Adel gegen Bürger, überzeugte Republikaner gegen die Unterstützer eines starken Alleinherrschers – das Machtgefüge wurde immer wieder neu ausgekämpft. Der Hass unter den verfeindeten Parteien der Stadt war so groß, dass zum Beispiel am Silvesterabend 1494 der Bischof die streitenden ›Novi‹ und ›Popolari‹ im Dom zwang, sich zu küssen und zu verzeihen.

### Erzrivalen Florenz und Siena

Dazu kamen die kriegerischen Auseinandersetzungen mit den Feinden außen: Der ungeheure Reichtum der in ganz Europa operierenden sienesischen Kaufleute war so legendär, dass nicht wenige Staaten und Herrscher ›Appetit‹ auf Siena bekamen. Mit dem benachbarten **Florenz**, das ebenfalls als Handels- und Bankenplatz europaweite Bedeutung besaß, konkurrierte Siena vom 12. bis zum 16. Jh., was oft genug zu verheerenden Schlachten führte.

### Blüte der Künste

Trotz aller Konflikte lagen zwischen inneren und äußeren Kriegen lange Perioden, in denen Handel und Bankwesen gediehen und für breiten Wohlstand sorgten. Die Bürger Sienas bauten sich **Stadtpaläste** und **Kirchen**, die sie von den führenden Malern und Bildhauern mit allerlei wertvollen Kunstgegenständen ausstatten ließen. Oft dienten diese **Meisterwerke** außer der Liebe zur Kunst und purer Frömmigkeit noch ganz anderen Zwecken, politischen und militärischen. Die Stadtregierung, die im 13. und 14. Jh. zu den reichsten Europas zählte, schickte

## Im Galopp um den Campo

TOP TIPP

Der **Palio** ist kein Touristenspektakel, kein farbenfrohes Volksfest und auch kein normales **Pferderennen**. Er ist brutal, gnadenlos und parteiisch. Auch deshalb kämpfen Tierschützer aussichtslos gegen den Palio, der Siena in zehn unversöhnliche Lager teilt. Allein bei den Proberennen an den Vortagen der eigentlichen Veranstaltung kam in den vergangenen Jahren ein gutes Dutzend Pferde um. Die jahrhundertelang in Fraktionen zerrissene Stadt erfand Stierkämpfe und Ballspiele, Fechter- und Ringerturniere, um die Feindschaft unter den **Stadtteilen**, den Contraden, in Wettkämpfen zu kanalisieren. Einzig der Palio blieb übrig, weil er so spektakulär ist.

Kaum jemand, der auf der **Piazza del Campo** steht, kann sich vorstellen, dass zehn reinrassige Rennpferde gleichzeitig dreimal diesen Platz umpreschen können, ohne sich alle Knochen zu brechen, was ja oft genug vorkommt. Um das Rennen überhaupt zu ermöglichen, reicht es, wenn die Pferde ohne Reiter ins Ziel laufen, da letztere immer wieder auf der Strecke bleiben.

Früher nahmen alle 17 Contraden am Palio teil. Weil es dabei allzu viele Opfer unter Pferden und Reitern gab, dürfen heute nur noch **zehn Pferde** gleichzeitig laufen, die den Contraden vor dem Rennen zugelost werden. Sabotageakte in den Ställen und Versuche, die meist aus Sardinien stammenden Reiter zu bestechen, gehören zu den klassischen Rennvorbereitungen. Vor dem Start ziehen **Fahnenschwenker** über den Platz und tragen den Palio herein, eine bemalte Fahne für den Sieger. Nach mehr als einer Stunde **Umzug** beginnt die komplizierte Startprozedur. Die Sienesen, die sich auf dem Platz drängen oder einen Fensterplatz gemietet haben, ertragen sie mit endloser Geduld. Am Fonte-Gaia-Brunnen dirigieren die Reiter ihre Pferde in eine mit Seilen abgesperrte Startzone. Wenn schließlich das Seil fällt, sind alle Mittel erlaubt. Die ›Fantini‹, die **ohne Sattel und Steigbügel** reiten, dürfen ihren Widersachern auch mit der Peitsche ins Gesicht schlagen.

Nach wenigen Minuten ist das Rennen vorbei. Dann geraten die Sieger in Ekstase. In den Kirchen danken sie der Madonna für ihre Gnade, hängen Pferdehaare, Fähnchen und Zaumzeug in die Kapelle, die jede Contrada besitzt. Und bei den Verlierern fließen bittere Tränen der Enttäuschung, begleitet von dem unbedingten Schwur, im kommenden Jahr Revanche zu nehmen.

*Rasantes Spektakel: der alljährliche Wettstreit der Contraden auf der Piazza del Campo*

*Einzigartige Platzanlage: Piazza del Campo zu Füßen des mittelalterlichen Torre del Mangia*

des Öfteren den Bürger *Simone Martini*, eines der Genies der italienischen Malerei, in die von Siena eroberten **Festungen**, um möglichst genaue Bilder der Anlagen zu malen. Im Fall eines Angriffs war das Wissen um deren exakte Beschaffenheit überlebenswichtig.

In das winzige Bergstädtchen **Roccalbegna** im Süden des Gebiets von Siena (östlich von Grosseto) sandten die Ratsherren den schon zu Lebzeiten hochberühmten Maler *Ambrogio Lorenzetti*. Er malte drei Tafelbilder, die dort noch immer die Pfarrkirche SS. Pietro e Paolo bewahrt. Heute fragen sich die Besucher, wie kam in eine so kleine Stadt so hochkarätige Kunst, die man eher in Florenz oder eben Siena erwarten würde. Die Antwort: Die Bilder erleichterten die Besiedlung des strategisch wichtigen Städtchens. Nur weil es dort anbetungswürdige Kunst gab wie die ›Madonna delle Ciliege‹ (Madonna der Kirschen), gemalt von einem Top-Künstler seiner Zeit, ließen sich überhaupt Sienesen dazu bewegen, an den Rand des Herrschaftsgebiets zu ziehen und es zu verteidigen.

Selbst das berühmteste Bild der Stadt, die ›**Maestà**‹ von *Duccio di Buoninsegna*, entstand 1308–11 auch aus ›strategischen‹ Gründen. Duccio malte eigenhändig die Widmung ›mater sancta Dei sis causa Senis requiei‹ (Heilige Mutter Gottes, sei der Grund für die Ruhe Sienas). Siena war die erste Stadt Europas, die sich auf diese Weise mit einem öffentlichen **Dokument** unter den Schutz der Madonna stellte.

Dass der Muttergottes gerade sie selbst besonders am Herzen lagen, davon gingen die Bürger der Stadt auch später aus: Simone Martini malte 1315 eine *›Maestà‹*, eine thronende Madonna, an die Wand des Ratssaales im Palazzo Pubblico von Siena, die somit an den Ratssitzungen symbolisch teilnahm.

## Papst mit bürgerlicher Gesinnung

Wie stark trotz aller blutrünstigen Rivalitäten zwischen den Stadtteilen und den reichen Familien der **Bürgersinn** in Siena ausgeprägt war, zeigt die Karriere eines der größten Söhne des sienesischen Herrschaftsgebiets. Enea Silvio Piccolomini, besser bekannt als **Papst Pius II.**,

*Siena bei Nacht: Glanzpunkt der Stadt ist der marmorverkleidete Dom*

geboren in Corsignano bei Siena (seinen Geburtsort taufte er später in **Pienza** um), stammte aus einer alten sienesischen Familie. Er war einer der glänzendsten **Humanisten**, die je den Thron Petri bestiegen. Seine sienesisch-republikanische Gesinnung prägte ihn derart, dass er sogar als Papst wie ein **Gegner** des **absolutistischen Systems** dachte.

Pius II. liebte es, Beratern und Künstlern an seinem Hof ein Privileg zuzugestehen, das im 15. Jh. Europas Königs- und Fürstenhöfe als Sensation ansahen: anderer Meinung zu sein. Piccolomini schwebte nicht nur in höheren geistigen Sphären, er hatte auch einen scharfen Blick für Alltagsprobleme: In seinem 1444 verfassten Büchlein *›Vom Elend der Hofleute‹* prangert der spätere Papst das Verhalten der wie *Tyrannen regierenden Fürsten* an, zu denen jahrhundertelang auch die Päpste gehörten, und bekundet sein Mitgefühl für die einfachen Hofleute.

Als Pius II. am 24. Februar 1459 nach Siena kam, gab es trotz seiner Gesinnung Ärger. Denn er versuchte, den **Adel** Sienas an der Regierung der Stadt zu beteiligen, und das wurde ihm als Einmischung ausgelegt. Das Verhältnis besserte sich nie. Die Sienesen sahen mit Misstrauen auf den überaus mächtigen Piccolomini.

## Hügel in und um Siena

Auf drei Hügeln, die ein Y bilden, breitet sich Sienas Altstadt aus. Entsprechend teilt sich die Stadt in Drittel: Der Terzo di Camollia weist nach Norden, der Terzo di Città nach Südwesten, der Terzo di San Martino nach Südosten. Das Auf und ab macht den Stadtrundgang mitunter etwas beschwerlich.

Hügelig ist auch die Provinz Siena, die, wie *D. H. Lawrence* sagte, der »Seele das Gefühl gibt, dass es ihr gut tut, hier zu sein«. *Johann Wolfgang von Goethe* empfand während seiner ›Italienischen Reise‹ das Tempo seiner Pferdekutsche als zu schnell, um die Schönheit der Landschaft bewundern zu können. Die üppig fruchtbaren, grünen Kuppen und Weinberge des **Chianti** liegen nördlich der Stadt. Südlich von Siena bietet die **Crete** ein ganz anderes Bild: Wie eine Mondlandschaft wirken die Wellen aus fast baumlosen Schafweiden und Äckern, auf die Wolkenschatten stetig wechselnde Muster malen. Etwas lieblicher, aber kaum weniger suggestiv breiten sich sanft gerundete Felder und Wiesen um **Pienza** aus. Alle diese Landschaften mit ihren sich in selbstverständlicher Harmonie einfügenden Zypressenreihen und Pinienhainen haben die Bauern in jahrhundertelanger harter Arbeit geprägt. Wenn es noch so etwas wie unberührte Natur in dieser Provinz gibt, dann in den Bergen des **Monte Amiata** (rund 20 km südlich von Montalcino).

## Sienas Stadtgeschichte

Die drei Hügel zwischen den Flüssen Elsa und Arbia, auf denen die Stadt Siena liegt, waren schon von **Etruskern** besiedelt. Kaiser Augustus baute hier die Militärkolonie **›Sena Iulia‹** auf. Der Gründungsmythos der Stadt lautet jedoch anders: Der Legende nach soll *Senio*, der Sohn von Remus, die Stadt Siena gegründet haben. Deshalb beruft sich auch Siena auf die *Wölfin*, die die Zwillinge Romulus und Remus säugte, als Wahrzeichen der Stadt. Von den Langobarden und später von den Karolingern erobert, regierten in Siena zwischen dem 10. und 11. Jh. die Bischöfe, die auch die bisherigen Feudalherren unter ihre Gewalt zwangen. Im 12. Jh. gelang es den Bürgern von Siena, den Bischof als Regenten abzusetzen, sich unter

den Schutz des Kaisers zu stellen und eine Stadträte-Regierung zu bilden. Siena blieb zunächst **ghibellinisch**, also kaisertreu, im Gegensatz zur papsttreuen Guelfenstadt Florenz. In den folgenden drei Jahrhunderten erlebte die Stadt ihre **wirtschaftliche Blüte** durch Handel und Bankgeschäfte in ganz Europa, gleichzeitig jedoch befand sie sich in ständigem Kriegszustand. Im Inneren kämpften Kaufleute und Adel, Ghibellinen und Guelfen um ihren Anteil an der Macht. Immer neue Varianten republikanischer **Räteregierungen** wechselten sich ab, während Siena gleichzeitig die Angriffe der Florentiner abwehren musste.

Am 4. September 1260 besiegten die Sienesen, mit Unterstützung deutscher Ritter des Königs Manfred und der Heere von Lucca, Pisa und Cortona, in der **Schlacht bei Montaperti** das päpstlich-florentinische Heer. Aber der Triumph währte nicht lange. Der Papst belegte Siena mit einem *Kirchenbann*, die Kaufleute wurden von vielen wichtigen Handelspartnern boykottiert. Am 11. Juni 1269 verloren die Sienesen die **Schlacht bei Monteriggioni** gegen Florenz.

Auch das Jahr 1348 brachte mitten in einer wirtschaftlichen Blütezeit einen verheerenden Rückschlag, als die **Pest** einen großen Teil der Bevölkerung auslöschte. Trotz der ständigen Spannungen blieb Siena noch mehr als 200 Jahre, mit kurzer Unterbrechung, eine freie republikanische Stadt. 1472 wurde das heute als älteste Bank der Welt geltende Geldhaus **Monte dei Paschi di Siena** gegründet. Die Freiheit endete, als sich der ehemalige Ratsherr *Pandolfo Petrucci* 1487 an die Macht putschte, die er an seine Söhne weitergab. 1530 zog **Kaiser Karl V.** in Siena ein und formte eine Regierung zugunsten der reichsten Kaufleute.

1552 jagten die Bürger die Kaisertreuen aus der Stadt und verbündeten sich mit den verbannten republikanischen Florentinern unter *Piero Strozzi*. Cosimo I. de' Medici, der Herzog von Florenz, ließ sich jedoch 1555 von Kaiser Karl V. ein 24 000 Mann starkes Söldnerheer schicken, das gegen Siena zog. Nach sechs Monaten **Belagerung** gab Siena auf. Nur 650 Sienesen gelang die Flucht in die Bergfestung **Montalcino**, wo Florenz im Jahr 1559 der Republik Siena den endgültigen Todesstoß versetzte. Cosimo I. vereinnahmte die Stadt in sein ›Großherzogtum Toskana‹. Danach lag sie abseits des großen Geschehens und behielt so ihr mittelalterliches Bild. 1859 stimmte sie als erste toskanische Stadt für den Anschluss an das Königshaus Savoyen und damit für den italienischen Nationalstaat.

*Ein Meisterwerk Giovanni Pisanos ist die von Heiligenfiguren belebte Domfassade*

## An der Piazza del Duomo

TOP TIPP

### Duomo Santa Maria Assunta 1

Piazza del Duomo,
Tel. 0577 28 63 00
www.operaduomo.siena.it
März–Mitte Juni, Mitte Sept.–Okt. Mo 10.30–19.30, So, Fei 13.30–18, Mitte Juni–Mitte Sept. Mo–Sa 10.30–20, So, Fei 13.30–18, Nov.–Febr. Mo–Sa 10.30–18.30, So, Fei 13.30–17.30 Uhr

Sienas **Dom** thront am höchsten Punkt der Stadt. In seiner jetzigen Gestalt mit Querschiff, Kuppel und flachem Chorabschluss geht er auf einen **spätromanischen**, um 1210 begonnenen **Bau** zurück, der stufenweise erweitert wurde. So verlängerte man 1316 den Chor nach Osten, was wegen des abschüssigen Geländes Stützkonstruktionen notwendig und die *Taufkirche San Giovanni* (Battistero, s. S. 26) möglich machte. Die Pest von 1348, allzu hohe Baukosten und ungünstige politische Verhältnisse verhinderten den Plan eines viel größeren Doms, dem das vorhandene Hauptschiff als Querschiff dienen sollte. Es blieb bei den Mauern, die rechts vom Dom (Duomo Nuovo mit *Museo dell'Opera Metropolitana*, s. S. 27) zu sehen sind. Der Kirchturm, dessen nach oben hin von eins auf sechs anwachsende Zahl der Fensteröffnungen jegliche Schwere aufhebt, war spätestens 1313 errichtet, der Gesamtbau mit Chorabschluss schließlich 1382 vollendet.

Der aus Pisa berufene *Giovanni Pisano* schuf 1284–99 die **Fassade** – erstmals in Italien eine Schauwand mit einem Skulpturen-Zyklus im Sinn der französischen Gotik. Atemberaubend ist hier die Vielfalt von Säulchen, Ornamentbändern, von menschlichen und tierischen Gestalten, Blattvariationen, Giebeln und Vorsprüngen. Zahlreiche Skulpturen sind durch Kopien ersetzt, die ausdrucksstarken Originale Pisanos bewahrt das Museo dell' Opera Metropolitana auf.

Das **Innere**, durch ungewöhnlich hohe rundbogige Arkaden in drei Schiffe geteilt, wirkt streng, was der Wechsel von dunkelgrünen und weißen Marmorstreifen an Wänden und Pfeilern noch verstärkt. Unter dem Gesims reihen sich *Terrakottabüsten* (15./16. Jh.) von 171 Päpsten, eine interessante Galerie ungemein wirklichkeitsnaher Physiognomien. Nicht gerade organisch vermittelt der **Kuppelraum** (über sechseckigem Grundriss) zwischen Lang- und Querhaus, doch setzte er bis 1375 den entscheidenden Raumakzent, als hier noch der Hochaltar mit Duccios ›Maestà‹ (befindet sich heute im Dommuseum, s. S. 28) aufgestellt war.

Einzigartig ist der **Marmorfußboden**. 56 Felder zeigen in den Stein eingeritzte und mit verschiedenfarbigem Marmor mosaikartig gestaltete Bilder: Sibyllen, Propheten, biblische Szenen, Allegorien sowie die Wappen der italienischen Städte. Über 40 Künstler haben zwei Jahrhunderte lang (1369–1562) an diesem prachtvollen Boden gearbeitet, darunter *Matteo di Giovanni* (›Bethlehemitischer Kindermord‹, 1481), *Pinturicchio* (›Fortuna‹, 1504) und *Domenico Beccafumi* (›Isaaks Opferung‹, 1547).

Aus der Fülle der **Ausstattung** seien hier einige der besonderen Glanzpunkte aufgeführt: Papst Alexander VII. aus dem Hause Chigi stiftete die **Cappella Chigi** [A] im rechten Querschiff. Der noble Raum wurde 1662 von *Gian Lorenzo Bernini* entworfen, der auch den hl. Hieronymus und die Maria Magdalena beiderseits des Eingangs geschaffen hat, Skulpturen voller Leidenschaft. Am marmornen **Hochaltar** [B] von Peruzzi (1532) bestechen das Bronze-Ziborium Vecchiettas (1467), die beiden seitlichen Kandelaber-Engel von Giovanni di Stefano (1489), die unteren von Francesco di Giorgio (1499). Die Engel an den Chorpfeilern stammen von Beccafumi (1550), der auch die Apsis mit Fresken (u. a. Paradies-Darstellung) ausstattete. Das großartige **Rundfenster** [C] der Chorwand, das älteste Glasgemälde Italiens, entwarf 1287/88 *Duccio*. Drei übereinander angeordnete Bildstreifen zeigen Szenen des Marienlebens. Dem **Chorgestühl** [D] von Francesco und Giacomo del Tonghio (1362–92) fügte man die kunstvollen Holzintarsien mit Stillleben und illusionistischen Innenräumen hinzu (Fra Giovanni da Verona, 1503).

Berühmtestes Einzelstück des Doms, Hauptwerk *Nicola Pisanos* wie der europäischen Skulptur schlechthin, ist TOP TIPP die **Kanzel** [E] im linken Querschiff. Des Meisters Sohn *Giovanni* und *Arnolfo di Cambio* halfen bei der Arbeit der Jahre 1266–68. Die achteckige Kanzel ruht auf neun Säulen aus Granit, Porphyr und grünem Marmor, von denen vier auf Löwen stehen und die mittlere von den Personifikationen der sieben freien Künste und der Philosophie getragen wird. Die **Relieffelder** der Kanzelwände zeigen Szenen aus dem Leben Christi, von der ›Geburt‹ über die ›Kreuzigung‹ zum ›Jüngsten Gericht‹, unterbrochen von Propheten und Engeln. Wir haben hier die zweite der vier großen *Kanzeln der Pisani* (Pisa – Dom und Baptisterium; Pistoia – Sant' Andrea) vor uns. Im Vergleich zur älteren Kanzel des Pisaner Baptisteriums [s. S. 90] dominiert hier die Bildwelt eindeutig den architektonischen Aufbau,

*Nicola Pisano schmückte die Domkanzel mit Szenen aus dem Leben Christi*

das erzählerische Element ist ausgeweitet, die Bewegungen sind reicher. Die **Figuren** folgen wohl antiken Skulpturen, sind jedoch wesentlich lebendiger herausgearbeitet und wirken geschmeidiger. Wer sich Zeit nimmt, erkennt, dass sich in den einzelnen Gesichtern ausgeprägte Charaktere, ja seelische Bewegungen spiegeln. *Bartolomeo Neroni* fügte erst 1543 die Treppe hinzu.

Schräg vis-à-vis, in der Eckkapelle zwischen Chor und linkem Querhausarm, gibt es ein frühes Hauptwerk von *Tino di Camaino* zu bewundern, das **Grabmonument** [**F**] des Kardinals Riccardo Petroni, 1317/18. In der **Cappella di San Giovanni Battista** [**G**], die 1482 von Giovanni di Stefano für eine Armreliquie Johannes d. T. erbaut wurde, entzückt die *Bronzestatue des Täufers* (1457), eine der letzten Arbeiten *Donatellos*. Außerdem sehenswert sind Neroccios qualitätvolle Statue der *Katharina von Alexandrien* (1487) und Pinturicchios *Fresken* mit Szenen aus dem Leben Johannes d. Täufers. Ein weiterer Höhepunkt des Dombesuchs ist die Besichtigung der **Libreria Piccolomini** [**H**] im linken Seitenschiff. Kardinal Francesco Todeschini Piccolomini, der spätere Papst Pius III., gründete sie um 1495 zur Erinnerung an seinen humanistisch gebildeten Onkel, Pius II., und zur Aufnahme von dessen Bibliothek. Der Raum ist überaus festlich: Rundum erstrahlt farbenfrohe Freskenpracht, den Majolika-Fußboden zieren Piccolomini-Wappen, die Decke gliedern kleinteilig Groteskenmalereien.

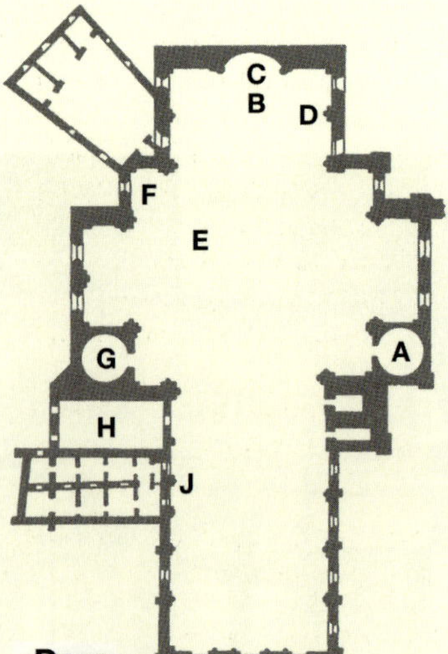


**Dom**

**A** Cappella Chigi
**B** Hochaltar
**C** Rundfenster
**D** Chorgestühl
**E** Kanzel
**F** Grabmonument Petroni
**G** Cappella di San Giovanni Battista
**H** Libreria Piccolomini
**J** Piccolomini-Altar

Die anmutigen **Fresken** von *Pinturicchio* (1502–09) zeigen die wichtigsten Lebensstationen des Enea Silvio Piccolomini. Beginnend am Fenster rechts: Aufbruch zum Konzil von Basel – als Botschafter vor dem schottischen König Jakob I. – bei der Dichterkrönung durch Kaiser Friedrich III. in Frankfurt am Main – Bischofsweihe durch Papst Eugen IV. – als Erzbischof von Siena mit dem Kaiserpaar – Empfang des Kardinalshutes – Krönung zum Papst – Aufruf zum Kreuzzug – Heiligsprechung der Katharina von Siena – Tod in Ancona. Den Bezug zur Antike in diesem Festraum unterstreicht die Gruppe ›*Drei Grazien*‹, eine römische Kopie (3. Jh.) eines hellenistischen Originals. In den Schaukästen liegen Choralbücher mit Miniaturen.

Aufmerksamkeit gebührt schließlich noch dem **Piccolomini-Altar** [**J**] mit dreistöckigem Renaissance-Aufbau, links neben dem Eingang zur Bibliothek, gestiftet vom Gründer der Libreria und ausgeführt von *Andrea Bregno* (1485). Berühmt sind hier die *Heiligenstatuetten*, als Frühwerke Michelangelos umstritten, doch wohl nach seinen Zeichnungen gearbeitet. Die schöne *Madonna* in der Mittelnische entstand um 1400 und wird *Jacopo della Quercia* zugeschrieben.

### Battistero di San Giovanni 2

Tel. 05 77 28 63 00
www.operaduomo.siena.it
März–Mitte Juni, Mitte Sept.–Okt. tgl. 9.30–19.30, Mitte Juni–Mitte Sept. tgl. 9.30–20, Nov.–Febr. tgl. 10–17 Uhr

Links vom Ausgang des Doms führt eine Treppe hinab zum Baptisterium, das zwischen 1316 und 1325 als Substruktion für die Domerweiterung errichtet wurde und unter dem Chor liegt. Die klar gegliederte *Fassade* wurde 1382 hinzugefügt.

Das **Innere** der Taufkirche mit seinem weit gespannten Kreuzrippengewölbe, gestaltet 1325 von *Tino di Camaino*, wird von voluminösen Pfeilern, die auch den

*Raumerlebnis: Fresken von Pinturicchio schmücken die Libreria Piccolomini in Sienas Dom*

Chor stützen, in drei Schiffe geteilt. Das Baptisterium ist in leuchtender Farbigkeit freskiert (im 19. Jh. stark übermalt). Beachtenswert ist vor allem der **Christuszyklus** vor dunklem Hintergrund in der Apsis: *Kreuzigung, Gebet am Ölberg* und *Beweinung Christi* schuf 1447 Michele di Matteo aus Bologna, die *Geißelung* und *Kreuztragung* darunter malte 1453 Lorenzo di Pietro, genannt ›Il Vecchietta‹.

Ein Meisterwerk der frühen Renaissance ist das hexagonale **Taufbecken** mit dem Marmorziborium auf schlankem Sockel, das zwischen 1417 und 1430 unter der Leitung *Jacopo della Quercias* entstand: Die sechs *Relieftafeln* und die eckständigen vergoldeten Messingfiguren, die das Becken umgeben, bieten dem Betrachter die einzigartige Möglichkeit, die Werke der drei bedeutendsten Bildhauer ihrer Zeit – Jacopo della Quercia, Donatello und Ghiberti – direkt miteinander zu vergleichen. Der Zyklus über das **Leben Johannes des Täufers** beginnt an der Rückseite des Beckens und verläuft im Gegenuhrzeigersinn:

1. *Zacharias wird Johannes' Geburt verkündet* (Jacopo della Quercia) und *Justitia* (Gerechtigkeit) von Giovanni di Turino
2. *Geburt Johannes des Täufers* und *Caritas* (Nächstenliebe), beide von Turino di Sano
3. *Predigt Johannes des Täufers* und *Prudentia* (Klugheit) von G. d. Turino
4. *Taufe Christi* (Ghiberti) und *Fides* (Glaube) von Donatello
5. *Johannes der Täufer vor Herodes* (Ghiberti) und *Spes* (Hoffnung) von Donatello
6. *Festmahl des Herodes* (Donatello) und *Fortitudo* (Tapferkeit) von Goro di Neroccio.

### Museo dell'Opera Metropolitana 3

Piazza del Duomo 8,
Tel. 05 77 28 63 00
www.operaduomo.siena.it
März–Mitte Juni, Mitte Sept.–Okt. tgl. 9.30–19.30, Mitte Juni–Mitte Sept. tgl. 9.30–20, Nov.–Febr. tgl. 10–17 Uhr

Das Dommuseum von Siena wurde 1870 in den ersten drei Jochen des rechten Querschiffs des unvollendet gebliebenen ›Neuen Domes‹ eingerichtet. Im **Erdgeschoss** fällt der Blick zunächst auf das Marmortondo *Madonna mit Kind* von *Donatello* (um 1430), abgenommen von der Lünette über dem Seiteneingang am

*Meilenstein der europäischen Kunst: die ›Maestà‹ von Duccio di Buoninsegna (1308–11)*

Glockenturm: Die strenge Madonna Donatellos wirkt wie eine plastische Version der Muttergottes von Duccio. Hinter diesem Tondo überrascht das Flachrelief *Der hl. Abt Antonius empfiehlt Kardinal Antonio Casini der Muttergottes* von Jacopo della Quercia: Der Stifter lässt sich hier in demütigster Haltung abbilden.

Die beiden Reliefs werden von zehn **Statuen** umrahmt, die *Giovanni Pisano,* Sohn des Kanzelmeisters Nicola Pisano, 1285–1297 für die Fassade des Domes meißelte. Diese Skulpturen sind die ersten Monumentalfiguren des Mittelalters mit Gesichtern und Gesten voller Lebendigkeit und Dramatik. Verblüffend, wie Giovanni Pisano durch grobe Strukturen (er arbeitete mit einem Bohrer) und die leichte Drehung der überlangen Hälse Plastizität und den Anschein von Bewegung erzielt: Die Statuen sind dazu geschaffen, aus der Ferne zu wirken.

Im **1. Obergeschoss** wird in einem klimatisierten Raum der Schatz des Dommuseums gehütet: Im Dämmerlicht erstrahlen die goldenen Heiligenscheine auf der **Maestà** [s. S. 21] von *Duccio di Buoninsegna*. Duccio, der Begründer der sienesischen Malerei, schuf dieses beidseitig gemalte Polyptychon zwischen 1308 und 1311 für den Hauptaltar des Domes [s. S. 25]. Der Gemeinde zugewandt war das 2,12 x 4,25 m große Bild der segnenden Muttergottes mit dem Kind, umgeben von einer himmlischen Schar von Engeln und Heiligen. Im Vordergrund knien die vier Schutzpatrone von Siena. Die kleinen Tafeln der Eingangswand, die 26 Szenen aus der Passion Christi darstellen, bildeten ursprünglich die Rückseite des Altaraufsatzes. Die Predellentafeln sind rechts davon an der Längswand ausgestellt.

TOP TIPP

Bis 1506 schmückte Duccios ›Maestà‹ den Altar des Domes, dann musste sie einem Ziborium Vecchiettas weichen. Die Maestà wechselte innerhalb des Domes mehrmals den Standort, bis sie 1771 auseinander gesägt wurde. Manche Teile gingen verloren, acht Bildtafeln befinden sich außerhalb Italiens, u. a. in New York, Washington und London. Duccio bleibt beim *Aufbau* seines Meisterwerkes der byzantinisch ikonographischen Tradition verhaftet, entzückt jedoch durch eine nie zuvor erreichte Farbgebung der zarten Zwischentöne, eine besonders feine Linienführung und – auf den kleineren Tafeln – die zierliche Anmut der Gestalten.

Einzigartig sind die dekorativen *Details*: Feinste Mosaikeinlagen schmücken den Marmor-Thron, die preziösen Stoffe scheinen aus Goldfäden gewebt zu sein, hauchzart umhüllt der fliederfarbene Umhang das Jesuskind. Faszinierend ist die erzählerische Kraft der kleineren Tafeln, an denen unter anderem *Pietro Lorenzetti* mitgewirkt haben soll. Die Bildsprache Duccios blieb bis ins 15. Jh. hinein Vorbild. Ein Kuriosum: Während die männlichen Gestalten Duccios bereits charakteristische Gesichter aufweisen, tragen sämtliche Frauen (und Engel) das Profil der Muttergottes.

An der rechten Wand des Duccio-Saals ist die **Mariengeburt** *Pietro Lorenzettis* ausgestellt, ein Spätwerk des Sienesen von 1342, der sich im Gegensatz zu seinem Bruder Ambrogio weniger auf die narrative Darstellung als auf räumliche Gestaltung konzentriert. Dieses Bild gilt als die perfekte Innenraumdarstellung des 14. Jh. in Italien. Links daneben lädt eine **Muttergottes mit Kind** von *Duccio* zum Vergleich: Der Meister malte sie 1283, beinahe 30 Jahre vor der ›Maestà‹.

Im **Saal 2** rechts hinter dem Duccio-Raum beeindruckt die vergoldete Holzskulpturen-Gruppe *Madonna und die Heiligen Antonius, Bartholomäus, Johan-*

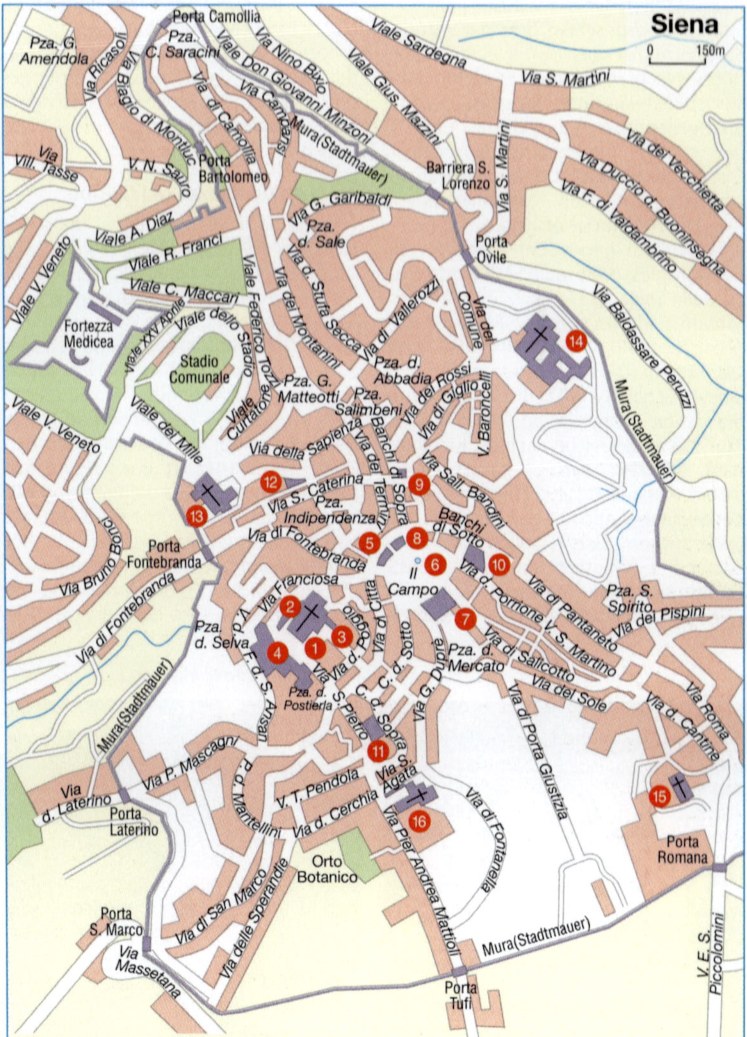


1 Duomo Santa Maria Assunta
2 Battistero di San Giovanni
3 Museo dell'Opera Metropolitana
4 Complesso Museale SMS Santa Maria della Scala
5 Palazzo Sansedoni
6 Fonte Gaia
7 Palazzo Pubblico (Museo Civico)
8 Loggia della Mercanzia
9 Palazzo Tolomei
10 Palazzo Piccolomini
11 Pinacoteca Nazionale
12 Casa-Santuario di Santa Caterina
13 San Domenico
14 San Francesco
15 Santa Maria dei Servi
16 Sant'Agostino

*nes d. T. und Petrus*, die 1420–24 von *Jacopo della Quercia* und seiner Werkstatt geschaffen wurde. Die entrückt wirkende Madonnengestalt gilt als eine der besten Arbeiten des Bildhauers.

In **Saal 3 und 4** sind *Zeichnungen* aus der Dombauhütte, *Chorbücher* des 14. und 15. Jh. sowie Abbildungen der Marmorfußböden des Doms ausgestellt.

Im **2. Obergeschoss** befindet sich die *Schatzkammer* des Doms, eine Treppe höher hat man Zugang zu einem *Aussichtspunkt* an der Westfassade. Im **3. Obergeschoss** ist u. a. die Madonna mit den großen Augen (1225) ausgestellt. Diese Holztafel eines sienesischen Künstlers schmückte den Dom-Altar, bevor Duccios ›Maestà‹ sie ersetzte.

Dem Dom gegenüber erstreckt sich der **Complesso Museale SMS Santa Maria della Scala** 4 (Tel. 05 77 53 45 71, www.santamariadellascala.com, Mitte März–Mitte Okt. tgl. 10.30–18.30, Mitte Okt.–Mitte März tgl. 10.30–16.30 Uhr, letzter Einlass 1 Std. vor Schließung). Ursprünglich diente die riesige Anlage, deren Gründung ins Jahr 832 zurückreichen soll, als Krankenhaus, seit 1998 wird sie sukzessive zu einem Ausstellungskomplex umgebaut, der originale Einrichtungen der Klinik, z. B. reich ausgemückte Kapellen sowie bereits mehrere Museen umfasst: Das **SMS Contemporanea** nutzt die historischen Säle für Wechselausstellungen internationaler zeitgenössischer Kunst. Den **Pilgersaal** (Pellegrinaio) im Obergeschoss zieren einzigartige *Fresken*: Domenico di Bartolo aus Asciano bei Siena malte 1440–43 Ärzte und Krankenpfleger bei ihrer Arbeit im Hospital. In der Sala San Leopoldo ebenfalls im Obergeschoss bringt das **Museo d'Arte per Bambini** Kindern die Kunst nahe. Der mittelalterliche Heuspeicher **Fienile** im Zwischengeschoss bewahrt die Originalskulpturen des Brunnens Fonte Gaia. Im Untergeschoss zeigt das **Museo Archeologico Nazionale** vorgeschichtliche, etruskische und römische Funde.

TOP TIPP

## An der Piazza del Campo

Siena wurde auf drei Hügeln erbaut, die die Form eines Y bilden. Die Altstadt teilt sich daher nicht in Viertel, sondern in Drittel: Terzo di Camollia im Norden, Terzo di Città im Südwesten und Terzo di San Martino im Südosten. Am Schnittpunkt der Terzi liegt in einer Mulde eine einzigartige mittelalterliche Platzanlage: Die muschelförmige Piazza del Campo mit ihrem charakteristischen Ziegelsteinpflaster ist noch heute fast genauso erhalten, wie sie im 14. und frühen 15. Jh. angelegt wurde. Ein Baugesetz von 1297 sorgte dafür, dass die gerundeten Patrizierpaläste, die den Platz rahmen, mit einheitlichen Fensterformen ausgestattet wurden. Der beeindruckendste

*Die Originalreliefs der Fonte Gaia sind im Museumskomplex Santa Maria della Scala zu sehen*

unter ihnen ist der **Palazzo Sansedoni** 5: Der Bildhauer und Baumeister Agostino di Giovanni formte den eleganten Komplex 1339 aus mehreren Einzelhäusern und Wohntürmen.

An der rechteckigen **Fonte Gaia** 6 startet zweimal jährlich der ›Palio‹ [s. S. 20]. *Jacopo della Quercia* schuf den Brunnen 1409–19 als Prestigeobjekt für das stets unter Wassermangel leidende Siena. Herrliche Marmorskulpturen (Originale heute im Complesso Museale SMS Santa Maria della Scala) der Erschaffung Adams und der Vertreibung aus dem Paradies sowie der Tugenden Besonnenheit, Tapferkeit, Weisheit, Gerechtigkeit, Glaube, Liebe, Hoffnung und der von Engeln flankierten Muttergottes symbolisieren die Ursprünge der Menschheit und der Stadt Siena.

Der **Palazzo Pubblico** 7, das *Rathaus* (1297–1310), ist ein herausragendes Beispiel gotischer Architektur in Italien. ›Sienesische Bögen‹ (vorgeblendete Spitzbögen über sanften Segmentbögen) rahmen die Fenster und Portale des Untergeschosses aus Travertinblöcken. Die Obergeschosse in rotem Backstein, der seine Farbe je nach Sonneneinstrahlung verändert, sind mit von Säulen dreigeteilten gotischen Fenstern ausgestattet. Die beiden Seitenflügel wurden 1680 im gleichen Stil um ein Stockwerk erhöht.

Seine stilvollen Innenräume sind heute erlesener Rahmen für die Kollektionen des Stadtmuseums **Museo Civico** (Tel. 0577 29 22 26, www.comune.siena.it, Mitte März–Okt. tgl. 10–19 Uhr, Nov.–Mitte März tgl. 10–18 Uhr). Über eine moderne Treppe erreicht man die *Ausstellungsräume im 1. Stockwerk*. Der Besucher betritt zunächst die **Sala di Risorgimento**, der Einigung Italiens gewidmet und Ende des 19. Jh. mit Szenen aus dem Leben König Vittorio Emanuele II. ausgemalt. Von dort geht es weiter in die fünf Säle, die den **Cortile di Podestà** bilden und einst vom Bürgermeister als Wohnräume genutzt wurden. Nun sind dort Keramiken, aber auch einige sehr interessante und überaus seltene etruskische Münzen aus Populonia ausgestellt. Die Bildergalerie in diesen Sälen dagegen birgt keine erstklassigen Schätze.

TOP TIPP

Nach diesem Rundgang erreicht der Besucher die **Sala di Balia** (Sala dei Priori), die ein Bogen in zwei Hälften teilt. Spinello Aretino malte den Saal in den Jahren um 1407 mit *Fresken* aus. Sie erzählen Episoden aus dem Leben des Papstes Alexander III., der mit bürgerlichem Namen Orlando Baldinelli hieß, aus Siena stammte und im 12. Jh. zum Gegner von Kaiser Barbarossa aufgestiegen war. In die Nischen über den Fresken malte 1408 Martino di Bartolomeo die *16 Tugenden*.

*Bis in den späten Abend von quirligem Leben erfüllt: Restaurants auf der Piazza del Campo*

Von dort gelangt der Besucher in die **Sala di Passaggio** (Sala dei Cardinali). Auf der rechten Wand ist ein Fresko-Fragment zu erkennen, das drei Heilige zeigt und Teil einer ursprünglich sehr viel größeren Komposition sein soll, die dem Sienesen Ambrogio Lorenzetti zugeschrieben wird. Links schließt sich die **Sala del Concistorio** an, deren Eingang ein sehr elegantes *Portal* schmückt, das Bernardo Rossellino im Jahr 1448 schuf. Die Decke des Saals trägt *Fresken* von Domenico Beccafumi, die 1529–39 entstanden und Allegorien zeigen. Der Besucher gelangt durch die Sala di Passaggio zur **Ratskapelle**. Sie hat Taddeo di Bartolo 1407-14 mit Fresken ausgemalt. Sie enthält noch ein weiteres Kleinod, eine *Heilige Familie* von Sodoma aus dem Jahr 1536. Das *Chorgestühl* schnitzte Domenico di Niccolò 1415–28.

*Architektur als Symbol der Macht – vom Palazzo Pubblico aus wurde Siena regiert*

An die Kapelle schließt sich die **Sala del Mappamondo** an, einer der wichtigsten Räume für die mittelalterliche Kunst Italiens. Von der Weltkarte, der Mappamondo, die dem Saal den Namen gab, ist nichts erhalten. Zu sehen ist allerdings das leicht beschädigte, im Jahr 1315 gemalte große **Fresko** der ›Maestà‹ von Simone Martini, das zu seinen besten Werken zählt. Da die Wand beim Farbauftrag noch zu feucht gewesen war, musste Martini das Bild noch im selben Jahr restaurieren. Es zeigt die unter einem Baldachin thronende Madonna, zu deren Füßen sich die Symbole der Republik Siena dem Schutz der Muttergottes anempfehlen. Beherrscht wird der Saal von dem großen, ausgezeichnet erhaltenen Fresko, das **Guidoriccio da Fogliano** bei der Belagerung von Montemassi zeigt, wo sich die aufrührerischen Feinde versteckt hielten. Simone Martini malte es im Jahr 1328. Die herrlich frischen Farben, die sechs Jahrhunderte überstanden, die graziöse Darstellung des Reiters Guidoriccio und die weite, hügelige Landschaft mit sienesischen Feldlagern im Hintergrund haben das Fresko weltberühmt gemacht.

Durch die Sala del Mappamondo gelangt man in die **Sala della Pace** (Friedenssaal), welche die Hauptattraktion des Palazzo Pubblico darstellt. Ambrogio Lorenzetti hielt in einem faszinierenden **Freskenzyklus** Szenen aus dem täglichen Leben des Mittelalters fest, eine absolute Rarität. Er kreierte mit diesen Genreszenen aber gleichzeitig ein aufschlussreiches philosophisches und politisches Bildprogramm. Hier wird, deutlicher als an jedem anderen Ort in der Toskana, dargestellt, wie und nach welchen Wertvorstellungen die mittelalterlichen Menschen der Region dachten und lebten. Der Fresken-Zyklus entstand zwischen 1338 und 1340. Auf der Stirnwand des Saals, gegenüber dem Fenster, ist das ›Buon Governo‹, **Die gute Regierung**, abgebildet, personifiziert als Tugend, Frieden, Gerechtigkeit, Vorsicht und Stärke. Die linke Seite des Freskos illustriert eindrücklich, was eine gerechte Herrschaft bewirkt: eine blühende Stadt voller Leben am Beispiel des mittelalterlichen Siena mit den Geschlechter-Türmen der reichen Familien. Der Wechsel der Jahreszeiten ist angedeutet.

Leider ist das gegenüberliegende Fresko ›Mal Governo‹, **Die schlechte Regierung**, das die Folgen des Machtmissbrauchs schildert, stark beschädigt. Trotzdem lassen sich einige Szenen erkennen: Mord und Totschlag herrschen in den Straßen Sienas, die Häuser sind Ruinen. Auf diese Wand malte Lorenzetti die Tyrannei als Satan, der Platz nimmt zwischen Zwietracht, Grausamkeit und Betrug. Auf dem Fresko erscheint die Gerechtigkeit in Ketten zu Füßen des Tyrannen. Darüber schweben der Geiz, die Überheblichkeit und die Selbstsucht.

Die angrenzende **Sala dei Pilastri** bewahrt ein Horrorgemälde der frühen Renaissance: Unter dem Titel ›Strage degli innocenti‹ schilderte Matteo di Giovanni 1482 das Gemetzel des Kindermords zu Bethlehem besonders grausig.

Eine kühne Konstruktion ist der 1325–44 errichtete 102 m hohe **Torre del Mangia** (Tel. 0577 29 22 23, März–Mitte Okt. tgl. 10–19 Uhr, Mitte Okt.–Febr. tgl. 10–16 Uhr) mit einer Bekrönung aus Travertin über dem Backsteinschaft. Der Name geht auf den Glöckner zurück, den die Sienesen ›Mangiaguadagni‹ (der, der den Verdienst der Bürger verzehrt) nannten. Die zinnenbewehrte Plattform bietet einen herrlichen Ausblick. Die an den Seiten offene *Kapelle* zu Füßen des Turms (1352–76) wurde als Dank für die Erlösung von der Pest des Jahres 1348 errichtet.

Nahe der Piazza del Campo, in der Via di Città, befindet sich die schöne **Loggia della Mercanzia** 8, entworfen von *Sano di Matteo*, 1444 fertig gestellt: Der Bau ist ein Beispiel für den Übergangsstil von der Gotik zur Renaissance. Das Obergeschoss stammt aus dem 17. Jh.

Der gotische **Palazzo Tolomei** 9 (1205) an der Piazza Tolomei 11 ist der älteste Patrizierpalast Sienas. Heute beherbergt er eine Bank.

Beachtenswert ist auch der ab 1469 errichtete **Palazzo Piccolomini** 10 (Tel. 0577 24 71 45, Mo–Sa jeweils 9.30, 10.30 und 11.30 Uhr) mit seiner von Biforien gegliederten Renaissance-Fassade. Der Palast ist Sitz des Staatsarchivs. Dort kann der Besucher eine einmalige Sammlung *bemalter Holztäfelchen* bewundern. Diese Tafeln waren Deckel der Register des Finanzamtes und entstanden zwischen 1228 und 1689.

*Kunstvolle Rarität: ›Die gute Regierung‹ von Ambrogio Lorenzetti im Museo Civico*

*Feinster Kunstgenuss in der Pinacoteca Nazionale: Bartolo di Fredis ›Anbetung der Könige‹*

## Rund ums Centro

Eine Pilgerstätte für Liebhaber der Renaissance-Kunst ist südlich der Piazza del Campo der **Palazzo Buonsignori**. Der schöne spätgotische Palast entstand in der ersten Hälfte des 15. Jh. Mit der **Pinacoteca Nazionale** ⓫ (Via San Pietro 29, Tel. 0577281161, www.comune.siena.it, Mo 8.30–13.30, Di–Sa 8.15–19.15, So/Fei 8.15–13.15 Uhr, Kasse schließt 1 Std. früher) beherbergt er heute eine Sammlung von Bildern, um die Siena die besten Museen der Welt beneiden. Zu den Glanzpunkten der im 2. Stock ausgestellten Werke gehören etwa in **Saal V** die *Anbetung der Könige* von *Bartolo di Fredi* (Ende 14. Jh) mit einzelnen Bauwerken Sienas wie beispielsweise dem Dom im Hintergrund. Man beachte besonders die lebendige Darstellung der Pferde, Affen und Kamele, während die Gesichter der Figuren noch an die des Meisters Duccio erinnern. Auf erzählerische Kraft statt auf dekorative Details konzentrierte sich Simone Martini beim Tafelbild der *Vier Wunder des hl. Agostino Novello* (1330) in **Saal VI**: Der fliegende Lebensretter lässt unweigerlich an eine Superman-Figur aus der Comic-Welt denken. Erstaunlich ausgereift zeigen sich bereits die Gestik und Mimik der Gestalten.

Die Werke *Città sul Mare* (Stadt am Meer) und *Un Castello in Riva a un Lago* (Ein Kastell am Seeufer) von *Ambrogio Lorenzetti* in **Saal VII** zählen zu den wichtigsten Kunstschätzen Europas, denn diese **Tafelbilder** aus dem 14. Jh. sind die wohl einzigen Beispiele der Malerei dieser Zeit, die reine Landschaften darstellen. Erst mehr als 100 Jahre später tauchen Nachfolger dieser Landschaftsmalerei auf. Ein weiteres monumentales Werk von Pietro Lorenzetti, die *Storie dell'Ordine carmelitano* (Geschichten des Karmeliterordens) von 1328/29 befindet sich an der gegenüberliegenden Wand.

In **Saal XXX** sind die sechs Original-Kartons von *Beccafumi* zu sehen, die der

Künstler als Entwurf für die *Bodendekoration* im Dom [s. S. 25] herstellte. Zum Besitz des Museums zählt auch ein mit dem Namen *Albrecht Dürer* signierter *Hl. Hieronymus*, der auf das Jahr 1514 datiert ist. Es gibt jedoch sehr starke Zweifel an der Echtheit des Bildes. Ein Porträt *Elisabeths von England* (16. Jh.) ist eines der schönsten Werke *Federico Zuccaris*.

In einer engen Gasse liegt die **Casa-Santuario di Santa Caterina** 12 (Vicolo del Tiratoio 15, Tel. 0577 28 08 01, www.caterinati.org, tgl. 9.30–19 Uhr). Hier wurde Caterina Benincasa, Tochter eines wohlhabenden Wollfärbers, 1347 geboren. Sie spielte eine wichtige Rolle in der Kirchengeschichte, weil sie den Papst überzeugte, aus dem Exil in Avignon nach Rom zurückzukehren. Dafür wurde sie 1461 heilig gesprochen. Ihr Elternhaus baute die Bruderschaft von Santa Caterina in ein Sanktuarium mit verschiedenen Oratorien um. Im 17. Jh. kam das *Oratorio del Crocifisso* dazu. Dieses *Kruzifix*, vor dem die Heilige in der Kirche von Santa Caterina in Pisa ihre Stigmata erhielt, war 1565 heimlich nach Siena gebracht worden.

Mit ihren mächtigen Proportionen beherrscht die Backstein-Basilika **San Domenico** 13 wie ein Fels den nördlichen Teil der Stadt. Von dem vor der Stadtmauer liegenden Parkplatz ist sie auch per Rolltreppe zu erreichen. Die Kirche wurde 1226–1465 erbaut und nach einem Brand 1531 restauriert. Zur Errichtung des Querschiffs war der Bau einer Unterkirche erforderlich, die wegen ihrer Gräber ›Totenkirche‹ genannt wird. Das Innere der einschiffigen Hallenkirche ist lichtdurchflutet. Das *Ziborium* des Hauptaltars schuf *Benedetto da Maiano* um 1475. Glanzstück der Kirche ist die von *Sodoma* (1526) und *Francesco Vanni* (1595) ausgemalte **Katharinenkapelle** (Santuario) auf der rechten Seite des Langhauses. Meisterwerke in sanften Farben sind die beiden Bilder von Sodoma: *Ohnmacht der hl. Katharina* und *Verzückung der hl. Katharina*. Im Altartabernakel *Giovanni di Stefanos* (1466) wird der Kopf der Schutzheiligen des Dominikanerordens und der Stadt Siena aufbewahrt.

Am nordöstlichen Stadtrand Sienas, dicht an der Stadtmauer, erhebt sich die gotische Basilika **San Francesco** 14, die

*Die mächtige Backsteinbasilika San Domenico beherbergt die Kopfreliquie der hl. Katharina*

*Einladung zum Verweilen: Die Villa Scacciapensieri verwöhnt Gäste in grandiosem Ambiente*

1328–1475 entstand, wohl nach Plänen des Sieneser Malers *Francesco di Giorgio Martini*. Die einschiffige Kirche zeigt heute wieder ihre ursprüngliche Gestalt, nachdem Restaurierungen Ende des 19. Jh. barocke Umbauten beseitigten. In der 1. Seitenkapelle links birgt sie ein *Kreuzigungs-Fresko* von Pietro Lorenzetti, das um das Jahr 1330 entstanden sein soll. Aus der gleichen Zeit datieren zwei *Fresken* von Pietros Bruder Ambrogio Lorenzetti in der 3. Seitenkapelle links, die mit einer außerordentlich dramatischen Komposition begeistern. Sie schildern das Martyrium der Franziskaner in Thanah und den Abschied Ludwigs von Toulouse von Bonifaz VIII.

Neben der Kirche liegt das Oratorio di San Bernardino mit dem **Museo Diocesano d'Arte Sacra** (Tel. 0577286300, www.operaduomo.siena.it, März–Okt. tgl. 13.30–19 Uhr, sonst nach Vereinbarung) von Siena. Der Betsaal im 1. Stockwerk wurde Ende des 15., Anfang des 16. Jh. ausgemalt. Die **Fresken** zeigen links beginnend folgende Motive: *hl. Ludwig* von Sodoma, *Geburt Mariä* von Girolamo del Pacchia, *Tempelgang Mariä* von Sodoma, *Marias Verlöbnis* (Beccafumi), *hl. Bernhardin* (Girolamo del Pacchia), *Erzengel Michael* (Pacchia), *Madonna* (Beccafumi), *Verkündigung* (Pacchia), *hl. Antonius von Padua* (Sodoma), *Heimsuchung* (Sodoma), *Marientod* (Beccafumi), *Himmelfahrt*, *hl. Franziskus* und *Marienkrönung* (alle Sodoma). Den **Hauptaltar** schmückt eine *Madonna* von *Sano di Pietro* (1406–81).

Den Süden des Terzo di San Martino, des südöstlichen Altstadtdrittels Sienas, begrenzt die Kirche **Santa Maria dei Servi** 15. Querhaus und Apsis stammen wie der romanische Glockenturm aus dem 13. Jh., das Langhaus wurde 1471–1528 errichtet. Am 2. Altar rechts ist eine 1261 von Coppo di Marcovaldo signierte *Madonna mit Engeln* zu bewundern, florentinische Interpretation eines byzantinischen Motivs: Laut Legende malte Marcovaldo, der als florentinischer Soldat in Siena in Gefangenschaft geraten war, das Bild, um sich freizukaufen. In der 2. Seitenkapelle rechts ist das Fresko *Bethlehemitischer Kindermord* von Pietro Lorenzetti zu sehen.

Den Südrand des südwestlichen Altstadtdrittels Terzo di Città markiert die im 13. Jh. gegründete und 1755 barockisierte Kirche **Sant'Agostino** 16. Beachtenswert sind die *Kreuzigung* von Perugino (1506) am 2. Altar rechts und die Cappella Piccolomini mit einer *Madonna* Ambrogio Lorenzettis und einer *Anbetung* Sodomas.

## Ausflug

Etwa 12 km nördlich von Siena verwandelten 25 zeitgenössische Künstler einen Eichenwald in den **Parco Sculture del Chianti** (Loc. La Fornace, Pievasciata, Tel. 0577357151, www.chiantisculpturepark.it, 10 Uhr–Sonnenuntergang, Nov.–März telefonische Anmeldung empfohlen). Ein 1 km langer Rundweg passiert die Skulpturen, deren Schöpfer von allen fünf Kontinenten stammen. In einem Amphitheater erklingen im Sommer Konzerte.

Plan S. 29



## Praktische Hinweise

### Information

**APT Siena**, Piazza del Campo 56, Siena, Tel. 05 77 28 05 51, www.terresiena.it

### Parken

Das Parkleitsystem zeigt freie Abstellplätze an. Innenstadtnahe **Parkplätze** gibt es z. B. an der Fortezza Medicea (Viale XXV Aprile) und am Fußballstadion Stadio Comunale (Viale dello Stadio).

### Stadtfeste

**Palio** am 2. Juli und 16. August auf der Piazza del Campo, www.ilpalio.org

### Einkaufen

**Conca d'Oro**, Banchi di Sopra 24, Siena, Tel. 05 77 23 60 09, www.grupponannini.it. Aus Siena stammen zwei in Italien hochverehrte zeitgenössische Persönlichkeiten: die Rocksängerin Gianna Nannini und ihr Bruder, der Ex-Rennfahrer Alessandro Nannini. Letzterer übernahm vom Vater den Familienbetrieb, die traditionsreiche Kaffeerösterei und Konditorei. Hier kann man den hauseigenen Espresso genießen und als Souvenir die hübsch verpackte Gebäck-Spezialität ›Panforte Sienese‹ erstehen.

**Enoteca Italiana**, Piazza Libertà 1, Siena, Tel. 05 77 22 88 43, www.enoteca-italiana.it. Weinreise durch Italien: In den Gewölben und im Innenhof der Medici-Burg Fortezza Medicea lassen sich alle mit DOC- oder DOCG-Siegel (kontrollierte bzw. kontrollierte und garantierte Herkunft) ausgezeichneten Weine Italiens probieren und einkaufen.

### Hotels

******Villa Scacciapensieri**, Strada di Scacciapensieri 1, Siena, Tel. 05 77 41 44 1, www.villascacciapensieri.it. Diese wunderschöne Villa, etwa 1 km nördlich der Stadt gelegen, bietet einen fantastischen Blick auf Siena. Nach der Stadtbesichtigung kann man in den edel eingerichteten Zimmern, im Restaurant ›Altri Tempi‹, auf der herrlichen Terrasse, beim Tennisspielen oder am Swimmingpool entspannen.

*****Hotel Minerva**, Via Garibaldi 72, Siena, Tel. 05 77 28 44 74, www.albergominerva.it. Komfortables 59-Zimmer-Hotel in Zentrumsnähe mit schöner Aussicht und gutem Preis-Leistungs-Verhältnis.

*****Palazzo Ravizza**, Pian dei Mantellini 34, Siena, Tel. 05 77 28 04 62, www.palazzoravizza.it. Der Palast mit Garten ist eines der schönsten Stadthotels in Siena. Die Besitzer haben die Atmosphäre des 17. Jh. erhalten.

### Restaurants

**Al Marsili**, Via del Castoro 3, Siena, Tel. 05 77 47 15 4, www.ristorantealmarsili.it. Toskanische Spezialitäten in einem mittelalterlichen Kellergewölbe zwischen Dom und Piazza del Campo.

TOP TIPP **Grotta di S. Caterina – Da Bagoga**, Via della Galluzza 26, Siena, Tel. 05 77 28 22 08, www.bagoga.it. Vielfach ausgezeichnetes Lokal im Weinkeller eines alten Palazzo in der Altstadt. Serviert werden regionale Spezialitäten und delikate Kreationen wie etwa mit Mandeln und Pinienkernen gefülltes Perlhuhn (So abend und Mo geschl.)

*Köstliches Souvenir: Panforte Sienese aus dem traditionsreichen Nannini-Café ›Conca d'Oro‹*

# 2 Pienza

*Die Stadt Pius' II., ein Traum der Renaissance in Stein.*

Auf einer Anhöhe über dem Val d'Orcia liegt Pienza, das seine einheitliche Gestalt dem humanistischen Geist und Selbstdarstellungsstreben eines Papstes verdankt. Das historische Zentrum wurde 1996 als Idealstadt der Renaissance in die Weltkulturerbeliste der UNESCO aufgenommen. Es blickt hinab in die toskanische Bilderbuchlandschaft des Orcia-Tals: sanft gerundete Hügelketten mit Sonnenblumenfeldern, Zypressenalleen und einsamen Gehöften.

Der Hügel, auf dem heute Pienza liegt, würde ein wenig beachtetes Dorf mit Namen Corsignano tragen, wenn er nicht der Familie Piccolomini gehört hätte. Einer ihrer Söhne, *Enea Silvio Piccolomini,* wurde am 19. August 1458 zum Papst gewählt. Der Papst, der sich Pius II. nannte, entschied sich, seine Residenz außerhalb Roms nicht in eine Stadt zu verlegen, sondern eine Stadt um seine Residenz zu bauen. So schickte Pius II. 1459 den Baumeister *Bernardo Rossellino*, einen Schüler Albertis, in das Dörfchen Corsignano, um hier den **Papstpalast** inklusive Kathedrale und Häuser für Kardinäle und Diener zu errichten. Insgesamt ließ der Papst mehr als 30 größere Gebäude erbauen, allesamt aus der Kasse des Kirchenstaates finanziert. Um dieser ›Idealstadt‹ seinen Stempel aufzudrücken, griff Pius II. in die Kartographie ein, strich den Namen Corsignano und benannte die Stadt nach sich selbst: Pienza, die Stadt des Pius.

Die **Piazza Pio II.** mit ihrem schönen Ziehbrunnen (Widmungsinschrift des Papstes von 1462) bildet den Mittelpunkt der Stadt und diente Papst Pius II. als Versammlungshof für feierliche Messen.

Beherrscht wird der Platz von dem aus Sandstein gefertigten Dom **Santa Maria Assunta**, errichtet vom Architekten Rossellino 1459–62 auf den Grundmauern der romanischen Kirche Santa Maria. Die *Fassade* aus Travertin ist in ihrer Komposition von monumentalen Triumphbögen inspiriert. Unter dem Giebel verweist das Wappen Pius II. auf den Bauherrn. Das *Innere* des dreischiffigen Doms orientiert sich an der Form mitteleuropäischer Hallenkirchen, die Pius II. auf seinen Reisen jenseits der Alpen bewundert hatte. Kleeblattförmige Pfeilerbündel mit eingeschobenen Aufsatzstücken tragen das Kirchengewölbe, das reichhaltig mit ornamentalen Verzierungen versehen ist. In der 4. Kapelle des rechten Seitenschiffs ist ein Meisterwerk von *Vecchietta* zu bewundern, eine *Himmelfahrt Mariens*.

Die Ostseite des Platzes nimmt der klassische Renaissancebau des **Palazzo Vescovile** ein. Den Bischofspalast gab Kardinal Rodrigo Borgia Ende des 15. Jh. in Auftrag. Dieser machtgierige Borgia, dessen Stierwappen über dem Portal zu erkennen ist, führte als Kardinal und auch später, als Papst Alexander VI., ein überaus ausschweifendes Leben.

Heute beherbergt der Palast das **Museo Diocesano** (Corso Il Rossellino 30, Tel. 0578749905, www.museisenesi.org, Mitte März–Okt. Mi–Mo 10–13, 15–19 Uhr, Nov.– Mitte März Sa/So 10–13, 15–18 Uhr). Prächtigstes Ausstellungsstück dieses Dommuseums ist das reich mit Goldfäden durchzogene seidene *Messgewand Pius II.* im 3. Saal, eine englische Arbeit aus dem 14. Jh. Aufgestickt sind eine ›Christgeburt‹ im Zentrum sowie Szenen aus dem Leben der hl. Katharina von Alexandrien und der hl. Margarete. Das Pluviale gehört zu den besterhaltenen Textilien des Mittelalters. Thomas Palaiologos, Bruder des letzten byzantinischen Kaisers, schenkte es dem Papst. Darüber hinaus hütet das Museum eine herrliche *Bildtafel* mit 48 Christusszenen aus dem 14. Jh. (Schule des *Bartolo di Fredi*), flämische *Wandteppiche* aus dem 16. Jh. und etruskische Fundstücke, vor allem Asche-Urnen aus dem 7.–5. Jh. v. Chr.

Der **Palazzo Comunale**, das Rathaus, liegt genau gegenüber dem Eingang zur Kathedrale an der Piazza Pio II. Der Palast stammt aus dem 14. Jh., der bemerkenswerte, aus Ziegelsteinen erbaute *Turm* wurde im 17. Jh. hinzugefügt. Der Palast ist im 20. Jh. stark restauriert worden, behielt jedoch seine charakteristische ursprüngliche *Travertin-Fassade* bei. Im *Ratssaal* ist ein Fresko sienesischer Schule aus dem 15. Jh. zu sehen, das eine Madonna mit Kind zeigt.

TOP TIPP

Durch seine gewaltigen Ausmaße beeindruckt der frei stehende dreistöckige **Palazzo Piccolomini** (rechts neben dem Dom). Bernardo Rossellino errichtete ihn nach dem Vorbild von Leon Battista Albertis Palazzo Rucellai in Florenz. Wie aus Würfeln zusammengesetzt wirkt die *Fassade* aus Sandstein und Travertin durch die durchlaufende horizontale Gebälk-Gliederung und die vertikale Einteilung durch Pilaster. Den qua-

*Ideale Renaissance-Kulisse – Dom Santa Maria Assunta und Palazzo Piccolomini in Pienza*

dratischen *Innenhof* zieren Travertin-Säulen mit kunstvollen Kapitellen. Die zierliche *Südfassade* im Garten überrascht mit drei übereinander angeordneten Säulenloggien. Von hier aus genoss der Papst eine herrliche **Aussicht** über die von ihm so geliebten sanften Hügel. Der *Anbau* am Westflügel beherbergte die Küche, die, wie Pius II. in seinen ›Commentarii‹ berichtet, im ursprünglichen Bau vergessen worden war. Im 1. Stockwerk befindet sich das **Museo Palazzo Piccolomini** (Tel. 0577286300, www.palazzopiccolominipienza.it, Mitte März–Mitte Okt. Di–So 10–18.30, Mitte Okt.–Mitte März Di–So 10–16.30 Uhr) mit persönlichen Gegenständen des Papstes. Die Familie Piccolomini wohnte hier bis Mitte des 20. Jh.

Westlich des Piccolomini-Palastes erhebt sich ein überaus schlichter Bau, der aus dem Rahmen fällt. Die Kirche **San Francesco** ist das einzig vollständig erhaltene mittelalterliche Gebäude Pienzas: Die gotische Fassade mit dem ›Teufelsauge‹ genannten Fenster weist ein Portal aus dem 13. Jh. auf. Das einschiffige *Innere* hütet eine sanfte blonde ›Barmherzige Maria‹ von Luca Signorelli. Die Wandfresken wurden im 16. Jh. übertüncht, San Francesco diente damals als Hospital. Das angrenzende ehem. *Kloster* mit schönem Kreuzgang aus dem 15. Jh. bildet heute das stilvolle Ambiente für das *Hotel Il Chiostro di Pienza* [s.u.] und das dazugehörige Restaurant.

Etwa 700 m vor Pienzas Stadttor ›Al Santo‹ steht einsam zwischen Zypressen und Buchen die **Pieve di San Vito**, einst Hauptkirche des mittelalterlichen Corsignano. Sie wurde von lombardischen Baumeistern Ende des 12. Jh. errichtet. Im Türsturz des rechten Seitenportals ist der *Zug der Hl. Drei Könige* eingemeißelt. Auffällig ist vor allem der unvollendete, ungewöhnlich zylindrische *Campanile* aus dem 11. Jh. ohne Dach. Das Gewölbe der *Krypta* wird von einer Säule mit frühchristlichem Kapitell gestützt.

Einen Besuch lohnt auch das 1324 von Bernardo Tolomei gegründete Olivetanerkloster **Sant'Anna in Camprena**. Man verlässt Pienza in Richtung San Quirico d'Orcia und biegt nach 1 km rechts in einen etwa 5 km langen Waldweg ein. Die

*Fresken* mit den eleganten Landschaftsdarstellungen im Refektorium (1504) sind die ersten Bilder, die der Piemontese Sodoma in der Toskana malte (vgl. Monte Oliveto Maggiore, S. 52). Seine Themen: *Grablegung, Madonna mit hl. Anna und Mönchen, Der hl. Benedikt segnet die Kongregation* und das *Brotwunder*; das letzte Motiv ist eine Landschaftsdarstellung mit grünen Hügeln, Fluss und antikem Triumphbogen vor untergehender Sonne.

## i Praktische Hinweise

### Information

**Ufficio Informazioni**, Corso il Rossellino 30, Pienza, Tel. 0578749905, www.comune.pienza.siena.it

### Einkaufen

In Pienzas auch sonntags geöffneten Lebensmittelläden decken sich Italiener mit den Spezialitäten der Region ein. Vor allem der *Pecorino* (trockener Schafskäse) und die *Wildschweinsalami* sind von erster Güte. Außerdem kann man *Grappa* in ausgefallenen Geschenkflaschen erstehen.

*Spezialität aus Pienza: Pecorino in allen Variationen und Geschmacksrichtungen*

### Hotels

*****Il Chiostro di Pienza**, Corso Rossellino 26, Pienza, Tel. 0578748400, www.relaisilchiostrodipienza.com. Das sorgfältig restaurierte Kloster aus dem 15. Jh. ist ein stimmungsvolles, komfortables Stadthotel mit Garten, herrlicher Aussicht und Pool.

TOP TIPP **Relais La Saracina**, Strada Statale 146, km 29,7, rund 7,5 km nordöstlich von Pienza, Tel. 0578748022, www.lasaracina.it. Das restaurierte Gut bietet drei herrliche Suiten, zwei Zimmer, ein Appartement und ein Schwimmbad. Zur luxuriösen Ausstattung gehören wunderschöne Bäder und Kamine (Mitte Jan.–Mitte März geschl.).

### Restaurant

**Dal Falco**, Piazza Dante Alighieri 3, Pienza, Tel. 0578748551, www.ristorantedalfalco.it. Das familiäre Restaurant bietet ausgezeichnete toskanische Küche, besonders zu empfehlen sind die *Picci*, hausgemachte Nudeln, und die Wildschweingerichte (Fr geschl.).

## 3 San Quirico d'Orcia

*Ein zauberhaftes Kleinod in der Ruhe der ländlichen Toskana.*

Der 2700 Einwohner zählende Ort liegt auf 409 m Höhe über den Tälern d'Orcia und dell'Asso und war im Mittelalter und der frühen Neuzeit ›Verkehrsknotenpunkt‹ für Rom-Pilger aus Nordeuropa. Während sich heute nur noch selten Besucher hierher verirren, logierten vor 500 Jahren Staatsgäste und hochkarätiger Klerus in den Gaststuben.

Die Pfarrkirche **La Collegiata** steht direkt am Stadttor und ist eines der Kleinode romanischer Kunst in der Toskana. Bereits im 9. Jh. wurde der Bau begonnen, jedoch erst im 14. Jh. in der heutigen Form fertig gestellt. Sehenswert ist das romanische *Westportal*, das aus der Zeit um 1080 stammt. Auf einem mit Reliefs geschmückten Türsturz sind kämpfende Fabeltiere dargestellt. Rechts davon, auf der Südseite, befinden sich zwei weitere schöne *Portale*. Das linke von ihnen ist ein in lombardischer Manier gearbeitetes Portal aus dem 14. Jh., das wahrscheinlich von einem Schüler Giovanni Pisanos geschaffen wurde: Es wird von zwei Löwen-Figuren eingerahmt, die Säulen tragen. Das rechte ist ein gotisches Portal, das um

*Kultivierte Harmonie auf den sanft geschwungenen Hügeln südlich von Siena*

das Jahr 1298 gebaut worden sein soll. Das sehr schöne *Innere* der Kirche ist weitgehend im Originalzustand erhalten. Im Chor der Kirche ist ein *Chorgestühl* mit berühmten Intarsienarbeiten von *Antonio Barili* (1453–1516) zu sehen. Im linken Seitenschiff befindet sich die *Grabplatte Heinrichs von Nassau*. Ebenfalls im linken Seitenschiff wird ein *Triptychon* des sienesischen Malers Sano di Pietro (1406–1481) aufbewahrt, das die Auferstehung Jesu zum Thema hat.

Hinter der Collegiata erhebt sich der 1679 von Carlo Fontana mit streng gegliederter Barockfassade errichtete **Palazzo Chigi Zondadari**. Dem Corso zur Piazza della Libertà folgend erreicht man den Eingang zum kleinen, in der Manier der Spätrenaissance angelegten Park **Horti Leonini** am Stadttor, in dem im Spätsommer die Skulpturenausstellung ›Forme nel Verde‹ stattfindet. Sehenswert sind zudem die mittelalterliche polygonale **Porta dei Cappuccini** und das romanische Kirchlein **Santa Maria di Vitaleta**, dessen Altar von zwei *Holzfiguren* des 15. Jh. geschmückt wird, die Francesco di Valdambrino zugeschrieben werden.

Nur 4 km südöstlich von San Quirico d'Orcia entfernt liegt der malerische Thermalbadeort **Bagno Vignoni** [s. S. 181].

## i Praktische Hinweise

### Information

**Ufficio Turistico**, Piazza Chigi 2, San Quirico d'Orcia, Tel. 0577 89 72 11, www.comunesanquirico.it

### Stadtfeste

**Festa del Barbarossa** am 3. Wochenende im Juni: Umzüge in historischen Kostümen.

1. Sonntag im September: **Festtag** mit kleinem Markt und feierlicher Prozession.

### Hotel

**Castello di Ripa d'Orcia**, Loc. Ripa d'Orcia, Tel. 0577 89 73 76, www.castelloripadorcia.com. Der Geheimtipp unter den Hotels rund um San Quirico: Ein Zweig der Familie Piccolomini, Nachkommen von Papst Pius II., vermietet in der Burg ›Castello di Ripa d'Orcia‹, die an einer Schlucht hinter Bagno Vignoni liegt, elegante Zimmer und Apartments und betreibt ein vorzügliches Restaurant. Der Weg zum ›Castello‹ ist abenteuerlich, dafür wird man mit absoluter Ruhe und atemberaubender Landschaft belohnt: Man fährt ab Quirico d'Orcia den Hinweisschildern nach (Nov.–Mitte März geschl.).

# 4 Montepulciano

*Eine Stadt für Weinliebhaber und ein Platz zum Träumen mit Aussicht auf die sanfte Hügellandschaft.*

Wer durch das romantische 14 500-Einwohner-Städtchen auf dem 605 m hohen Hügel zwischen dem Valdichiana und dem seit 2004 auf der UNESCO-Welterbe-Liste stehenden Val d'Orcia spaziert, wird von der harmonischen Architektur beeindruckt sein, die von Frieden und Wohlstand zeugt. Dabei war kaum eine andere Stadt ein solcher Zankapfel der Geschichte wie Montepulciano.

1. San Biagio
2. Duomo
3. Palazzo Comunale
4. Palazzo Contucci
5. Palazzo Nobili-Tarugi
6. Palazzo del Capitano del Popolo
7. Palazzo Neri-Orselli
8. Santa Lucia
9. Sant'Agostino
10. Palazzo Avignonesi
11. Sant'Agnese
12. Casa del Poliziano
13. Santa Maria dei Servi

***Geschichte*** Schon von Etruskern besiedelt, wird der Ort als **Castrum Politianum** 715 zum ersten Mal urkundlich erwähnt. Deshalb nennen sich die Einwohner von Montepulciano noch heute ›Polizianer‹. Ab 1154 kämpften Florenz, Siena und Arezzo um das kleine Montepulciano. 1232 machten die Sienesen die Stadt dem Erdboden gleich. In den folgenden drei Jahrhunderten wurde Montepulciano immer wieder von Sienesen und Florentinern erobert, belagert, besetzt, bebaut und zerstört. Erst im 16. Jh., nachdem sich Florenz endgültig die Herrschaft gesichert hatte, kehrte Ruhe ein: Beinahe alle Gebäude der Altstadt, stammen aus dieser Zeit. 1609–36 regierte *Cristina di Lorena*, die Witwe des toskanischen Großherzogs Ferdinand I. Nach ihrem Tod verarmte Montepulciano deutlich, war jedoch immer noch wohlhabend genug, um sämtliche Kirchen innen barock umzubauen zu können.

Heute ist Montepulciano nicht nur eine der am besten erhaltenen **Spätrenais-**

San Biagio liegt am Fuße von Montepulciano in zauberhafter Landschaft

**sancestädte** der Toskana, sondern auch ein florierendes landwirtschaftliches Zentrum, berühmt für den **Wein** ›Nobile di Montepulciano‹. Für die Verfilmung von ›New Moon‹, des zweiten Bandes der Vampirsaga von Stephenie Meyer, wurden 2009 die Szenen, die im Buch in Volterra spielen, in Montepulciano gedreht, u.a. vor der Kirche San Biagio, auf der Piazza Grande vor dem Dom und im Innern des Palazzo Comunale.

***Besichtigung*** Das wichtigste Bauwerk Montepulcianos liegt 2,2 km außerhalb des Stadtzentrums im Südwesten am Viale delle Rimembranze. *Antonio da Sangallo d. Ä.* errichtete hier 1518–45 auf den Resten der romanischen Pieve sein Meisterwerk: **San Biagio** (1), ganz aus goldgelbem Travertin erbaut und in einsamer Hügellage weithin sichtbar, ist das klassische Beispiel für den kirchlichen Zentralbau der Renaissance (wie von Bramante für den Petersdom in Rom gefordert). Die Kirche hat den *Grundriss* eines griechischen Kreuzes, die Kuppel erhebt sich in der Mitte, im Süden wurde eine halbkreisförmige Apsis hinzugefügt, die von innen nicht sichtbar ist. Sie dient als Sakristei. Sangallo verzichtete zugunsten des in der Spätrenaissance modischen ›reinen‹ Stils auf Dekorationen oder Ornamente, gliederte den Bau statt dessen durch flache, an den Ecken massive Pilaster in strenge geometrische Formen (Quader, Zylinder, Halbkugeln). Die beiden frei stehenden **Glockentürme** wurden erst nach 1550 von dem Florentiner Giuliano di Baccio hinzugefügt. Nur der östliche mit der Abfolge der klassischen Ordnungen (dorisch, ionisch, korinthisch) wurde vollendet. Im *Inneren* wirkt die perfekt symmetrische Kirche streng feierlich, trotz einiger barocker Stuckarbeiten und der Bilder (›Marienkrönung‹ und ›Himmelfahrt‹), die den Zuccari zugeschrieben werden. Der große marmorne *Hauptaltar* stammt von Gianozzo und Lisandro Albertini (1584), Ottaviano Lazzerini schuf die vier *Heiligenstatuen*. Links von der Kirche erhebt sich die **Canonica**, das Pfarrhaus, das von Antonio da Sangallo entworfen, aber erst 1595 gebaut wurde.

Montepulciano umgibt ein **Mauerring**, den Antonio da Sangallo d. Ä. im

Auftrag Cosimos I. errichten ließ. Herz der Stadt ist der Domplatz **Piazza Grande**, der von großartigen Palästen, Dom und Rathaus gesäumt wird. Der **Duomo** 2 entstand 1592–1630 nach einem Entwurf von Ippolito Scalza auf den Resten einer älteren Pfarrkirche, deren Kirchturm aus dem 15. Jh. noch heute steht. Die Fassade blieb unvollendet. Das *Innere* ist dreischiffig. Schönstes Kunstwerk ist die Liegefigur, die den Erzbischof Bartolomeo Aragazzi, den Sekretär Martins V. darstellt. Der Sarkophag gehörte zu einem großen Grabmonument, das Michelozzo 1427–36 schuf und dessen Teile heute im Dom verteilt sind. Neben zwei Basreliefs an den Pfeilern gehört auch der Marmorsockel mit Putten dazu, auf dem jetzt der Hauptaltar steht. Taddeo di Bartolo malte 1401 das goldgrundige Triptychon ›Mariä Himmelfahrt‹ am Altar, das eine Ansicht des mittelalterlichen Montepulciano zeigt.

Top Tipp

Wenn man aus dem Dom heraustritt, sieht man links den **Palazzo Comunale** 3, das Rathaus aus der 2. Hälfte des 14. Jh., das mit Rundbogenfenstern, dem zinnenbesetzten Wehrgang und dem

*Der mittelalterliche Palazzo Comunale ist Blickfang der Piazza Grande in Montepulciano*

*Lauschiger Winkel: Renaissancebrunnen vor dem Palazzo del Capitano del Popolo*

zentral platzierten Turm an den Palazzo Vecchio in Florenz erinnert. Die Fassade soll Michelozzo 1424 entworfen haben. Der *Turm* (Mo–Fr 9.30–12 Uhr) bietet einen schönen Blick auf San Biagio.

Genau gegenüber steht der dreistufige **Palazzo Contucci** ④: Nach Plänen Antonio da Sangallos d. Ä. wurden im 16. Jh. Untergeschoss und Innenhof errichtet. Baldassare Peruzzi war der Architekt des ›Piano Nobile‹. Das oberste Stockwerk wurde erst 1690 aufgesetzt. Im Palast verkauft die Familie Contucci ihren viel gerühmten Wein.

Der **Palazzo Nobili-Tarugi** ⑤, der dem Dom gegenüber liegt, wird im Wesentlichen Vignola zugeschrieben: Interessant ist der Bau, weil er den Übergang von der Renaissance zum Barock kennzeichnet. Die Trennung zwischen Untergeschoss und ›Piano Nobile‹ ist in der *Fassade* weitgehend aufgehoben, die mächtigen Piedestale und Kolossalpilaster ionischer Ordnung weisen schon auf die künftige Monumentalisierung der Fassadenstruktur hin. Links hinter einem **Renaissancebrunnen** von 1520 steht das älteste Gebäude des Domplatzes: der gotische **Palazzo del Capitano del Popolo** ⑥ (heute das Gericht) aus dem 14. Jh.

Im nahen spätgotischen **Palazzo Neri-Orselli** ⑦ (14. Jh.) präsentiert das **Museo Civico e Pinacoteca Crociani** (Via Ricci 10, Tel. 0578717300, www.museisenesi.org, April–Okt. Di–So 10–19, Nov.–März Di–So 10–13, 15–18 Uhr) eine bunte Sammlung: *Etruskische Grabbeigaben, Wappen, Chorbücher, Terrakotta-Arbeiten* von Andrea della Robbia (1435– 1525) und *Bildwerke* des 14.–18. Jh. Glanzstück im ersten Obergeschoss ist eine ›Madonna mit hl. Johannes‹, die Pinturicchio zugeschrieben wird.

Die Barockkirche **Santa Lucia** ⑧ in der Via Saffi, nach einem Entwurf Flaminio del Turcos 1653 errichtet, ist vor allem wegen der *Madonna della Misericordia* von Luca Signorelli in der **Cappella Ceppari** sehenswert.

Die Chiesa di **Sant'Agostino** 9 mit ihrer durch *Terrakottareliefs* verzierten **Fassade** erhebt sich nur wenige Schritte entfernt an der Piazza Michelozzo. Entworfen wurde sie im 15. Jh. von Michelozzo, der hier spätgotische Elemente mit Renaissance-Dekorationen mischte. Das Innere wurde 1784–91 umgestaltet. Der Kirche gegenüber steht die **Torre di Pulcinella** (15. Jh.): Die Holzfigur aus neapolitanischer Werkstatt schlägt die Stunden.

Man passiert den in einer Formensprache zwischen Spätrenaissance und Frühbarock errichteten **Palazzo Avignonesi** (Hausnummer 91) 10, der *Vignola* zugeschrieben wird, und gelangt durch die **Porta al Prato** von *Sangallo d. Ä.* im Norden des Mauerrings zur **Chiesa di Sant'Agnese** 11. Die Patronin der Kirche Agnese Segni wurde am 28.1.1268 im Dorf Gracciano di Montepulciano geboren. 1306 schenkte der Bischof von Arezzo der hochverehrten Nonne den kleinen Hügel vor Montepulciano, auf dem sie ein eigenes Kloster gründen durfte. Agnese starb 1317, sie wurde 1726 heilig gesprochen.

Von der schönen Fassade der Klosterkirche lasse man sich nicht täuschen: Sie wurde erst 1935 gebaut. Das gotische Eingangsportal allerdings stammt aus dem 13. Jh. Der einschiffige *Innenraum* wurde in den vergangenen Jahrhunderten mehrfach neu gestaltet. Die jetzige Form geht vorwiegend auf das 17. Jh. zurück. Im Sarkophag auf dem Altar, einer Marmorarbeit von Mazzuoli da Siena, ruhen die sterblichen Reste der hl. Agnes. Das anschließende Gebäude dient noch heute als *Kloster*. Die Dominikanerinnen teilen sich das Gebäude mit den Schülern eines technischen Gymnasiums. Den *Kreuzgang* darf man besichtigen. Er stammt, wie die Fresken mit Szenen aus dem Leben der hl. Agnes, aus dem 17. Jh.

TOP TIPP Gegenüber der Kirche liegt der hübsche **Giardino Poggifanti** mit einem *Obelisken*, der an Garibaldis gefallene Mitstreiter erinnert. Vom Garten aus kann man in Richtung Südosten bis zum Lago Trasimeno blicken.

Am Südende der Stadt, in der Via del Poliziano 5, wurde am 14.7.1445 der berühmteste Sohn der Stadt geboren: Angelo di Benedetto di Nanni degli Ambrogini, Humanist und Poet, der unter dem Namen Poliziano in die Geschichte einging. Sein Wohnhaus, die **Casa del Poliziano** 12, wurde im Jahr 1500 umgestaltet. Poliziano verließ seine Heimatstadt schon im Alter von 15 Jahren und erhielt in Florenz eine umfassende humanistische Bildung. Mit 16 übersetzte er Verse aus der ›Ilias‹ ins Toskanische. Dank dieser Arbeit engagierte *Lorenzo il Magnifico de' Medici* den jungen Mann als Hauslehrer für seine Söhne. Zwischen 1471 und 1480 schrieb Poliziano seine berühmtesten Werke, die ›Canzoni a ballo‹, ›Rispetto‹ und ›Stanze‹. Im Jahr 1480 zerstritt sich Poliziano mit Lorenzo de' Medici und ging an den Hof der Gonzaga in Mantua, wo er eines der ersten italienischen *Theaterstücke* schrieb: ›La Festa di Orfeo‹. Kurz

*Lagerstatt süffiger Kostbarkeiten: Weinkeller des Palazzo Contucci in Montepulciano*

darauf rief ihn die Universität von Florenz als Professor für Latein und Griechisch zurück. Poliziano starb 1494 in Florenz.

Südlich des Mauerrings liegt die Servitenkirche **Santa Maria dei Servi** ⓭ mit gotischer Fassade aus dem 14. Jh., die um 1700 vom Jesuitenpater *Andrea Pozzo* im Innern umgestaltet wurde. Sehenswert ist die *Madonna* am dritten Altar links von einem Schüler Duccio di Buoninsegnas.

## i Praktische Hinweise

### Information

**Pro Loco**, Piazza Don Minzoni 1, Montepulciano, Tel. 05 78 75 73 41, www.prolocomontepulciano.it

### Einkaufen

In Montepulciano kauft man Wein, zum Beispiel im **Palazzo Contucci** (Piazza Grande 13, Tel. 05 78 75 70 06) oder auf einem der umliegenden Weingüter, Informationen beim **Consorzio Strada del Vino Nobile di Montepulciano** (Piazza Grande, Tel. 05 78 71 74 84) im Untergeschoss des Palazzo del Capitano.

### Hotels

***__Albergo Il Marzocco__, Piazza Savonarola 18, Montepulciano, Tel. 05 78 75 72 62, www.albergoilmarzocco.it. In dem Stadtpalast aus dem 16. Jh. nächtigt man stilvoll und relativ preisgünstig. Einige Räume sind mit Antiquitäten eingerichtet. Die Zimmer sind zweckmäßig ausgestattet und bieten zum Teil eine sehr schöne Aussicht auf das grünhügelige Umland.

**Borgo delle More**, Loc. Acquaviva, Via di Montenero 18, Tel. 05 78 76 81 66, www.borgodellemore.com. 5 km östlich von Montepulciano liegt dieses Weingut mit schönen Appartements und Pool.

### Restaurants

**Borgo Buio**, Via Borgo Buio 10, Montepulciano, Tel. 05 78 71 74 97, www.borgobuio.it. Restaurant im Weinkeller des Palazzo Venturi. Nudelgerichte wie die klassischen toskanischen *Pici* sind besonders zu empfehlen, dazu gibt es Spitzenweine der Region (Fr geschlossen).

**La Grotta**, Località San Biagio 15-16, Tel. 05 78 75 76 07. Köstliche Gerichte und Weine der Region bietet dieses traditionsreiche Restaurant 2 km südwestlich von Montepulciano. Im Sommer speist man auch im Garten – mit Blick auf die eindrucksvolle Kirche San Biagio (Mi sowie Mitte Jan–März geschl.).

*Eindrucksvolle etruskische Hinterlassenschaft: Tomba della Pellegrina in Chiusi*

## 5 Chiusi

*Eine uralte Etruskerstadt im Süden der Toskana.*

Auf einem steilen Tuffsteinfelsen breitet sich die einstige Etruskerstadt Chiusi aus, die im 7. Jh. v. Chr. unter dem Namen *Chamars* entstand. Der strategische Vorteil dieser Lage erschließt sich bei einem Spaziergang am Südrand der Stadt. Dort, in der Nähe der Etrusker-Gräber, erstreckt sich der **Lago di Chiusi**, an dem sich vor 2500 Jahren ein Binnenhafen befand. Von hier konnten Schiffe über den Fluss Chiani und dann über den Tiber die zeitweilig von Etruskern beherrschte Kolonie Rom erreichen. Als idealer Handelsstandort avancierte Chamars daher bald zu einer Metropole des etruskischen Städtebundes. Nachdem die Stadt um 296 v. Chr. von den Römern erobert worden war, erhielt sie den Namen Clusium. Im Jahr 776 wurde Chiusi eine Grafschaft. Bis zur Einigung Italiens war die Stadt immer wieder Spielball der Republiken Florenz und Siena sowie des Kirchenstaats, zu dem das nahe Orvieto gehörte.

Das **Museo Archeologico Nazionale e Tombe Etrusche** (Via Porsenna 93, Tel. 05 78 20 177, tgl. 9–20 Uhr, Tomba della Scimmia nur nach tel. Voranmeldung Di, Do, Sa jeweils 11 und 16 Uhr, Nov.–Febr. 11 und 14.30 Uhr) ist leider auch ein Denkmal für die unaufhaltsame Zerstörung dessen, was von der faszinierenden Kultur der Etrusker erhalten blieb. Die einzigartigen Wandmalereien, vor allem in der

*Mit der Natur im Einklang: Oliven und eine Zypresse leisten der Abbazia Sant'Antimo Gesellschaft*

**Tomba della Scimmia**, sind inzwischen fast völlig verblichen. Dass die Darstellung eines Affen dem Grab seinen Namen gab, ist nur noch schwer nachvollziehbar. Wegen mangelnder Belüftung ließ die Feuchtigkeit in der 1. Grabkammer das **Wandgemälde** mit der Darstellung eines Totenbanketts sowie von Box- und anderen Wettkämpfen ausbleichen. Bei seiner Entdeckung Mitte des 19. Jh. hatten die Farben noch geleuchtet. Ein Rundgang führt zu kleineren Gräbern ohne Malereien, z. B. zur **Tomba della Pellegrina** (3. Jh. v. Chr.) mit Aschenurnen und fünf Sarkophagen.

Im **Museum** selbst sind etruskische *Sarkophage* zu sehen und für die Region charakteristische Kanopen der Villanova-Kulturen (Aschenurnen, die menschliche Körper darstellen). Außerdem stellt es Teile von *Wandfresken* aus, die in den Gräbern abgenommen wurden sowie großformatige Fotos der Malereien aus den geschlossenen Gräbern, das etruskische Wagenrennen der *Tomba del Colle* etwa. Besonders schön ist eine Alabaster-Urne des Laris Sentinate Larcna, die das Porträt des Verstorbenen zeigt.

Der basilikale **Dom** von Chiusi mit offenem Dachstuhl, im 6. Jh. errichtet, ist eine der ältesten Kirchen Italiens, wurde jedoch nach 1887 völlig umgebaut und im Inneren mit *Mosaikimitationen* ausgemalt. 18 *antike Säulen* sollen aus Tempeln des antiken Forums stammen, das am heutigen Domplatz lag.

Der Kapitelsaal des **Museo della Cattedrale** (Piazza Duomo, rechts neben der Domfassade, Tel. 0578 22 64 90, Juni–Mitte Okt. tgl. 10–12.45, 16–18.30, Mitte Okt.–Mai Mo–Sa 10–12.30, So 10–12.30, 16–18 Uhr) stellt 22 mit Miniaturen versehene *Chorbücher* des 15. Jh. aus. Auch die etruskischen Gänge des *Labirinto di Porsenna* sind über das Museum zugänglich.

Auch das **Museo Civico ›La Citta Sotteranea‹** (Via II Ciminia 2 Tel. 0578 20 915, Führungen Mai–Okt. Di–So 10.15, 11.30, 12.45, 15.15, 16.30, 17.45 Uhr, Nov.–April Do, Fr 10.10, 11.10, 12.10, Sa, So 10.10, 11.10, 12.10, 15.10, 16.10, 17.10 Uhr) bietet Zugang ins Labyrinth der unterirdischen etruskischen *Tuffstein-Gänge*, die Chiusi durchhöhlen. Das Museum dokumentiert zudem deren Nutzung als Grablege und christliche Katakomben sowie später als Keller und Lagerraum.

## i Praktische Hinweise

### Information

**Pro Loco**, Piazza Duomo 1, Chiusi, Tel. 0578 22 76 67, www.prolocochiusi.it

Plan vordere Umschlagklappe



### Hotel

***__La Fattoria__, Via Lago di Chiusi, Chiusi, Tel. 0578 21407, www.la-fattoria.it. Am See Lago di Chiusi, rund 3 km westlich vom Stadtzentrum, liegt dieses romantische Gasthaus mit acht Zimmern.

## 6 Abbazia Sant'Antimo

TOP TIPP *Ein Bauwerk, das aus der Landschaft emporgewachsen scheint.*

Die Abteikirche Sant'Antimo liegt einsam in einem Tal, 10 km südlich von Montalcino, inmitten von Feldern, Olivenhainen und ginsterbewachsenen Hängen. Mit ihrem gelbbraunen Travertin- und Alabastergestein fügt sie sich vollkommen in die Umgebung ein. Eine große Zypresse flankiert den quadratischen **Glockenturm**, Ölbäume umgeben die Apsis.

Nach der Überlieferung von Karl d. Gr. Anfang des 9. Jh. gegründet, 813 zum ersten Mal erwähnt, erhielt die **Benediktinerabtei** alsbald reiche Schenkungen, sodass sie im Mittelalter zu einem der wohlhabendsten Klöster der Toskana avancierte. Ihre Äbte waren damals mächtige Feudalherren. Ende des 13. Jh. begann der Niedergang, die Klostergebäude verfielen, allein die Kirche blieb bestehen. 1462 wurde der Konvent aufgehoben, seit 1979 lebt hier jedoch wieder eine kleine Gemeinschaft von Augustinermönchen.

*Feinste Tier- und Pflanzendarstellungen zeigen die Kapitelle der Abbazia Sant'Antimo*

Mit dem **Bau** der heutigen Kirche wurde kurz nach 1110 begonnen. Neben der schlichten, wenig geschmückten Fassade beeindrucken der massige **Campanile** mit über 700-jähriger Glocke (1219) und die einfach gefügte Apsis. Ihre Ostseite zieren zwei schöne *Flachreliefs* des 12. Jh. (geflügelter Stier mit Frauenkopf und Madonna mit Kind). Interessant sind zudem die **Seitenportale** mit Flechtband, Rankenwerk und Tier-Umrandungen.

Wohl aus der Gründungszeit der Kirche stammt die *Karolingische Kapelle* an der Südseite, deren unregelmäßig gesetzte, roh behauene Quader sich sichtbar von den glatten Steinen der Kirche des 12. Jh. abheben.

Das dreischiffige **Innere** in der typischen romanischen Basilikaform mit Empore wird im Wechsel gesäumt von Säulen und Kreuzpfeilern. Besondere Beachtung verdienen die *Kapitelle*, fast alle aus Alabaster, mit grazilen Darstellungen von Tierschädeln, Pflanzen, Schachbrett- und Flechtbandmustern. Das Glanzstück befindet sich über der zweiten Säule rechts: ›Daniel in der Löwengrube‹, um 1120, mit deutlichen künstlerischen Bezügen nach Burgund oder Moissac. Französische Einflüsse verraten auch die relative Steilheit des Innenraums, die Kreuzgratgewölbe über den Seitenschiffen, vor allem aber der **Chorumgang** *mit drei Kapellen*, ein absolutes Kuriosum in Mittelitalien.

## 7 Montalcino

*Die Heimat des Rotweins ›Brunello‹ schwebt wie ein Adlerhorst über den Hügeln der zentralen Toskana.*

Schon Etrusker und Römer siedelten auf dem 567 m hohen Hügel zwischen den Tälern des Ombrone und Asso. Ludwig der Fromme schenkte das Dorf im Jahr 814 dem Kloster Sant'Antimo. Im 12. Jh. war Montalcino freie Gemeinde, 1260 eroberten die Sienesen das Städtchen. Als Siena 1555 vor dem Söldnerheer des Florentiner Medici-Fürsten Cosimo I. kapitulieren musste, zogen sich die wenigen Sienesen, denen rechtzeitig die Flucht aus ihrer Stadt gelungen war, hinter die Mauern Montalcinos zurück. Der verbannte Florentiner Piero Strozzi versuchte hier, die sienesische Republik am Leben zu erhalten und regierte mit Unterstützung der Franzosen noch einige Jahre lang einen ›unabhängigen‹ Staat. Nach dem Rückzug der Franzosen eroberte Cosimo I. 1559 auch diese letzte Bastion der einst freien Stadtrepubliken. Heute ist die idyllische, von Reben umgebene 5500-Einwohner-Stadt vor allem für ihren hervorragenden Rotwein **Brunello** bekannt.

TOP TIPP ***Besichtigung*** Schon von weitem sichtbar ist die Burg **La Rocca** am Südende der Via Ricasoli, an der ab 1361 gebaut wurde. Den äußeren Festungsring ließ der Medici-Fürst Cosimo I. nach der Unterwerfung Sienas und Montalcinos ab 1559 errichten. Im **Hof** befindet sich eine Weinhandlung: Eine Treppe über den Lagerräumen führt auf einen **Turm**. Im Juli erklingen in der Burg Klassik- und Jazz-Konzerte (Informationen im Pro Loco-Büro, s. S. 51).

Mittelpunkt Montalcinos ist die spätmittelalterliche, an sienesischer Bauweise orientierte **Piazza del Popolo** mit ihren umliegenden Loggien aus dem 14. Jh. An der Ecke zur Via Matteotti erhebt sich der **Palazzo Comunale** (13. Jh.) mit in die Fassade eingemauerten *Wappen* und schlankem *Glockenturm*.

Die einschiffige Kirche **Sant' Agostino** mit reizvollen *Glasfenstern* wurde im 14. Jh. von unbekannten Künstlern mit *Fresken* ausgemalt, die Episoden aus dem Leben des hl. Augustinus zeigen.

In einem ehemaligen Kloster ist das **Museo Civico e Diocesano d'Arte Sacra** (Via Ricasoli 31, Tel. 0577 84 60 14, Di–So 10–13, 14–17.50 Uhr) untergebracht. Einer der wichtigsten Schätze ist der *Thronende Petrus* von Francesco di Valdambrino (1425). Die farbige Holzfigur wirkt so bewegt, das Gesicht ist von so lebhafter Mimik, dass man noch heute meint, die-

*Bereit zum Turnierkampf: Hellebardenträger bei der Sagra del Tordo*

ser mit Tiara und rotem Kardinalsumhang ausgestattete Petrus könnte sich jeden Augenblick von seinem Sessel erheben.

Glanzstück der städtischen Sammlung sind fünf Werke (›Marienkrönung‹, ›Kreuzabnahme‹, ›Taufe Christi‹, ›Hl. Johannes und Engel in der Wüste‹ und ›Leben des hl. Filippo Ciardelli‹), die der sienesische Maler *Bartolo di Fredi* 1380–90 schuf. Bartolo, stark beeinflusst von Simone Martini und den Brüdern Lorenzetti, war ein Meister des Kolorits und der dekorativen Ausstattung. Als seine beste Arbeit gilt die herrliche *›Marienkrönung‹*, interessanter ist der *›hl. Johannes‹*. Bei dieser Darstellung hielt sich der Künstler nicht an die Überlieferung. Aus diesem Grund steht Johannes mit seinem Engel keineswegs in der Wüste vor Jerusalem, sondern in einem Wald vor der Stadt Siena mit ihrem Dom.

## i Praktische Hinweise

### Information

**Pro Loco**, Via Costa del Municipio 8, Montalcino, Tel. 0577 84 93 31, www.prolocomontalcino.it

*Wie auf einem Adlerhorst thront die Weinstadt Montalcino mit ihrer imposanten Burg La Rocca über der toskanischen Landschaft*

### Stadtfest

TOP TIPP **Sagra del Tordo** (Drosselfest) am letzten Sonntag im Oktober. Der historische Drossel-Festschmaus ist inzwischen durch ein Volksfest mit Weinständen und Imbissbuden ersetzt worden. Nachmittags Bogenschützenturnier in historischen Kostümen.

### Einkaufen

An der Straße zum Kloster Sant'Antimo liegt das Weingut **Fattoria dei Barbi** (Tel. 0577 84 11 11, www.fattoriadeibarbi.net), wo man den Wein beim Erzeuger kaufen kann. In der Taverna dei Barbi genießt man traditionelle Küche der Region.

### Bar/Caffè

**Caffè Fiaschetteria Italiana 1888**, Piazza del Popolo 6, Montalcino, Tel. 0577 84 90 43. Im 1888 gegründeten Jugendstil-Lokal kann man die Weine der Region gläserweise probieren (Winter Di geschl.).

*Der Kreuzgang der Abbazia di Monte Oliveto Maggiore ist ein Bilderbuch zum Leben Benedikts*

## 8 Abbazia di Monte Oliveto Maggiore

TOP TIPP *Ein mächtiges Kloster mit Werken zartester Renaissance-Kunst.*

Tel. 0577718567
www.monteolivetomaggiore.it
tgl. 9.15–12, 15.15–17, im Sommer bis 18 Uhr

Wer von Siena über Asciano zum Kloster von Monte Oliveto Maggiore fährt, kommt mitten durch die Crete. Hier sind die Hügel kahl, nur ab und zu erhebt sich eine Zypressenreihe aus den Weizenfeldern und Schafweiden, über die Wolkenschatten ziehen. Die Kargheit und strenge Geometrie der lehmigen Wellen fasziniert, Erdabbrüche gemahnen an die Gefahren der Erosion. Die Abtei selbst liegt wieder in einer freundlicheren, waldigen Landschaft.

Gemäß der Benediktinerregel gehen die Mönche schweigend durch den großen **Kreuzgang** zur Messe. Auch die Besucher sollten sich mit Ruhe und Andacht den herrlichen **Fresken** im Innenhof des Klosters widmen, die **Luca Signorelli** und später Giovanni Antonio Bazzi, genannt **Sodoma**, gemalt haben. Gerade der Auftrag an Sodoma, einen Schüler Leonardos und Raffaels, beweist, dass die Mönche von Monte Oliveto Maggiore bei aller Frömmigkeit sowohl ausgezeichnete Kunstkenner als auch tolerante Menschen waren.

Das Genie Sodoma galt als »ziemlich verrückt«. Vasari wunderte sich in seinen ›Künstlerviten‹ darüber, dass Sodoma »im Hause *wunderliche Tiere* hielt, Affen, Zwerg-Eselchen, Meerkatzen, indische Turteltauben und ähnliche Bestien«. Aber da war noch etwas anderes: »Sodoma hatte immer Knaben bei sich, die er missbrauchte, weshalb er Sodoma genannt wurde.« (Vasari) Ob dies stimmt, ist nicht bewiesen. Dass Sodoma ein ausschweifendes Leben führte, gilt jedoch als sicher. Den Benediktiner-Mönchen in Monte Oliveto Maggiore war der Ruf Sodomas einerlei. Sie nannten ihn zwar ›Mattaccio‹ (Verrückter), bewunderten aber seine Arbeit. Dem schloss sich auch Papst Leo X. an, der Sodoma zum *Ritter* schlug.

***Geschichte*** Der Rechtsgelehrte Bernardo Tolomei (1272–1348) beschloss mit 40 Jahren, gemeinsam mit zwei adligen Freunden dem weltlichen Leben zu entsagen: Die drei Sienesen zogen sich auf

Tolomeis Besitzung auf einem Hügelrücken 30 km vor Siena zurück, unterwarfen sich den asketischen Regeln des Benediktiner-Ordens und nahmen weitere Anhänger auf. Tolomei nannte seine Kongregation nach der hl. Maria vom Ölberg **Olivetaner**. Am 26. März 1319 erhielten die Mönche die Approbation des Bischofs von Arezzo, Guido Tarlati. 1320 begannen sie mit dem Bau des Klosters. Tolomei und 80 Mitbrüder starben zwar 1348 an der Pest, doch die Olivetaner-Klöster erlebten in den folgenden Jahrhunderten einen starken Aufschwung. Papst Benedikt XVI. sprach Tolomei 2009 heilig.

***Besichtigung*** Die imponierende **Klosteranlage** – errichtet in den Jahren 1387–1514 mit zinnenbewehrtem Turm – ist von einem dichten Zypressen- und Tannenwald umgeben, den die Mönche im 14. Jh. anlegten. Man betritt die **Abtei** durch ein Gewölbe: Außen empfängt eine Muttergottesdarstellung aus glasiertem Ton aus der Werkstatt Della Robbias den Ankömmling. Wer die Abtei verlässt, wird an der Innenseite des Tores vom hl. Benedikt (ebenfalls Della Robbia) gesegnet. Eine Kopfsteinpflasterstraße führt am Abteigebäude vorbei, das von einer einschiffigen **Kirche** flankiert wird, deren Inneres im 18. Jh. von Giovanni Antinori im Barockstil umgestaltet wurde. Sehenswert ist hier vor allem das *Chorgestühl* mit faszinierenden Stillleben-Intarsien von dem Olivetanerbruder Giovanni da Verona (1503–05). Nun betritt man das Kloster und erreicht, nach Vorhalle und **Durchgang** (mit zwei Fresken Sodomas, *Kreuztragung* und *Geißelung*), schließlich den **Großen Kreuzgang** mit dreistöckiger Loggia: die Hauptattraktion der Abtei.

Luca Signorelli und Mitglieder aus dessen Werkstatt (1497–98), vor allem aber Sodoma (1505–08), bemalten die Wände des Klosterhofes mit der *Vita des hl. Benedikt* (wie vom hl. Gregor überliefert) und schufen einen der schönsten **Freskenzyklen** der Renaissance. Einzigartig ist die erzählerische Kraft der Bildergeschichten, entzückend die Anmut der Gestalten, köstlich die plastische Landschaftsdarstellung, elegant die von Bramante inspirierte Hintergrundarchitektur, überraschend sind die oft bizarren *Details* – besonders in Sodomas Werken. Der Zyklus beginnt auf der Ostseite des Kreuzgangs. Die Bilder sind nummeriert: **1–19** und **30–35** stammen von Sodoma, **21–29** von Signorelli.

**Ostseite**

1. Benedikt auf weißem Pferd verlässt, begleitet von seiner Amme Cirilla, sein Elternhaus. Im Hintergrund die Stadt Norcia in Umbrien.
2. Benedikt verlässt die Schule in Rom, im Hintergrund Tiber und Engelsburg.
3. Benedikt setzt wundersamerweise einen zerbrochenen Holztrog wieder zusammen. Sodoma lenkt bei diesem Bild die Aufmerksamkeit auf sich selbst: Der Adlige im Hermelinmantel mit zwei Dachsen ist ein gewagtes Selbstporträt des Künstlers, der sich auf diese Weise über seinen Stand erhebt.
4. Der Mönch Romanus übergibt Benedikt vor der Stadt Subiaco das Eremitenhabit.
5. Romanus speist Benedikt, indem er einen Brotkorb herablässt: Links zerschmettert der Teufel das Glöckchen am Korb.
6. Zum Osterfest bringt ein Priester Speisen zu Benedikt. Der Mönch bricht sein Fasten. Das Problem, das Fenster des Kreuzgangs in das Gemälde miteinzubeziehen, löste Sodoma auf eigenwillige Weise: Im Tondo über dem Fenster schwebt Gott, der dem Priester seine Anweisung gibt.

*Von Sodoma stammt die lebensnahe Szene ›Benedikt speist seine Mönche‹*

7. Benedikt unterweist Bauern in der christlichen Lehre.
8. Benedikt wird von der Unkeuschheit (eine Venus mit Teufelshörnchen) heimgesucht und wälzt sich nackt im Dornenbusch, um der Versuchung zu widerstehen.
9. Benedikt geht auf die Bitten einiger Eremiten ein, ihr Abt zu werden.
10. Die Mönche – der strengen Zucht des neuen Abtes überdrüssig – wollen Benedikt vergiften, er bekreuzigt sich und zerbricht dabei den Becher.
11. Benedikt errichtet zwölf Klöster.

**Südseite**

12. Benedikt empfängt Maurus und Placidus. Links hinter Benedikt porträtierte Sodoma seinen Malerkollegen Signorelli.
13. Benedikt treibt einem Besessenen den Teufel aus. Die Teufelsfigur ist – wie viele Dämonendarstellungen in der Toskana – ausgekratzt.
14. Benedikt lässt eine Quelle entspringen.
15. Benedikt lässt die in einen Teich gefallene Klinge einer Sense an den Schaft zurückkehren.
16. Maurus schreitet auf dem Wasser, um Placidus zu retten.
17. Benedikt verwandelt den Inhalt eines Weinkruges in eine Schlange.
18. Florentius will Benedikt vergiften.
19. Florentius lässt Freudenmädchen vor dem Kloster tanzen. Interessant ist der Kontrast zwischen den steifen Gewändern und Haltungen der Mönche und den tänzelnden, leicht geschürzten, lebensfrohen Mädchen.

**Westseite**

20. Einziges Bild von Sodomas Schwiegersohn Bartolomeo Neroni, gen. Il Riccio (1540): Benedikt schickt Maurus nach Frankreich und Placidus nach Sizilien.
21. Hier beginnt der (schlecht erhaltene) Signorelli-Zyklus. Gott bestraft den Priester Florentius.
22. Benedikt bekehrt die Einwohner von Monte Cassino.
23. Benedikt verjagt den Teufel, der den Klosterbau blockiert.
24. Benedikt erweckt einen beim Bauen abgestürzten Mönch zum Leben.
25. Benedikt sagt den Mönchen, wo und wann sie außerhalb des Klosters gegessen haben.
26. Benedikt tadelt einen Mönch, der das Fasten brach.
27. Benedikt deckt Gotenkönig Totilas Täuschung auf, der einen Diener als König verkleidet zu ihm schickt.
28. Benedikt empfängt Totila.
29. Benedikt sagt die Zerstörung von Monte Cassino voraus.

Plan vordere Umschlagklappe

### Restaurant

**Trattoria La Torre**, Tel. 0577707022. Das Restaurant liegt vor dem Eingangstor von Monte Oliveto Maggiore. Nicht die Mönche des Klosters, sondern eine Familie betreibt dieses Café-Restaurant mit rustikaler Küche (Di geschl.).

## 9 Monteriggioni

*Grenzfestung zwischen Siena und Florenz mit vollständig erhaltenem Mauerkranz.*

Monteriggioni liegt an der Staatsstraße 2 zwischen Siena und Colle Val d'Elsa und ist die einzige Stadt der Toskana, deren Überleben noch heute von der **Stadtmauer** abhängt. Denn diese Mauer gehört zu einer der am häufigsten besuchten Sehenswürdigkeiten der Provinz Siena und bildet somit die ökonomische Grundlage der 8900 Einwohner, von denen allerdings nur ein kleiner Teil in der Altstadt lebt.

Schon *Dante* war von dem Anblick des Mauerrings begeistert. In der *Göttlichen*

**Links:** *Seltenes Exemplar – der mittelalterliche Mauerring von Monteriggioni*
**Unten:** *Beschauliche Einkehr – Straßencafé in der Altstadt von Monteriggioni*

### Nordseite

30. Benedikt speist seine Mönche.
31. Benedikt gibt träumenden Mönchen Anweisung zum Bau eines Klosters.
32. Benedikt erlöst exkommunizierte tote Nonnen, die keine Ruhe im Grab finden, durch Absolution.
33. Benedikt lässt einem toten Mönch, den die geweihte Erde nicht aufnehmen will, eine Hostie auflegen.
34. Benedikt vergibt einem Mönch, der fliehen wollte und dabei einen Drachen sah.
35. Benedikt befreit einen gefesselten Bauern durch seinen Blick.

Die wertvollsten Bände der *Bibliothek* des Klosters gingen während der Säkularisation verloren. Dagegen ist die *Apotheke* aus dem 16. Jh. noch erhalten. Die Mönche verkaufen Kräuter, Liköre, Olivenöl, Honig und Heilwässer aus eigener Produktion im *Souvenirshop*.

## i Praktische Hinweise

### Übernachtung

**Foresteria Monastica**, Tel. 0577707652. Die Mönche bringen Besucher gleich neben der Kirche in der Herberge aus dem 16. Jh. unter. Sie erwarten den Wunsch nach spiritueller Einkehr.

*Die befestigten Wohntürme von San Gimignano dienten einst als Wehrburgen*

*Komödie*, Hölle XXXI. heißt es: »Denn wie über seiner Mauerrunde/Monteriggioni mit seinen Türmen krönt.« Die Stadt entstand im 13. Jh. auf Betreiben der Republik Siena. Sienesische Architekten errichteten 1213–19 die 570 m lange Mauer. Das Konzept war ein entscheidender Fortschritt in der toskanischen Festungsbauweise. Die **14 Türme** erlaubten die komplette Kontrolle des Umlandes.

### i Praktische Hinweise

#### Information

**Ufficio Turistico**, Castello, Piazza Roma 23, Monteriggioni, Tel. 0577304834, www.monteriggioniturismo.it

#### Hotel

******Romantik Hotel Monteriggioni**, Via 1° Maggio 4, Tel. 0577305009, www.hotelmonteriggioni.net. Gemütliches Zwölf-Zimmer-Hotel mit Swimmingpool und Garten (Mitte Nov.–Mitte März geschlossen).

#### Restaurant

**Il Pozzo**, Piazza Roma 20, Monteriggioni, Tel. 0577304127, www.ilpozzo.net. Das Restaurant liegt innerhalb des Mauerrings in einem rustikalen Haus (So abends und Mo sowie teilweise im Jan. und Febr. geschl.).

## 10 San Gimignano

*Ihre hoch aufragenden Geschlechtertürme machten die Stadt weltberühmt.*

San Gimignano liegt auf dem 324 m hohen Hügel, der das Elsa-Tal dominiert, und ist einer der größten Besuchermagnete der Toskana. Die 7800 Einwohner sehen mehr als 8 Mio. Touristen pro Jahr in ihrer Stadt. Diesen Ansturm verdankt San Gimignano seinem Ruf als ›Manhattan des Mittelalters‹. Die Silhouette mit ihren 15 noch erhaltenen hoch aufragenden Türmen gehört zum UNESCO-Weltkulturerbe und zählt zu den meistfotografierten Motiven Italiens. Dass allerdings ausgerechnet die mittelalterlichen Wohntürme, von denen es vor 650 Jahren 72 gab, der Stadt in der Moderne zu Wohlstand verhelfen, ist eine Ironie der Geschichte, denn stehen blieben sie nur wegen Geldmangels.

***Geschichte*** San Gimignano wurde bereits im 14. Jh. von Florenz beherrscht und besaß seitdem nie wieder eine autonome Regierung. Damit war eine generelle Verarmung verbunden. Im 13. Jh., als die Stadt freie Republik war, die von Konsulen regiert wurde, hatte San Gimignano einen rasanten Aufschwung erlebt. Jede wohlhabendere Familie konnte sich einen Wohnturm bauen. In **Wehrtürmen** zu wohnen, war keine übertriebene Vorsichtsmaßnahme: Toskaner mussten täglich mit Angriffen der Nachbarstädte

rechnen, zudem tobte wegen der Auseinandersetzung der guelfischen Familie Ardinghelli mit der ghibellinischen Familie Salvucci vom Ende des 13. bis Mitte des 14. Jh. ein **Bürgerkrieg** in San Gimignano. 1348, nachdem fast jeder zweite Einwohner der **Pest** zum Opfer gefallen war, übernahm **Florenz** die Macht in der Stadt: Seitdem wurde hier kaum mehr gebaut. Während mächtigere Städte wie Siena, Lucca oder Florenz so gut wie alle der unzeitgemäßen Wohntürme abrissen, um komfortablere Paläste zu errichten, und ihre Stadtmauern erweiterten, blieben im verarmten San Gimignano mehrere Türme stehen.

***Besichtigung*** Der romanische **Duomo Santa Maria Assunta**, auch ›La Collegiata‹ genannt, wurde 1148 geweiht und blieb nach einer Erweiterung durch Giuliano da Maiano um 1460 bis heute im Wesentlichen unverändert. Das gesamte Innere schmücken **Fresken**. An der Westwand neben dem Haupteingang ist ein ›Jüngstes Gericht‹ von *Taddeo di Bartolo* (1393) zu sehen. Die starke Farbigkeit und die ausdrucksvolle Gestik der Figuren zeugen vom Einfluss der Sieneser Malerei. Im rechten Seitenschiff ist einer der am besten erhaltenen Freskenzyklen (1335–45) des Mittelalters zu bewundern, der neuerdings *Filippo Lippi* und *Federico Memmi* zugeschrieben wird. Die Bildfelder zeigen Szenen aus Leben und Passion Christi. Einen weiteren Höhepunkt stellt die anmutige **Cappella di Santa Fina** (1468–72) im 7. Joch des rechten Seitenschiffes dar, die Giuliano da Maiano entwarf. Berühmt sind vor allem die beiden Fresken des Michelangelo-Lehrers *Domenico Ghirlandaio* zum Tod der hl. Fina (1475). Besonders beeindrucken die ausdrucksstarken Porträts, sein eigenes Konterfei hat der Künstler auf dem linken Fresko verewigt (hinter dem Bischof). Das linke Seitenschiff zieren 26 Szenen aus dem Alten Testament, die *Bartolo di Fredi* um 1367 schuf. Leider sind mehrere Bildfelder des Zyklus' zerstört.

Ein Kleinod der Kunst birgt neben dem Dom auch die **Loggia del Battistro** mit dem Fresko ›Verkündigung‹ von Domenico Ghirlandaio (1476).

Der **Palazzo Nuovo del Podestà** (auch Palazzo Comunale) liegt an der Südseite des Domplatzes und beherbergt heute das **Museo Civico** (Piazza del Duomo 2, Tel. 05 77 99 03 12, März–Okt. tgl. 9.30–19.30, Nov.–Febr. tgl. 10–17.30 Uhr) mit einer erlesenen Sammlung zur Kunst des Mittelalters und der Renaissance. Über eine Außentreppe erreicht man die **Sala di Dante**, in dem Dante Alighieri im Jahr 1300 der Republik San Gimignano die Notwendigkeit für eine guelfische Liga darlegte. Blickfang ist eine prunkvolle ›Maestà‹ von Lippo Memmi (1317). Das Fresko ist eine Kopie der Madonnendarstellung von Simone Martini im Ratssaal von Siena. Das toskanische Allltagsleben kann man anhand der Fresken von Memmo di Filippuccio aus dem frühen 14. Jh. in der *Camera del Podestà* studieren. Weitere Glanzstücke des Museums sind das Tafelbild ›Madonna mit Heiligen‹ (1512) von Pinturicchio, zwei Tondi von Filippino Lippi (1483) sowie eine ›Kreuzigung‹ des 14. Jh. von Coppo di Marcovaldo. Durch den malerischen Innenhof gelangt man zur 54 m hohen **Torre Grossa** (1311), von der sich herrliche Ausblicke bieten.

Die Kirche **Sant' Agostino** (1280–98) an der gleichnamigen Piazza im Norden der Stadt birgt zwei Schätze: einen Marmor-Altar von Benedetto da Maiano (1494) und den Freskenzyklus von Benozzo Gozzoli von 1464 mit Szenen aus dem ›Leben des hl. Augustinus‹.

Nordöstlich beherbergt das ehemalige Kloster Santa Chiara drei Sammlungen: das **Museo Archeologico,** die **Spezieria di Santa Fina** sowie die **Galleria d'Arte Moderna e Contemporanea ›Raffaele de Grada‹** (Via Folgore 11, Tel. 0577941388, www.sangimignano.com, tgl. 11–17.30 Uhr). Zu sehen sind etruskische Kunst aus Gräbern der Region, Gläser und Keramik des 15.–17. Jh. sowie Wechselausstellungen mit Kunst des 19./20. Jh. sowie der Gegenwart.

## i Praktische Hinweise

### Information

**Ufffico Informazioni**, Piazza del Duomo 1, San Gimignano, Tel. 0577940008, www.sangimignano.com

### Stadtfest

**Ferie delle Messi:** Großes Fest mit Mittelalter-Markt, Umzügen in historischen Gewändern und traditionellen Reiterwettkämpfen, jedes Jahr am 3. Wochenende im Juni, www.cavalieridisantafina.it

### Einkaufen

Preisgünstig sind die Märkte, die jeden Donnerstag an der Piazza del Duomo, Piazza della Cisterna und Piazza delle Erbe (8–13 Uhr) stattfinden.

### Hotels

*****Villa Belvedere**, Via Senese, Colle di Val d'Elsa, Tel. 0577920966, www.villabelvedere.com. Landsitz aus dem 18. Jh. mit Antiquitäten in den 15 Zimmern, typisch toskanischer Küche und Pool im Garten.

**Casanova di Pescille**, Loc. Pescille, Tel. 0577941902, www.casanovadipescille.com. Ausgebautes Landgut, 4,5 km unterhalb von San Gimignano. Garten mit Schwimmbecken.

### Restaurant

TOP TIPP **Arnolfo**, Via XX Settembre 50, Colle di Val d'Elsa (10 km südöstlich von San Gimignano), Tel. 0577920549, www.arnolfo.com. Eines der fünf besten, preis- und sternegekrönten Feinschmecker-Restaurants der Toskana bietet köstliche Spezialitäten zu sehr gehobenen Preisen (Di, Mi sowie Ende Jan.–Febr. und Anfang Aug. geschl.).

*Szenen aus dem Leben des hl. Augustinus verewigte Benozzo Gozzoli 1464 in der Kirche Sant'Agostino in San Gimignano*

*Von der einstigen Bedeutung des Zisterzienserklosters San Galgano zeugt eine gewaltige Ruine*

## 11 San Galgano

TOP TIPP *Die meisterliche Baukunst der Zisterzienser zwingt den Besucher zu Andacht und Stille.*

Man erreicht San Galgano von Siena aus über die Staatsstraße 73 in Richtung Grosseto. Bei Madonnino biegt man rechts nach Massa Marittima ab. Das Kloster war einst das Zentrum des Zisterzienserordens in der Toskana. Die 1224 begonnene Kirche ist ein Musterbau zisterziensischer Sakralarchitektur, wie sie zu Beginn des 13. Jh. in ganz Europa verbreitet war. Außer der gewaltigen **Kirchenruine** ist der Ostflügel des **Klostergebäudes** erhalten sowie eine kleine **Kapelle** auf dem zugehörigen Friedhof aus dem 13. Jh.

Wer in Gedanken die Mönche unter Gesängen zur Messe ziehen sieht, wird die religiöse Inbrunst, aber auch die Rivalitäten unter den Ordensbrüdern erahnen, die hierhergekommen waren, um *Galgano Guidotti* zu ehren, den bekehrten Ritter und Zisterziensermönch, der im Dezember 1181 im Alter von 33 Jahren auf dem Monte Siepi starb und vier Jahre später heilig gesprochen wurde. Zu Füßen des Berges errichteten die Zisterzienser dem hl. Galgano die Abtei. Doch im Jahr 1550 war das einst mächtige Kloster schon so heruntergekommen, dass der Prior Girolamo Vitelli den Bleimantel vom Dach nehmen ließ, um ihn zu verkaufen. Wenig später stürzte die Decke ein. Im 17. Jh. lebte jahrzehntelang ein Einsiedlermönch ganz allein im Kloster.

Oberhalb der Klosterkirche steht das **Oratorio di San Galgano al Montesiepi**. Seine Gründung geht ebenfalls auf den hl. Galgano zurück, der hier sein Schwert als Zeichen für sein Gelöbnis der Gewaltlosigkeit in den Fels gerammt haben soll. *Ambrogio Lorenzetti* malte die Kapelle nach 1134 mit **Fresken** aus: *Maestà* (der hl. Galgano hatte hier eine Vision der thronenden Maria empfangen), *Das Leben des hl. Galgano* und *Verkündigung*. Mit letzterem hatte es eine besondere Bewandtnis: Lorenzetti hatte einen ungewöhnlichen Entwurf an die Wand gemalt; das Bild einer entsetzten Maria, die vor dem Engel wie vor einem Peitschenhieb zurückweicht und zu Boden sinkt. Den Auftraggebern missfiel der Entwurf. Lorenzetti musste ihn übermalen. Bei einer aufwendigen Restaurierung der Fresken wurde unter der Verkündigung der *Originalentwurf* entdeckt.

# Grosseto und Provinz – herbe Schönheit der Maremma

Rund um den **Monte Argentario** an der Küste liegen die bezauberndsten Badeorte der Toskana, im Inland weiden Schafe und Rinder auf den weiten grünen Weiden der fruchtbaren ›**Maremma**‹. Hier kann man bei Capalbio den herrlich bunten Tarot-Garten von Niki de Saint Phalle bestaunen oder in Roselle, in Pitigliano, Sovana und Sorano auf den Spuren der **Etrusker** wandeln. Deren Reichtum vor 2500 Jahren fußte auf den Erzminen der **Colline Metallifere** um Massa Marittima.

Der Süden der Provinz Grosseto bildete zusammen mit Volterra, Chiusi und Arezzo sowie dem nördlichen Latium das Kerngebiet der **Etrusker**. Sovana, Sorano, Pitigliano, Vetulonia und Roselle gehörten zum Städtebund dieses hochzivilisierten Volkes, dessen Spuren bis ins 8. Jh. v. Chr. zurückreichen. Im 6. Jh. v. Chr. beherrschte es zusammen mit Karthago das westliche Mittelmeer. Auch Rom gehörte zum Einflussgebiet der Etrusker, die zwischen Kapitol und Palatin ansässigen Bauern übernahmen von ihnen die Toga und die Metallverarbeitung, die Weinkelterung und das Atriumhaus.

Im 3. Jh. v. Chr. kehrten sich die Machtverhältnisse um, als die **Römer** nach Norden vorrückten und die Etruskerstädte eroberten, die ihre Seeherrschaft schon 474 v. Chr. nach einer Niederlage gegen Syrakus eingebüßt hatten. Einige Orte, wie Roselle, wurden von den Siegern zerstört, in den meisten Etruskerstädten jedoch räumten die Römer der eingesessenen Bevölkerung große Freiräume ein. So bauten mehr als 200 Jahre lang die Bewohner Sovanas unter römischer Besatzung noch Tempel für etruskische Götter und schrieben und sprachen ihre eigene Sprache.

In dieser Zeit entstand bei **Sovana** eines der interessantesten Baudenkmäler Italiens: Säulen und Ornamente verzieren die Fassade dieses prächtigen etruskischen Grabes, die farbenprächtige Bemalung ist leider nur noch in Spuren zu erkennen. Die Bewohner von Sovana gaben dem Grab den Namen **Tomba Ildebranda**, Hildebrandsgrab, nach einem Sohn der Stadt. Im Haus Nummer 29 in der Via del Duomo wurde um 1020 **Ildebrando** geboren. Der Sohn eines Schreiners sollte als Papst Gregor VII. Weltgeschichte schreiben.

Sovana stand damals unter der Herrschaft der **Aldobrandeschi**. Die Erfahrungen unter dieser kriegerischen und arroganten Familie – Anhänger des deutschen Kaisers – prägten den künftigen Papst. Als Ildebrando auf dem Aventin in Rom die Weihen als Benediktiner-Mönch erhielt, wusste er, wie stark die toskanischen Gegner des Heiligen Stuhls waren. Während der Mönch in Rom zum Berater der Päpste Nikolaus II. und Alexander II. aufstieg, breiteten sich die Aldobrandeschi weiter aus und nahmen die Städte Pitigliano und Sorano ein.

Als Ildebrando am 22. April 1073 ohne förmliches Wahlverfahren vom Kardinalskollegium zum **Papst Gregor VII.** ernannt wurde, ließ er keinen Zweifel daran, dass er die Kirche in ihrer Gesamtheit seinem Herrschaftsanspruch unterwerfen wollte. Kaiser und Könige sollten das Recht verlieren, Kardinäle und Bischöfe einzusetzen. Damit begründete er den **Investiturstreit**, der zum Krieg gegen den deutschen Kaiser **Heinrich IV.** führte. Der Toskaner Gregor versuchte auch, das *Zölibat* durchzusetzen, Kirchenämter sollten nicht mehr vererbt werden, die Priester sollten sich ganz in den Dienst der Kirche stellen. Rückendeckung bekam er von einer Frau: von Mathilde, *Markgräfin von Tuszien*. Die schöne Adlige, gut 20 Jahre jünger als der Papst, schloss sich bedingungslos seinen Plänen an, obwohl ihr Ehemann Gottfried auf der Seite von Heinrich IV. stand und beste Beziehungen zu den Aldobrandeschi unterhielt. Sie war auch beim Papst, als dieser seinen größten Triumph erlebte: Es war ihre **Burg von Canossa**, vor der im Januar 1077 der Kaiser drei Tage lang demütig im Schnee kniete, um von Gregor die Aufhebung des Kirchenbanns zu erbitten. Doch schon 1084 eroberte Heinrich IV. Rom und zwang den Papst zur Flucht in die **Engelsburg**. Der Normanne Robert Guiscard befreite Gregor, konnte aber seine Absetzung nicht verhindern. Gregor musste nach **Salerno** gehen, wo er am 25. Mai 1085 enttäuscht starb. Seine Nachfolger setzten jedoch seine wichtigsten Ziele, Zölibat und die Befehlsgewalt des Papstes über alle Bischöfe und Priester, in den folgenden Jahrzehnten durch.

## 12 Grosseto und Roselle

*Das ›Lucca der Maremma‹ am Nordufer des Ombrone und die Ruinen einer etruskischen Stadt.*

Die heutige Provinzhauptstadt Grosseto (80 000 Einw.) bestand nur aus einer Burg mit weniger als 100 Bewohnern, als Papst Innozenz II. 1138 den Bischofssitz von Roselle hierher verlegte. Zunächst unter der Kontrolle der Aldobrandeschi, unterwarf sich die Stadt 1336 **Siena** und wurde später von **Florenz** eingenommen. Die Medici bauten Grosseto zu einer bescheidenen Handelsstadt aus. Im Zweiten Weltkrieg wurde die Stadt bombardiert und danach weitgehend modern wieder aufgebaut. Erhalten blieben Teile der sechseckigen **Befestigungsanlage der Medici**, die die Altstadt umgibt und die man bereits im 19. Jh. in eine öffentliche Anlage einbezogen hatte.

Zentrum der Altstadt ist die **Piazza Dante**. Sie rahmen der im 19. Jh. entstandene, neogotische *Palazzo della Provincia*, das Rathaus und die mit rotbraunen und weißen Marmorstreifen inkrustierte Fassade des **Domes San Lorenzo** ein. Letztere ist das Werk von Architekten des 19. Jh. Vom ursprünglichen Bau von der Wende vom 13. zum 14. Jh., der erst Mitte des 15. Jh. vollendet wurde, sind nur der Ziegelstein-*Campanile* aus dem 13. Jh. und das schöne *Portal* an der Südseite erhalten, auf dessen Architrav der Dombaumeister Sozzo di Rustichino ›Christus und die Evangelisten‹ abbildete (1402). Im Inneren gefallen das *Taufbecken* (um 1470) und der *Altar* des linken Querhauses von Antonio Ghini mit der Madonnentafel von Matteo di Giovanni (1474).

Die gotische Kirche **San Francesco** an der Piazza dell'Independenza, im 13. Jh. von Benediktinern gegründet, später an die Franziskaner gefallen und zu Beginn des 20. Jh. umfassend restauriert, hütet einen Schatz: ein *Tafelkruzifix*, das dem

*Grossetos Hauptplatz: Die Piazza Dante dominiert der neogotische Palazzo della Provincia*

jungen Duccio di Buoninsegna zugeschrieben wird (1282/83), außerdem eine Kreuzigungsgruppe des 15. Jh.

Lohnend ist ein Besuch in Grosseto vor allem wegen des **Museo Archeologico e d'Arte della Maremma** (Piazza Baccarini 3, Tel. 0564488750, www.gol.grosseto.it, Mai–Okt. Di–So 10–13, 17–20 Uhr, Nov.–Febr. Di–Fr 9–13, Sa/So 9–13, 16–18 Uhr, März/April Di–So 9–13, 16–18 Uhr) im Palazzo del Vecchio Tribunale, das über bemerkenswerte etruskische Funde verfügt. *Saal 1* präsentiert die Sammlung, die der Priester Giovanni Chelli im 19. Jh. zusammengestellt hat. Darunter sind etruskische Urnen und Keramiken. In den weiteren Sälen im *Erdgeschoss* sind viele Funde aus Roselle zu sehen (Terrakotten, Gläser, Vasen, Statuetten, Bronzen). Das *erste Stockwerk* widmet sich den weiteren Ausgrabungen in der Maremma und zeigt auch Exponate aus dem Paläolithikum sowie Grabbeigaben und Töpferwaren der Villanova-Kulturen (10–8. Jh. v. Chr.). Der *zweite Stock* be-

## Die Etrusker

Die **Herkunft** der Etrusker, von denen sich der Name ›Toskana‹ ableitet, war schon in der Antike umstritten. Drei Theorien werden bis heute diskutiert: autochthone, also **italische** Herkunft, Einwanderung als indogermanischer Stamm aus dem **Alpenbereich**, Einwanderung aus **Kleinasien** bzw. dem griechischen Mittelmeerraum. Dieser letzten Hypothese geben die meisten Forscher den Vorzug, wobei die Entwicklung zur **ersten Hochkultur** Italiens ab dem 8. Jh. v. Chr. sicher erst durch eine Vermischung asiatischer, ostgriechischer und italischer Einflüsse entstand.

Die Etrusker kontrollierten ab dem 7. Jh. v. Chr. als loser Bund aristokratisch regierter **Stadtstaaten** das Gebiet zwischen Arno und Tiber, bauten Erze und Mineralien ab, besaßen **Handelsflotten**, kannten Drainagetechniken. Ihre **Kunst** zeigt neben asiatischen und ägyptischen vor allem Einflüsse der griechisch-mykenischen Kultur. Die wichtigsten **Zeugnisse** der etruskischen Kultur sind neben den Resten von **Stadtanlagen** besonders die in großer Zahl erhaltenen **Grabbauten**, deren reiche **Beigaben** wie Urnen, Waffen, Schmuck und Haushaltsgeräte, aber auch Wandmalereien Rückschlüsse auf die Alltagskultur des Volkes zulassen. Besonders entwickelt war die Metallbearbeitung, hier erreichten die **Goldschmiedekunst** und die **Bronzeplastik** eine hohe formale Reife und Eigenständigkeit. Die etruskische Götterwelt zeigt teilweise Anklänge an die griechische, brachte aber auch eigenständige Gottheiten hervor. Die etruskische **Sprache**, die nicht indogermanischen Ursprungs und in etwa 10 000 Inschriften überliefert ist, bewahrt sich trotz umfangreicher Forschungen noch viele Geheimnisse.

Als die Römer im 4. und 3. Jh. v. Chr. die Etruskerstädte eroberten, vermischten sich die Kulturen der beiden Völker. Ihre religiöse und kulturelle Unabhängigkeit konnten sich die Etrusker auf Dauer nicht bewahren.

*Prächtig geschmückt ins Jenseits – Darstellung eines Verstorbenen auf einem etruskischen Sarkophagdeckel im Museo Archeologico von Chiusi [s. S. 47]*

*Römische Wagenräder haben auf der antiken Hauptstraße von Roselle ihre Spuren hinterlassen*

herbergt das **Museo d'arte sacra della Diocesi di Grosseto**. Es enthält vor allem Bilder der Sieneser Schule des 13.–17. Jh., u.a. die ›Madonna delle Ciliegie‹ (Kirschenmadonna), ein Meisterwerk von Stefano di Giovanni, gen. *Sassetta* (vor 1450).

**Roselle**, das antike *Russellae*, etwa 10 km nördlich von Grosseto strategisch günstig auf einem Höhenrücken östlich der Via Aurelia gelegen, war eine der mächtigsten Städte des *Etruskischen Bundes*, bevor die Römer die Stadt 294 v. Chr. vernichteten. Über den damals noch schiffbaren Fluss Ombrone war sie verbunden mit Chiusi, über die Handelsstraße an der Stelle der späteren Via Aurelia mit den Küstenstädten im Süden. Im frühen Mittelalter war die Stadt noch als *Bischofssitz* von Bedeutung, 935 wurde sie von den Sarazenen zerstört. Als 1138 der Bischof nach Grosseto umzog, war der endgültige Untergang der Stadt besiegelt.

Heute gehört die **Area Archeologica di Roselle** (Loc. Roselle, Via dei Ruderi, Tel. 05 64 40 24 03, Mai–Aug. tgl. 8.30–19, März–April, Sept–Okt. tgl. 8.30–18.30, Nov.–Febr. tgl. 8.30–17.30 Uhr) zu den größten archäologischen Grabungsstätten der Toskana. Hier lassen sich in abgeschiedener Stille Ruinen besichtigen, die Spuren der Eisenzeit, der Etrusker, der Römer und frühchristliche Ruinen vereinigen. Die 3 km lange, größtenteils aus polygonalen Blöcken errichtete und noch bis zu 5 m hohe kyklopische **Stadtmauer** der Etrusker aus dem 6. Jh. v. Chr. begrenzt noch heute das Grabungsgelände. Die Tore waren so eng gebaut, dass sich Eindringlinge nicht mit dem Schild schützen konnten.

Die wichtigste Entdeckung der Archäologen war ein archaisches **Wohnhaus** aus dem 7. Jh. v. Chr., das Aufschlüsse über die Bauweise dieser Zeit erlaubt. Außen quadratisch und innen oval, wurden die Häuser aus an der Sonne getrockneten Tonziegeln errichtet und mit Holz und Zweigen gedeckt. Gut zu erkennen ist die antike **Hauptstraße**, die von Osten hangaufwärts in die Stadt führt: Wagenräder gruben Kerben in die Pflastersteine. Um das gepflasterte **Römische Forum**, das nördlich an die etruskische Siedlung anschließt, lagen ›das Haus der Augustalen‹, in dem man Reste von 18 römischen Kaiserstatuen fand, ein kleiner Tempel und das Gerichtsgebäude. Weiter nördlich kam die **Basilika** zutage, ein römischer Apsidensaal mit Wandnischen, auf dem Nordhügel erkennt man Reste einer *Thermenanlage* und eines *Amphitheaters*.

## i Praktische Hinweise

### Information

**APT**, Viale Monterosa 206, Grosseto, Tel. 05 64 46 26 11, www.lamaremma.info

### Baden

Die italienische Umweltorganisation Legambiente zählt die Strände des Ferienorts **Castiglione della Pescaia** seit Jahren zu den saubersten und gepflegtesten Italiens, Information: Pro Loco, Piazza Garibaldi 6, Tel. 05 64 93 42 28, www.prolococastiglionedellapescaia.it.

*Imposant und wehrhaft wie eine Festung thront die Tuffsteinstadt Pitigliano auf hohen Felsen*

## 13 Pitigliano, Sorano, Sovana

*Schmuckstücke der südlichen Toskana in pittoresker Lage.*

Über die Staatsstraße 74 von Albinia am Monte Argentario aus

Die drei interessantesten Städte im Süden der Provinz Grosseto sind sicherlich Pitigliano, Sovana und Sorano.

Das Städtchen **Pitigliano**, das heute 4000 Einwohner zählt, thront hoch oben auf einem 313 m hohen Tuffsteinfels und gehört allein wegen seiner spektakulären Lage und eines Aquädukts aus dem 15. Jh. zu den schönsten Orten der Toskana. Die Lage bot einen weiten Blick über das Land und war verteidigungstechnisch ideal, sodass Pitigliano auf eine Stadtmauer verzichten konnte. Schon *Etrusker* hatten auf dem Hügel gewohnt, aber der Ortsname geht der Legende nach auf Pitilius und Cilianus zurück, zwei *Römer*, die sich hier niederließen, nachdem sie die goldene Krone des Gottes aus dem Tempel des Jupiter Stator in Rom gestohlen hatten. Im *Mittelalter* stand Pitigliano unter der Kontrolle der Familie Aldobrandeschi, ab 1293 herrschte die römische Familie der Orsini. Der zinnengekrönte **Palazzo Orsini** an der länglichen Piazza della Repubblica zwischen dem mittelalterlichen Stadtkern und den neuzeitlichen Residenzanlagen ist ein Meisterwerk der toskanischen Festungsbaukunst. *Giuliano da Sangallo* baute die einstige Burg aus dem 13. Jh. für die Patrizier-Familie in einen bequemen und sicheren Renaissance-Palast um, der später weitere Veränderungen erfuhr. Das Gebäude besitzt einen sehr schönen *Innenhof*, die *Fassade* ist mit dem Wappen der Orsini, einem Bär mit dem Kopf eines Löwen, geschmückt.

Der ursprünglich mittelalterliche **Dom** an der Piazza Gregorio VII. wurde im 18. Jh. innen und außen im Barockstil umgebaut. Hochinteressant ist die **Straße** in Richtung Norden, die Pitigliano mit Sorano und Sovana verbindet: Etrusker schlugen sie als Keil in den Tuffsteinfelsen. An den Wänden sind immer wieder etruskische *Nekropolen* zu erkennen.

Nordöstlich von Pitigliano, 379 m hoch über dem Fluss Lente, liegt das TOP TIPP mittelalterliche Dorf **Sorano** mit 3700 Einwohnern. Der Stadtteil am *Südhang* des Tuffsteinfelsens ist verlassen worden, die Erosion raubt Sorano den Boden: Viele der Häuser sind bereits abgerutscht. Der *Stadtkern* jedoch ist noch erhalten, und Besucher bekommen einen ausgezeichneten Eindruck von einem typischen mittelalterlichen toskanischen Dorf. Die **Fortezza Orsini**, die das Stadtbild dominiert, entstand vermutlich im 14. Jh. unter der Herrschaft der Familie Orsini. Während der Restaurierung im Jahr 1968 kamen *Fresken* ans Tageslicht, die Blumenmotive und Szenen eines Festmahles zeigen. Besonders interessant ist ein Fresko, auf dem gregorianische Noten zu sehen sind, die sehr wahrscheinlich zu einem Lied aus Boccaccios ›Decamerone‹ gehören.

Rund um Sorano, vor allem aber auf dem malerischen Hügel gegenüber der Stadt, befinden sich *etruskische Grabanlagen*, die in den weichen Tuffstein eingeschnitten sind. Rechts der Straße nach Sovana liegt die verfallene Kirche *San Rocco*, in ihrer Nähe kann man schmucklose etruskische Kammergräber entdecken.

*Giuliano da Sangallo hat den Palazzo Orsini in Pitigliano umgebaut*

*Schlicht und erhaben: Der Dom von Sovana vereint romanische und gotische Architektur*

*Im abendlichen Lichterzauber entfaltet die Piazza Pretorio in Sovana ihren ganzen Charme*

TOP TIPP

Das Dorf **Sovana**, Geburtsort des späteren Papstes Gregor VII., mit seiner mittelalterlichen Piazzetta, den einstöckigen Häusern, die die Hauptstraße säumen, und den überdimensionalen Kirchen ist einer der *romantischsten Flecken* der Südtoskana. Schon im 7. Jh. v. Chr. erlebte er unter den Etruskern eine erste Blütezeit. Ab Mitte des 3. Jh. v. Chr. siedelten hier Römer, im frühen Mittelalter war der Ort als Bischofssitz von Bedeutung, bis er von den Langobarden erobert wurde. Später herrschten auch hier die Aldobrandeschi und die Orsini, 1410 eroberte Siena die Stadt. Die immer wieder auftretende Malaria sorgte schließlich für den Untergang des Ortes. Heute leben knapp 300 Menschen hier.

Die **Piazza Pretorio** bildet das Zentrum von Sovana. Rund um diesen Platz erheben sich der *Palazzo dell'Archivio* aus dem 13. Jh. mit seinem Glockenturm, der *Palazzo Bourbon del Monte* aus dem 15. Jh. sowie der *Palazzo Pretorio* (13. Jh.), den Wappen der Stadtherren verzieren.

Schmuckstück des Platzes ist die kleine Kirche **Santa Maria**. Der dreischiffige Bau aus dem 12. Jh. blieb beinahe unverändert erhalten, nur der Dachreiter mit Glocke wurde im 17. Jh. aufgesetzt, nachdem der Campanile eingestürzt war. Das Innere birgt am Hauptaltar einen besonderen Schatz: das einzige vorromanische *Ziborium* der Toskana (8.–9. Jh.). Ein Baldachin aus Travertin ruht auf vier Säulen korinthischer Ordnung, seine Vorderseiten sind mit geometrischen Ornamenten überzogen. Die beiden *Madonnen-Fresken* rechts neben dem Eingang der Kirche stammen aus der Sieneser Schule des 16. Jh.

Der größte Bau Sovanas ist der **Dom** am Ende der Hauptstraße. Er ist den Aposteln Petrus und Paulus geweiht und zwischen dem 10. und 14. Jh. entstanden. Der Seiteneingang im lombardischen Stil zeigt reichen Figurenschmuck, Menschen- und Tierabbildungen. Das Innere wird von teils schwarz-weiß gestreiften Pfeilern in drei Schiffe geteilt, die gotischen Fenster unter dem Kreuzgratgewölbe des Mittelschiffes lassen den Raum sehr licht wirken. Die *Kapitelle* der Säulen sind mit Reliefs im lombardischen Stil geschmückt, die unter anderem Szenen aus dem Alten Testament darstellen. Die *Krypta* stammt aus einem Vorgängerbau des 8. Jh.

In der Umgebung von Sovana, leicht zu erreichen durch die von Etruskern bereits vor 2500 Jahren angelegten Stichstraßen durch die Tuffsteinfelsen, findet man in reizvoller Lage zahlreiche *etruskische Gräber*, die der **Parco Archeologico ›Città del Tufo‹** (Tel. 05 64 61 40 74, www.leviecave.it,

April–Sept. tgl. 9–19 Uhr, Okt. tgl. 9–17 Uhr, Nov. Sa–So 9–17 Uhr) zugänglich macht. Kurz nach dem Ortsausgang von Sovana, an der Straße nach San Martino sul Fiora, geht es rechts auf den Parkplatz und zur Kasse des Parks.

Die spektakulärste Anlage ist die ›**Tomba Ildebranda**‹ [s.S. 60]. Das etruskische Grab ist benannt nach Ildebrando aus Sovana, der als Papst Gregor VII. im 11. Jh. Weltschichte schrieb. Der Weg ist gut ausgeschildert, festes Schuhwerk, eventuell auch eine Taschenlampe, sind hilfreich. Das Grab aus der 1. Hälfte des 3. Jh. v. Chr. ist aus dem Fels herausgearbeitet und erhebt sich als *Scheintempel* auf einem Podium, zu dem zwei Seitentreppen hinaufführen. Sechs Frontsäulen und je vier Säulen an den Seiten sind der T-förmigen Cella vorgelagert, die vorne eine (Schein-) Tür besitzt, die sich als massiver Stein erweist. Die Säulen tragen *Kapitelle*, die Akanthusblätter und Köpfe verzieren. Die unterirdische *Grabkammer* erreicht man durch einen langen Gang, der unter dem Podium beginnt. Die Anlage war ursprünglich stuckverkleidet und bemalt.

## i Praktische Hinweise

### Hotel und Restaurant

**Scilla**, Via Rodolfo Siviero 1/3, Sovana, Tel. 05 64 61 65 31, www.albergoscilla.com. Freundlich gestaltete Zimmer hinter historischen Mauern im Zentrum. Das dazugehörige Ristorante dei Merli bietet Spezialitäten der Maremma.

# 14 Monte Argentario, Ansedonia, Capalbio, Isola del Giglio

***Tummelplatz der Schickeria: Jachthäfen in bezaubernder Landschaft.***

Etwa 30 km südlich von Grosseto erhebt sich der **Monte Argentario** mit den beiden Hafenstädtchen Porto Santo Stefano und Porto Ercole. Die Halbinsel ist über zwei schmale sandige *Landzungen* und einen Wall, auf dem der Ort Orbetello liegt, mit dem Festland verbunden. Die etwa 26 km² große *Lagune* vor der Halbinsel ist stark verschmutzt, an den Stränden zum offenen Meer jedoch ist die Wasserqualität besser.

Das 15 000 Einwohner zählende **Orbetello** war wahrscheinlich schon im 8. Jh. v. Chr. von Etruskern besiedelt und kam später in den Besitz der Familie Aldobrandeschi, dann der Orsini, bis es im 15. Jh. von Siena erobert wurde. Die deutlichsten Spuren hinterließ die Herrschaft der *Spanier*, die im 16. und 17. Jh. den Monte Argentario und die umliegenden Ortschaften kontrollierten. Aus dieser Zeit stammen die Verteidigungsanlagen und die Festung **Polveriera Guzman**, in der das kleine *Museo Archeologico Comunale* (Via Mura di Levante, Tel. 05 64 86 03 78, Jan.–Mai, Okt.–Dez. Fr–So, Fei 9–13 Uhr, Juni–Sept. Fr–So, Fei 18–23 Uhr) untergebracht ist. Der **Dom** wurde in der zweiten Hälfte des 14. Jh. errichtet und im 17. Jh. um zwei Seitenschiffe erweitert.

*Die spektakulärste aller etruskischen Nekropolen: die tempelartige Tomba Ildebranda in Sovana*

Von Orbetello aus erreicht man nach wenigen Minuten Autofahrt den alten Fischerort **Porto Santo Stefano** im Nordwesten der Halbinsel, seit einigen Jahren ein mondäner, vor allem von wohlhabenden Römern besuchter Urlaubsort mit Jachthafen. Von Porto Santo Stefano lässt sich der 635 m hohe **Monte Telegrafo**, die höchste Spitze des Berges Monte Argentario, erklimmen. Von Porto Santo Stefano aus verkehren **Fähren** zur Isola del Giglio und der Isola di Giannutri.

Auf der Südseite der Halbinsel liegt das kleinere **Porto Ercole** mit seiner reizenden, in den Hang gebauten **Altstadt**. In der kleinen Pfarrkirche wurde der berühmte Maler Caravaggio beigesetzt, der hier 1610 an Malaria starb.

## Ansedonia

Der kleine Badeort Ansedonia östlich der Halbinsel blickt auf eine lange Geschichte zurück: Hier lag *Cosa*, 273 v. Chr. gegründet und 300 Jahre lang römische Kolonie und Verteidigungsposten gegen die Etrusker, die jedoch im 1. Jh. n. Chr. wegen der Malaria weitgehend verlassen und im 5. Jh. von den Goten endgültig zerstört wurde. Im Mittelalter schließlich entstand auf den Resten des alten Kapitolstempels eine *Burg*, zu deren Füßen sich das Dorf Ansedonia entwickelte, das aber bereits 1330 von den Sienesen dem Erdboden gleichgemacht wurde.

Das neue Ansedonia verfügt deshalb über keine nennenswerten Kunstschätze, aber man kann hier die herrlich gelegenen archäologischen **Ausgrabungen**

**Oben:** *Mit farbenfrohen Tarot-Riesen schuf die Künstlerin Niki de Saint Phalle den grandiosen Giardino dei Tarocchi bei Capalbio*

**Unten:** *Anmutig schmiegt sich der malerische Hafenort Porto Ercole in die grünen Hänge der Halbinsel Monte Argentario*

besichtigen. Auf einem Steilfelsen erkennt man die von Olivenbäumen bewachsenen Reste der einstigen **Akropolis**, umgeben von einer aus Polygonalblöcken errichteten, 1,5 km langen **Stadtmauer** mit drei Toren und 18 Türmen. Innerhalb der antiken Stadtanlage wurde eine 3 x 20 m große **Zisterne** ausgegraben. Der **Kapitolstempel** (2. Jh. v. Chr.) war nach römischem Vorbild der kapitolinischen Trias – Jupiter, Juno und Minerva – gewidmet. Auf seinen antiken Fundamenten wurde im Mittelalter eine **Burg** errichtet, von der ebenfalls nur Ruinen erhalten sind. Unterhalb des Felsens lag der antike Hafen *Portus Cosanus*. Im Meer sind noch Reste der Molen zu erkennen. Am Fuße des Vorgebirges befindet sich die *Tagliata etrusca*, ein rund 2 m breiter **Kanal** im Felsen, den die Römer zur Wasser-Regulierung zwischen Lagune und Hafen anlegten und der heute noch als Drainage genutzt wird. Er mündet in den Spacco della Regina, einen tiefen, künstlich erweiterten Felseneinschnitt, der früher bis zum Meer reichte und möglicherweise ein heidnisches Heiligtum war. Die Fundstücke und deren Interpretation präsentiert das **Museo Archeologico Nazionale di Cosa** (Via delle Ginestre, Tel. 0564881421, Mo–Sa 9–19 Uhr), das in einem römischen Haus auf dem Gelände eingerichtet wurde.

## Capalbio

Bei Capalbio, etwa 15 km östlich von Ansedonia, unweit der Via Aurelia, entzückt der großartige **Giardino dei Tarocchi** (Tel. 0564895122, www.nikidesaintphalle.com, April–Mitte Okt. tgl. 14.30–19.30 Uhr) mit lebensgroßen und zumeist begehbaren, farbenfrohen ›Tarotfiguren‹ von *Niki de Saint Phalle*. Mit diesem Skulpturenpark erfüllte sich die im Mai 2002 verstorbene Künstlerin einen Lebenstraum.

## Isola del Giglio

Eine Stunde dauert die Fahrt mit der Fähre von Porto Santo Stefano zur Ferieninsel Isola del Giglio. Im Hafenort **Giglio Porto** (von hier fährt ein Linienbus über die Insel) und in **Giglio Campese**, dem eigentlichen Badeort, stehen Hotels zur Verfügung. *Giglio Castello* lädt mit verwinkelten Gassen und schöner Aussicht zu Spaziergängen ein. Viele Urlauber kommen mit der eigenen Jacht und verleihen der grünen Insel ein mondänes Flair.

## 15 Maremma

*Das Land der toskanischen Viehzüchter, Badestrände, Naturparks und archäologischen Stätten.*

Den Küstenstreifen zwischen Livorno im Norden und der Halbinsel des Monte Argentario im Süden bezeichnen die Italiener als ›Maremma‹. Noch um die Wende zum 20. Jh. war dieser Landstrich der am wenigsten besiedelte und ärmste der Toskana, bekannt für die *Butteri*, sog. Maremma-Cowboys, die riesige **Rinderherden** durch die sumpfigen Ebenen trieben. In der Antike war diese Region noch fruchtbares Land gewesen, weil Etrusker und Römer die verlandeten Buchten durch aufwendige Technik entwässerten. Doch mit dem Verfall der antiken Städte versumpfte die Region, die Malaria breitete sich aus und das Fieber entvölkerte den gesamten Landstrich. Noch vor hundert Jahren erstreckten sich die Sümpfe der Maremma über 65 000 ha. Heute sind sie trockengelegt, die *fruchtbaren Ebenen* liefern Gerste, Mais, Wein und Obst. Darüber hinaus werden – wie schon in der Antike – die reichen *Bodenschätze* der Region abgebaut: Eisenpyrit bei Gavorrano, Boccheggiano und Ravi, Mangan bei Arcidosso, Kaolin bei Roccastrada und Quecksilber (Monte Labbro, Selva). Piombino mit seinem Containerhafen, aber auch Follonica mit Eisenhütten und Stahlwerken sind Industriegebiete – von Kunst und Wein allein kann die Region nicht leben.

Rinder werden in der Maremma noch immer gezüchtet, die Qualität ihrer Steaks kann sich mit argentinischem Fleisch messen. Daneben haben sich zahlreiche ehemalige Fischerdörfer inzwischen zu florierenden *Badeorten* entwickelt. Der wohl exklusivste ist das von weißen Sandstränden und Pinienhainen gesäumte **Punta Ala** am Golf von Follonica.

Kein mondäner, aber ein hübscher Badeort mit kleinen felsigen Buchten ist **Talamone**, rund 30 km weiter südlich am Fuß der Monti dell'Uccellina. Die Etrusker nannten diesen Hafen *Thlamo*, die Römer gaben ihm den Namen *Telamon* nach einem Heroen. Im Jahr 225 v. Chr. war der Ort Schauplatz der Schlacht von Campo Regio, in der die Römer und ihre italischen Verbündeten die Gallier besiegten.

Im Mittelalter gehörte Talamone zur Republik der Sienesen, die Ende des 15. Jh. die **Burg** ausbauten. 1526 wurde die Stadt trotzdem von der Genueser Familie Doria erobert, 1544 von Kahyr ad-Din geplündert, 1556 von den Spaniern eingenommen, von denen der *Turm* stammt. Danach erlebte Talamone nur noch ein geschichtlich bedeutendes Ereignis: Garibaldis Landung am 6. Mai 1860, der hier seine ›Tausend Männer‹ mit Lebensmitteln und Waffen versorgte. Von der kleinen Landzunge, auf der sich Talamone erstreckt, bietet sich ein herrliches **Panorama**, das vom Monte Argentario und der Isola del Giglio bis zu den sanften Hügeln der Maremma reicht.

Zwischen Talamone und der etwa 30 km nördlich gelegenen Ombrone-Mündung erstreckt sich der **Parco Naturale Regionale della Maremma** mit Wäldern, Sumpfgebieten, Marschen und wilden Stränden. In diesem Naturparadies leben viele Wildtiere. Wandern ist von Mitte Juni bis Mitte September auf fast allen Wegen nur unter Führung erlaubt. Den Rest das Jahres können die markierten Wege frei begangen werden, nachdem im **Centro Visite di Alberese** ein Eintrittsticket geholt wurde. So ist auch der kilometerlange Natursandstrand von Marina di Alberese zugänglich. Ein lohnendes Ziel sind zudem die Ruinen des imposanten romanischen Klosters **Abbazia di San Rabano** aus dem 11. Jh. (Bus vom Centro Visite oder Wanderung).

Unterhalb von **Fonteblanda** (östlich des heutigen Talamone an der Via Aure-

**Oben:** *Eine Ferieninsel wie aus dem Bilderbuch – Isola del Giglio mit Hafen Giglio Porto*

**Unten:** *Die berühmten Maremma-Cowboys treiben heute ihre Rinderherden über die Weideflächen der einstigen Malaria-Sümpfe*

*Fruchtbare Ebenen erstrecken sich heute über die einstigen Sümpfe der Maremma*

lia) liegt **Talamonaccio**, der einstige Sitz der antiken Stadt Telamon. Archäologen haben hier die Reste eines *römischen Tempels* ausgegraben. Wenige Kilometer entfernt befinden sich die *Terme dell'Osa* mit 32 Grad heißem Schwefelwasser.

Von Talamone aus empfiehlt sich auch ein Ausflug nach **Magliano in Toscana** (ca. 15 km Richtung Nordosten) ins Hügelland der Maremma. Der ›Borgo‹ hat sich seine mittelalterliche Struktur mit *Stadtmauer* und *Burg* der Aldobrandeschi erhalten und besitzt unweit der kleinen Kirche Sant'Annunziata kurz vor der Stadtmauer einen der berühmtesten **Olivenhaine** der Toskana mit dem tausendjährigen ›Ulivo della Strega‹. Der Legende nach wurden hier im frühen Mittelalter orgiastische Feste für die Waldgötter gefeiert.

Südöstlich des Dorfes, etwa 2,5 km auf der Straße nach Marsiliana, grasen Schafe rund um die Ruinen der einstigen Klosterkirche von **San Bruzio a Magliano** aus dem 12. Jh. Sehenswert sind die Kapitelle der Vierungspfeiler mit lombardisch beeinflussten Tier- und Blattornamenten.

## i Praktische Hinweise

### Information

**Centro Visite di Alberese**, Via Bersagliere 7/9, Alberese, Tel. 05 64 40 70 98, www.parco-maremma.it (tgl. 8.30–17.30 Uhr). Führungen in die Mitte Juni–Mitte Sept. nur begrenzt zugänglichen Parkareale, Mitte Sept.–Mitte Juni auch Organisation von Ausritten, Kutschfahrten und Ausflügen mit Rad oder Kanu.

### Hotel

*****Hotel Capo D'Uomo**, Via Cala di Forno 7, Talamone, Tel. 05 64 88 70 77, www.hotelcapoduomo.com. Hübscher kleiner Rundbau mit direktem Zugang zum Strand. Von den 25 sehr schlicht mediterran eingerichteten Zimmern haben die meisten einen Balkon mit Meerblick. Frühstück im Garten (Ende Sept.–vor Ostern geschl.).

### Restaurant

**Da Flavia**, Piazza IV Novembre 1, Talamone, Tel. 05 64 88 70 91, www.ristoranteflavia.com. Erstklassige frische Fischgerichte zu bezahlbaren Preisen, im Sommer auch auf der Terrasse unter freiem Himmel (Di geschl.).

## 16 Vetulonia

*Bedeutendes Etruskerzentrum in beschaulicher Bergidylle.*

Jahrhundertelang blieben die Zeugnisse dieses bedeutenden **Etruskerzentrums** in der Erde verborgen. Für den heutigen Besucher dagegen ist es kein Problem, das Ausgrabungsgelände zu finden. Man biegt etwa 13 km nördlich vom Stadtrand Grossetos von der Strada Statale 1 (Via Aurelia) Richtung Westen ab und steuert zunächst das Dorf **Vetulonia** an, das knapp 1000 Einwohner zählt.

***Geschichte*** In antiken Inschriften taucht die Stadt häufig auf, etwa als *Vetluna* oder *Vetalu*. Denn Vetulonia galt um 600 v. Chr. als eines der mächtigsten Mitglieder des etruskischen **Zwölf-Städte-Bundes**, beherrschte zeitweilig sogar das reiche Roselle und kontrollierte mit einem eigenen **Hafen** einen breiten Küstenstreifen. Doch schon in der Spätantike wurde der Ort verlassen und verschwand unter dem Staub der Zeit.

Erst nachdem man sich im frühen 19. Jh. auf archäologische Spurensuche begeben hatte und Grabungen im Gebiet von Massa Marittima erfolglos geblieben waren, stieß der Etruskologe *Isidoro Falchi* gegen Ende des Jahrhunderts bei einem Spaziergang durch das Dorf Columna zufällig auf Hausfundamente, die sich als etruskische Mauerreste mit Inschriften aus Vetulonia entpuppten. Was Falchi anschließend zutage förderte, waren die bedeutendsten etruskischen Grabbauten der frühen Periode.

***Besichtigung*** Die wenigen Fundstücke, die nicht an die Archäologischen Museen in Florenz und Grosseto [s. S. 62] weitergegeben wurden, sind im kleinen **Museo Civico Isidoro Falchi** (Piazza Vetluna 1, Tel. 0564933685, Juni–Sept. tgl. 10–13, 16–21, Okt.–Febr. Di–So, Fei 10–13, 14–17, März–Mai tgl. 10–13, 15–18 Uhr) gesammelt, das an der etruskisch-römischen Straße liegt.

In die etruskischen Nekropolen selbst führt die ›Gräberstraße‹, die **Via dei Sepolcri** (Tel. 0564402403, tgl. 10–19 Uhr), nachdem man etwa 700 m auf der Straße von Vetulonia in Richtung Grilli (nach Norden) zurückgelegt hat. Das architektonisch interessanteste Beispiel des für Vetulonia spezifischen Typus der ›*Circoli*‹, Steinkreisgräber mit darüber aufgeschüttetem Erdhügel, ist der *Tumulo della Pietrera* (Hügel des Steinbruchs), dessen behauene Blöcke Bauern als Baumaterial nutzten. Aus der zweiten Hälfte des 7. Jh. v. Chr. stammend, mit einem Durchmesser von 70 m bei einer Höhe von 14 m, beherbergt diese Anlage mit langem Zugang (Dromos) ein Doppelgrab mit zwei übereinanderliegenden Grabräumen. Der obere ist nahezu quadratisch. Die Steine sind so aufeinandergeschichtet, dass sie ein 11 m hohes Kuppeldach bilden. Teile der Konstruktion wurden restauriert. Darunter befindet sich ein kleinerer Raum, in dessen Mitte ein knapp 3 m hoher Stützpfeiler steht, der das obere Grab trägt.

Ähnlich konstruiert ist die Anlage des nahe gelegenen, mit Olivenbäumen bewachsenen *Tumulo del Diavolino* (7. Jh.) mit mehr als 80 m Durchmesser und einer Höhe von 15 m. In die quadratische Grabkammer führt ein zunächst offener, dann überdachter Dromos. Seinen Namen bekam das Grab nach einer hier gefundenen Bronzestatue des Toten-Gottes Charon, die einem ›Teufelchen‹ ähnlich sieht. Die Statue befindet sich heute ebenso wie alle weiteren reichen Funde aus dem Grab des ›Steinbruchs‹ im Museo Archeologico in Florenz.

*Die Piazza Garibaldi mit dem Dom San Cerbone ist das Herz der Stadt Massa Marittima*

## 17 Massa Marittima

***Schmuckstück der Toskana mit mittelalterlichem Altstadtensemble und schön erhaltener Domplatzanlage.***

Der Name des Städtchens Massa (= großes Landgut) verwirrt, denn sein Zusatz ›*Marittima*‹, der aus dem 14. Jh. stammt, weist eigentlich auf einen Ort am Meer hin. Doch Massa Marittima liegt 20 km landeinwärts auf einem Hügel an der Grenze der mineralien- und erzreichen Colline Metallifere und der Maremma, was wiederum nichts anderes heißt als ›Küstengebiet‹ und die eigentümliche Namensgebung erklärt. Massa Marittima ist ein Juwel, es hat seine mittelalterliche Architektur ausgezeichnet bewahrt.

***Geschichte*** Bedeutung hatte Massa Marittima bereits für Etrusker und Römer, die die Eisenerz- und Silbervorkommen in den umliegenden *Colline Metallifere* ausbeuteten. Ihr Aufschwung zu einem bedeutenden mittelalterlichen Zentrum begann im 9. Jh. mit der Verlegung des Bischofssitzes aus Populonia nach Massa. Um das Jahr 1300 hatte die Stadt 10 000 Einwohner, die Malaria reduzierte ihre Zahl im 16. Jh. auf 500. Erst im späten 19. Jh., als die Sümpfe trockengelegt wurden, belebte sich Massa Marittima wieder. Die alten Bauten wurden restauriert, neue waren kaum nötig. Massa Marittima hat heute 8900 Einwohner und damit immer noch weniger als vor 700 Jahren.

***Besichtigung*** Herz der **Altstadt** ist die unregelmäßig geschnittene **Piazza Garibaldi**, die von ausgezeichnet erhaltenen mittelalterlichen Gebäuden gesäumt wird und zu den schönsten Plätzen der Toskana zählt. Die Treppenstufen, die hinauf zum Dom führen, bieten sich wie Sitzreihen eines antiken Theaters vor der Platzkulisse dar.

TOP TIPP

Der **Duomo San Cerbone** 1 aus dem 13. Jh. wird von romanischen und gotischen Stilelementen bestimmt, die sich an das Vorbild des Doms von Pisa anlehnen. Der untere Teil der **Fassade** (Giovanni Pisano) ist durch hohe Blendarkaden gegliedert, die von den Flanken aufgenommen werden, das mittlere Geschoss variiert diese Form durch fünf Bögen auf zierlichen, frei stehenden Säulen vor einer großen Fensterrose. Die Giebelgestaltung in Form abgestufter Arkaden ist besonders interessant: Die mittleren drei Säulen ruhen auf Figuren (Pferd, Mensch, Greif). Der Aufsatz des wuchtigen *Glockenturms* wurde zu Beginn des 20. Jh. erneuert. Besondere Beachtung verdient der Türsturz des *Hauptportals* mit fünf

Szenen aus der Vita des hl. Cerbone. Das dreischiffige **Innere** wirkte ursprünglich durch einen offenen Dachstuhl sehr viel lichter, das heutige Kreuzgratgewölbe wurde erst im 17. Jh. eingezogen. Beeindruckend ist der stilisierte Reliefzyklus unbekannter Herkunft (11.–12. Jh.) an der Westwand. Dargestellt sind u. a. die *Thronende Madonna, Christus in der Mandorla, die Zwölf Apostel* sowie der *Bethlehemitische Kindermord*. Prächtig und realistisch gearbeitet sind die Reliefs mit Darstellungen aus der Lebensgeschichte des Johannes am **Taufbecken** im rechten Seitenschiff, das Giroldo da Como 1267 aus einem einzigen Travertinblock schuf. Hier wurde auch der hl. Bernhardin von Siena getauft, der im Jahr 1380 in Massa Marittima geboren worden war. Das *Tabernakel* mit Propheten und der Statue des Täufers stammt aus dem Jahr 1447.

In der **Krypta** hinter dem Altar befindet sich der *Sarkophag des hl. Cerbone* (493–575), der in Afrika geboren wurde und als Bischof von Populonia den Beinamen ›Apostel der Maremma‹ erlangte. Sein dramatisch bewegtes Leben schildern die einst farbigen *Reliefs* (1324) des Goro di Gregorio aus Siena: Totila wirft den Heiligen einem Bären vor, der ihn nicht frisst, sondern befreit. Der Heilige liest die Messe, wird bei Papst Virgilius verleumdet und nach Rom geladen, wo die Gänse seine Unschuld bezeugen. Er melkt eine Hirschkuh, um den Durst päpstlicher Gesandter zu stillen, heilt Kranke und lässt den Papst das himmlische Gloria hören. Ein weiterer sehenswerter Kunstschatz des Doms befindet sich in der linken Chorkapelle: die **Altartafel** ›Madonna delle Grazie‹, die man vor allem wegen ihrer feinen Farbabstufungen und der komplizierten, dekorativen Stoffmuster der Werkstatt Duccios zuschreibt.

Dem Dom gegenüber am südwestlichen Ende des Platzes steht der **Palazzo del Podestà** 2 (1230) aus Travertin, dessen Fassade die Wappen von Massa und Siena sowie der Podestà, die hier 1426–1633 ihren Sitz hatte, schmücken. Der Palast beherbergt das **Museo Archeologico** (Piazza Garibaldi, Tel. 05 66 90 22 89, www.coopcollinemetallifere.it, April–Okt. Di–So 10–12.30, 15.30–19, Nov.–März Di–So

*Massa Marittima in feierlichem Purpur – Falkner beim Stadtfest Balestro del Girifalco*

10–12.30, 15–17 Uhr) mit seiner kleinen Sammlung etruskischer und römischer Fundstücke.

Rechts neben dem Palazzo del Podestà steht der **Palazzo Comunale** 3, ein majestätischer Gebäudekomplex aus Travertinstein, der durch die Verbindung mehrerer Wohn- und Verteidigungstürme des 13.–14. Jh. entstand.

Durch die Via Moncini, die am nördlichen Ende des Platzes einmündet, und durch die Porta alle Silici gelangt man in die **Neustadt**. Sie wurde im 14. und 15. Jh. auf einem rechteckigen Raster um die **Fortezza** 4 angelegt, die ab 1335 von den Sieneser Besatzern ausgebaut wurde und seit dem 18. Jh. als Krankenhaus dient. Ein großer Bogen verbindet die Festung mit einem der quadratischen Türme der alten Befestigung, der **Torre del Candeliere** (Piazza Matteotti, April–Okt. Di–So 10–13, 15–18, Nov.–März Di–So 11–13, 14.30–16.30 Uhr). Die Aussichtsplattform des Turms bietet ein grandioses Panorama.

Schräg gegenüber residiert im **Palazzo delle Armi** das hochinteressante **Museo di Arte e Storia delle Miniere** 5 (Piazza Matteotti, Tel. 05 66 90 22 89, www.coopcollinemetallifere.it, April–Okt. 15–17.30 Uhr, sonst nach Vereinbarung), das Materialien und Arbeitstechniken des antiken Eisenerz- und Mineralienabbaus dokumentiert. Die ideale Ergänzung dazu bietet eine Führung durch einen insgesamt 700 m langen *Bergbaustollen*, die das **Museo della Miniera** (Via Corridoni, Tel. 05 66 90 22 89, Di–So 10, 11, 12, 12.45, 15.30, 16.30, April–Okt. auch 17 und 17.45 Uhr) am südlichen Rand der Altstadt organisiert.

Im einstigen Kloster *San Pietro all'Orto*, das mit dem Kloster und der Kirche *Sant'Agostino* (1299–1313) ein Bauensemble bildet, ist heute das **Museo d'Arte Sacra** 6 (Corso Diaz 36, Tel. 05 66 90 19 54, www.coopcollinemetallifere.it, April–Sept. Di–So 10–13, 15–18, Okt.–März Di–So 11–13, 15–17 Uhr) untergebracht. Größter Schatz des Museums und der Stadt ist die farbenprächtige ›*Maestà*‹ von *Ambrogio Lorenzetti*, ein großformatiges goldgrundiges Altarbild, das der Sieneser 1330 wohl für das Kloster San Pietro schuf und das hier 1866 wiederentdeckt wurde.

Ambrogios Komposition begeistert durch die würdig thronende Muttergottes mit Kind, das üppige Ambiente und die erlesenen Requisiten. Doch der besondere Charme des Gemäldes entfaltet sich im Begleitpersonal. Belustigend wirkt der heftige Aktionismus der Allegorien von Glaube (mit Spiegel), Hoffnung (mit Turm) und Liebe (in durchsichtigem Gewand mit Amorpfeil und Herz), rührend wiederum die dicht gedrängte Schar von Heiligen, Aposteln und Engeln, die sich im Hintergrund in einem Meer von Heiligenscheinen verliert.

## i Praktische Hinweise

### Information

**Ufficio Informazioni**, Via Todini 3/5, Massa Marittima, Tel. 05 66 90 47 56, www.altamaremmaturismo.it

### Stadtfest

**Balestro del Girifalco:** Historisches Armbrustschützenturnier mit großem Umzug am 4. Sonntag im Mai sowie am 2. Sonntag im August, Information: www.societaterzierimassetani.it.

### Hotel

*****Duca del Mare**, Piazza Dante Alighieri 1/2, Massa Marittima, Tel. 05 66 90 22 84, www.ducadelmare.it. Schlichtes, kleines Hotel mit schönem Ausblick und Garten.

### Restaurant

**Taverna del Vecchio Borgo**, Via Norma Parenti 12, Massa Marittima, Tel. 05 66 90 39 50. Das Restaurant hat noch echtes ›Tavernen-Flair‹. Man isst gut und deftig (So abend und Mo geschl.).

# Livorno und Provinz – Blick auf das Mittelmeer

Livorno ist eine moderne, lebendige Hafen- und Industriestadt, unter deren Verwaltung auch die Costa degli Etruschi mit ihren Badeorten, der Fährhafen **Piombino**, die Urlaubsinsel **Elba** und die etruskische Ausgrabungsstätte von **Populonia** am malerischen Golf von Baratti stehen. Eine besondere Attraktion der Provinz ist der **Toskanische Archipel**, der mit den sieben Inseln Capraia, Elba, Giannutri, Giglio, Gorgona, Montecristo und Pianosa als Nationalpark unter Schutz steht.

## 18 Livorno

*Die einstige Medici-Stadt lebt vom Meer, von Häfen, Werften und der Marine-Universität.*

Die vom drittgrößten **Containerhafen** Italiens dominierte Stadt hat nach den Zerstörungen im Zweiten Weltkrieg nur noch wenig Historisches zu bieten. Einst lebte Livorno in ständiger Rivalität mit Pisa, war häufig ein Spielball der mächtigen Republiken und wechselte immer wieder den Besitzer. So beispielsweise 1421, als Genua den Hafen für 100 000 Gold-Florine an Florenz verschacherte.

›Livorna‹, damals noch Teil des Hafens von Pisa, wird zwar bereits im Jahr 904 zum ersten Mal urkundlich erwähnt, entwickelte sich aber erst unter der Herrschaft der Medici zu einer eigenständigen Hafenstadt: *Giulio de' Medici*, der spätere Papst Clemens VII., vergab den Auftrag für

*Die Provinzhauptstadt Livorno wird geprägt vom drittgrößten Containerhafen Italiens*

den Ausbau der **Fortezza Vecchia** (Alte Burg) am Eingang zum Hafen an der Viale Caprera an *Antonio da Sangallo d. J.* (1483–1546). Der Baumeister fasste 1521–34 die bereits existierenden Gebäudeteile in einem Komplex zusammen. Wenig später wurde der Hafen zum malerischen **Porto Mediceo** erweitert und die Stadt von *Bernardo Buontalenti*, dem Hofarchitekten der Medici, auf einem fünfeckigen Raster neu angelegt. Am 28. März 1577 feierte *Ferdinando I.* ihre Neugründung. Das Denkmal zu seinen Ehren, das im Volksmund auch **I Quattro Mori** (die Vier Mohren) genannt wird, dominiert die **Piazza Giuseppe Micheli**. Die Statue Ferdinandos I. wurde von Giovanni Bandini in den letzten Jahren des 16. Jh. geschaffen. Es zeigt den Medici-Herzog in der Uniform eines Ritters des Ordens des hl. Stephan, der es sich zur Aufgabe gemacht hatte, die sarazenischen Piraten zu bekämpfen, die dann im 17. Jh. in Form der vier angeketteten bronzenen ›Mohren‹ von *Pietro Tacca* hinzugefügt wurden.

1590 wurde die **Fortezza Nuova** im Nordosten der Neustadt errichtet. Zentrum der ›neuen‹ Altstadt ist die **Piazza Grande** mit dem **Dom San Francesco** auf der Südseite, der zwischen 1594 und 1606 nach Plänen des Architekten *Alessandro Pieroni* gebaut, im Zweiten Weltkrieg zerstört und später restauriert wurde. Im Norden des Platzes liegt das Verwaltungszentrum **Largo Municipio** mit mehreren Gebäuden aus dem 17. und 18. Jh.

*Frisch aus dem Mittelmeer: Der Fischmarkt von Livorno bietet eine reiche Auswahl*

An der *Piazza dei Domenicani* erhebt sich der achteckige Zentralbau der Dominikaner-Kirche **Santa Caterina**. Bemerkenswert ist die erst im Jahr 1720 errichtete, 63 m hohe majestätische *Kuppel* von Giovanni della Fantasia. In der Apsis ist eine *Marienkrönung* von Giorgio Vasari zu sehen. In unmittelbarer Umgebung der Kirche Santa Caterina erstreckt sich das interessante Stadtviertel **Venezia nuova**. An den **Kanälen**, die diesen Teil der Stadt durchziehen, wurden im 17. Jh. nach dem Vorbild Venedigs elegante Wohnhäuser errichtet, die bis heute mit den Wasserstraßen ein charmantes Ensemble bilden.

Südlich der Altstadt hat direkt am Meer im Sommer 2010 das **Acquario di Livorno** (Piazzale Mascagni 1, Tel. 05 86 26 91 11, www.acquariodilivorno.it, März–Juni und Sept.–Okt. tgl. 10–18, Juli–Aug. 10–22, Nov.–Febr. Sa, So, Fei 10–18 Uhr) wieder eröffnet. Es ist erreichbar über die Ausfallstraße Viale Italia. In den Becken schwimmen vor allem Fische aus dem Mittelmeer. Auch ein tropisches Korallenriff und ein versunkenes römisches Schiff sind zu sehen. Im ersten Stock informieren Wechselausstellungen über wissenschaftshistorische Themen.

## i Praktische Hinweise

### Information

**APT**, Piazza Cavour 6, Livorno, Tel. 05 86 20 46 11, www.costadeglietruschi.it

**Ufficio Informazione**, Piazza del Municipio, Livorno, Tel. 05 86 20 46 11

### Einkaufen

Der **Lebensmittelmarkt** im 1894 eingeweihten Mercato Centrale bietet eine riesige Auswahl. Die Fischhändler haben eine eigene Halle (Mo-Sa 9-13 Uhr).

### Restaurant

**Gennarino**, Via Santa Fortunata 11, Livorno, Tel. 05 86 88 80 93. Fischrestaurant in der alten ›Neustadt‹ gleich hinter der Piazza della Repubblica (Mi geschl.).

*Die majestätische Burg von Populonia wachte einst über den Golf von Baratti*

## 19 Piombino und Populonia

***Fährhafen nach Elba mit reizvoller Altstadt und romantischer ›Borgo‹ mit etruskischer Nekropole.***

Viele Touristen erleben **Piombino**, das sich am gleichnamigen Golf auf einer Landzunge gegenüber der Insel Elba ausbreitet, nur als Fährhafen. Doch hat die 35 000-Einwohner-Stadt hinter dem größten metallverarbeitenden Industriekonglomerat der Toskana ein reizvolles historisches Zentrum mit eleganten Renaissancepalästen und gut erhaltener Stadtbefestigung zu bieten.

Höhepunkt innerhalb des Mauerrings ist das im Palazzo Nuovo untergebrachte **Museo Archeologico del Territorio di Populonia** (Piazza della Cittadella, Tel. 05 65 22 16 46, www.parchivaldicornia.it, Okt.–März Sa, So, Fei 10–13, 15–19, April, Mai Di–Fr 9–13, Sa, So, Fei 10–13, 15–19, Juni Di–So, Fei 10–13, 15–19, Juli, Aug. Di–So, Fei 10–13, 16–20 Uhr). Mit rund 2000 Exponaten dokumentiert es die Vor- und Frühgeschichte der Region, einen Schwerpunkt bilden Funde aus den etruskischen Nekropolen bei Populonia. Seine größte Attraktion ist im zweiten Geschoss die *Silberamphore von Baratti*, die 1968 aus dem Meer gefischt und in akribischer Detailarbeit restauriert wurde. Das mit 132 Figurenmedaillons – Personifikationen der Jahreszeiten, Eroten und Götterdarstellungen – dekorierte Gefäß stammt aus dem 4. Jh. und stellt ein Meisterwerk antiker Schmiedekunst dar.

Bergbau und Metallverarbeitung der Etrusker haben rund 10 km nördlich von Piombino bei **Populonia** viele Schlackenreste hinterlassen. Schließlich war das seit dem 9. Jh. v. Chr. besiedelte *Pupluna* Zentrum der *Eisen-Verhüttung* und eine der größten Städte des etruskischen Zwölferbundes. Die Etrusker und später die Römer bauten das Erz auf Elba ab, schifften es hier im Hafen *Portus Falesia* ein und schmolzen es in mit Holzkohle betriebenen Tonöfen ein. Aber auch Kupfer und Bronze aus den Colline Metallifere, den mineralreichen Hügeln nordöstlich von Populonia, wurden hier verarbeitet.

Wohl ab dem 4. Jh. war Populonia Bischofssitz, aber die Stadt an der Küste konnte den Überfällen der Goten, Langobarden und Sarazenen nicht standhalten. 835 floh der Bischof nach Massa Marittima, Populonia sank herab auf die Stufe eines nur noch dünn besiedelten Dorfes. Heute leben in dem hübschen **Borgo** von Populonia, den mächtige Burgmauern des 14./15. Jh. umgeben, nur noch 5000 Menschen. In den schmalen Gassen

*Traumhafte Buchten und Strände auf Elba versprechen erholsame Badeferien*

sorgen kleine Kunstgewerbe- und Souvenirgeschäfte, Cafés und Tavernen für die Kurzweil der Besucher. Sensationell ist der Blick, der sich von der Anhöhe vor den Toren Populonias über den **Golf von Baratti** bietet. Dort laden hinter einem ausgedehnten Pinienhain herrliche Sandstrände zu sommerlichem Badevergnügen ein.

Rechts der Straße, die Richtung San Vincenzo am Golf von Baratti entlang führt, kann man im eindrucksvollen TOP TIPP **Parco Archeologico di Baratti e Populonia** (Tel. 05 65 22 64 45, www.parchivaldicornia.it, März, April, Mai, Sept. Di–So 10–18, Juni Di–So 10–19, Juli, Aug. tgl. 9.30–19.30, Okt. Di–So 10–17, Nov. Sa, So, Fei 10–17, Dez.–Febr. Sa, So, Fei 10–16 Uhr) zwischen grasbewachsenen *etruskischen Nekropolen* spazierengehen, die bis zu Beginn des 20. Jh. von Schlackenbergen der antiken Metallverhüttung bedeckt waren. Teil des weitläufigen Areals ist die interessante Totenstadt **San Cerbone**, die in engster Nachbarschaft verschiedene etruskische Grabtypen (8.–3. Jh. v. Chr.) vereint. Vom außergewöhnlichen Wohlstand der Aristokratie zeugen die Tuffstein-Kammergräber des 7. Jh. v. Chr., die im Rahmen von Führungen auch von innen zu besichtigen sind: Unter einem falschen Gewölbe, das über einen schmalen Gang (Dromos) betreten wird, standen die steinernen Totenlager auf säulenartigen, gedrechselten Beinen. Das größte erhaltene Beispiel ist die *Tomba dei Carri* (benannt nach den Resten zweier Leichenwagen, die hier gefunden wurden). Ab dem 6. Jh. v. Chr. wurden die Tumuli kleiner, häufig erscheint am Eingang ein Vorbau. Der Typus des Ädikula-Grabs, ein kleiner, tempelartiger Bau mit Satteldach aus schräg gestellten Steinplatten über rechteckigem Grundriss, wie etwa die *Tomba del Bronzetto di Offerente,* datiert ins Ende des 6. Jh. v. Chr. zurück.

*Etruskische Grabkultur: San Cerbone im Parco Archeologico di Baratti e Populonia*

Sehenswert sind auch die **Necropoli delle Grotte**, in eine hoch aufragende rote Tuffsteinwand gehauene Kammergräber, die man auf ausgeschilderten Pfaden durch schönen Korkeichenwald erreicht. Entlang des Weges passiert man Mauerreste verschiedener Bauten, die der Eisenverhüttung dienten, auch die vielfach im Gelände verteilten Schlackenreste zeugen von etruskischer Erzverarbeitung. Praktische Erfahrungen mit der Handwerkskultur der Etrusker vermittelt das **Centro di archeologia sperimentale**, das Kinder u. a. zur Fertigung von Specksteinamuletten, zum Töpfern oder zum Bau einer Hütte einlädt.

## Praktische Hinweise

### Information

**Ufficio Informazioni**, Via Ferruccio, Piombino, Tel. 05 65 22 56 39, www.costadeglietruschi.it

### Einkaufen

Das **Consorzio La Strada del Vino e dell'Olio** bietet Besuche in Weingütern an der Costa degli Etruschi zwischen Livorno und Piombino an, bei denen die guten Tropfen verkostet werden können. Information und Anmeldung unter www.lastradadelvino.com.

### Restaurant

TOP TIPP **Il Garibaldi Innamorato**, Via Garibaldi 5, Piombino, Tel. 056 54 94 10. Ein Fisch-Restaurant in der Altstadt von Piombino, das auch ungewöhnliche Meerestiere auf den Tisch bringt, vor allem als Antipasti. Eine weitere Spezialität ist Baccalà alla piombinese, Stockfisch nach Piombineser Art. Die Einrichtung ist einfach, die Küche aber ambitioniert. Es gibt keine feste Karte, man wählt aus den Empfehlungen des Kellners.

### Thermalbad

An der Via Aurelia (SS 1) kann man sich erholen in Caldana, 2 km nördlich von Venturina, in den Thermal-Schwimmbecken der **Terme di Venturina** (Via Aurelia Nord 18, Tel. 05 65 85 10 66, www.termediventurina.it, Mai–Okt. Mo–Fr 7–12, 16–18, Sa 7–12 Uhr).

## 20 Elba

*Römischer Marmor, Stein der Geschichte und Eisen der Etrusker.*

Der griechische Historiker Diodorus Siculus schrieb im 1. Jh. v. Chr.: »In der Nähe der Stadt Populonia befindet sich eine Insel, die *Aithalia* heißt, sie ist ungefähr 110 Stadien von der Küste entfernt und ihr Name wurde wegen des sie umgebenden Rauches (= Aithalos) gewählt. Auf der Insel kommt nämlich in großen Mengen das Gestein Siderit vor, das man zerschlägt, um das Eisenschmelzen vorzubereiten.« Jahrhundertelang hat der Rauchpilz aus den Eisenessen die Lage der Insel verraten, was dazu beitrug, dass

*Einsame Badeplätzchen gibt es auf Elba selbst in der Hochsaison – Strand von Cavoli*

sie in ihrer Geschichte ununterbrochen von Piraten geplündert wurde.

Elba heißt die Insel heute und wird nicht mehr in erster Linie mit dem Eisen, sondern eher mit **Napoleon** in Verbindung gebracht. Mit einer Länge von 27 km und einer Breite von 18 km ist sie die drittgrößte italienische Insel nach Sizilien und Sardinien und bietet **147 km Küste** – genug, um auch in der Hochsaison ein abgelegenes Badeplätzchen zu finden. Die 28 000 Einwohner beherbergen im Sommer bis zu 500 000 Besucher.

***Geschichte*** Heute scheint es kaum mehr glaubhaft, dass ausgerechnet die wunderschöne Insel eine Art *Ruhrgebiet des Mittelmeers* war. Bis an den Golf von Neapel und Griechenland verkauften die etruskischen Hütten das Roheisen. Den Ruf, eine reiche Insel zu sein, musste Elba später teuer bezahlen, als sarazenische **Piraten** die Insel jahrhundertelang besetzten, bis es der Republik Pisa gelang, sie im 11. Jh. zu vertreiben. Später kaufte sich das Mailänder Haus **Visconti** auf Elba ein, bis die **Medici** die Insel ihrem toskanischen Großherzogtum einverleibten. Der berühmte sarazenische Pirat ›Barbarossa‹ Kahyr ad-Din eroberte Elba im 16. Jh., später geriet es unter spanische und dann französische Herrschaft. Noch heute sind zahlreiche Überreste vor allem der spanischen Periode zu sehen. In der Moderne bildete Elba den weltbekannten Ausnahmefall einer Diktatur auf Zeit. Die Insel war zwischen dem 3. Mai 1814 und dem 26. Februar 1815 unabhängiges Reich Napoleons.

***Besichtigung*** Der belebte Ort **Portoferraio** trägt im Namen noch die antike Bedeutung der Insel (*Ferrum* = lat. Eisen) und besitzt den bedeutendsten Hafen Elbas. Die meistbesuchte Sehenswürdigkeit in Portoferraio ist das **Museo Nazionale delle Residenze Napoleoniche – Villa dei Mulini** (Piazzale Napoleone, Tel. 05 65 91 58 46, April–Sept. Mo, Mi–Sa 9–19, So, Fei 9–13, Okt.–März Mo, Mi–Sa 9–16, So 9–13 Uhr), die Villa Napoleons. Sie entstand in unmittelbarer Nähe des *Forte* *della Stella*, der Burg von Elba (16. Jh.) im Nordosten der Stadt, durch die Zusammenfügung einer Windmühle mit einem weiteren Gebäude. In der Villa ist teils originales, zumeist aber später hinzugekommenes Mobiliar zu sehen, z. B. im *Arbeitszimmer* und in der *Bibliothek* mit mehr als 1100 Bänden, die Napoleon aus Fontainebleau kommen ließ. Reizvolle Ergänzung ist eine kleine *Ausstellung* von Karikaturen deutscher, französischer und italienischer Zeichner. Im 1. Stock liegt das *Appartement der Paolina Borghese*, der Schwester Napoleons. Der kleine italienische Garten hinter der Villa eröffnet einen schönen Ausblick auf die Küste.

Die **Chiesa della Misericordia** aus dem 16. Jh. in der Via Napoleone besitzt ein sehr schönes *Madonnenbild*, das Tino da Camaino (1285–1337) zugeschrieben wird (links neben dem Eingang). An jedem 5. Mai wird hier eine Totenmesse im Gedenken an Napoleon gelesen.

Bei **San Martino**, 6 km südöstlich von Portoferraio Richtung Marciana gelegen, befindet sich die Sommerresidenz Napoleons, das **Museo Nazionale delle Residenze Napoleoniche – Villa San Martino** (Tel. 0565914688, April–Sept. Di–Sa 9–19, So, Fei 9–13, Okt.–März Di–Sa 9–16, So 9–13 Uhr). Napoleon hatte hier ein altes Lagergebäude in eine wenig anspruchsvolle Residenz mit neoklassizistischer Fassade umbauen lassen, die er allerdings nur einige Tage nutzte. Im Inneren sind sein *Arbeitszimmer* und der sehr schöne *ägyptische Saal* zu besichtigen, den Pietro Ravelli 1814 ausgemalt hat. Beim Verlassen der Residenz gelangt man über eine Treppe zur **Villa Demidoff**, in der die *Foresiana-Pinakothek* untergebracht ist. 1851 hatte der Ehemann der Kaisernichte Matilde Bonaparte, der russische Prinz Anatoli Demidoff, den Sommersitz Napoleons aufgekauft und daneben eine eigene Villa errichten lassen,

*Rustikal und gemütlich: Osteria an der Hauptstraße von Capoliveri*

*Berühmtes Exil: Napoleons Schlafzimmer in seiner Residenz Villa dei Mulini in Portoferraio*

die er mit Kunstwerken aus dem Besitz des Franzosenkaisers ausstattete: neben zahlreichen Gemälden des 19. Jh. vor allem eine *Galatea-Skulptur*, die Antonio Canova (1757–1822) zugeschrieben wird. An einer der landschaftlich schönsten Stellen der Insel, 5 km westlich von Portoferraio, liegt vor einem traumhaften Panorama der winzige Ort **Le Grotte**. Dort sind die Ruinen einer *römischen Villa* (1.–2. Jh. v. Chr.) zu sehen. Die Villa wurde erst 1960 entdeckt und ist vor allem wegen des großen *Schwimmbades* samt Zulaufbecken interessant, das aus z. T. ausgesucht schönen Steinen gebaut wurde.

Der 3000-Einwohner-Ort **Porto Azzurro** im Ostteil von Elba gehört zu den reizvollsten der Insel. Ihn beherrscht die *Fortezza di Portolongone*, die unter Philip III. von Spanien 1603 errichtet wurde. In unmittelbarer Nähe der Stadt liegen die verlassenen *Minen von Terra Nera*, bei denen sich ein typischer ›Grüner See‹ bildete, der durch den Einbruch von schwefelhaltigem Wasser entstand.

**Rio Marina** mit etwa 3000 Einwohnern ist noch heute das Zentrum der Eisenproduktion auf Elba. Im Palazzo del Burò zeigt das *Museo dei minerali e dell'arte mineraria* die Vielfalt der Mineralien, die in Elbas Böden lagern. Das Museum gehört zum *Parco Minerario dell'Isola d'Elba* (Via Magenta 26, Tel. 05 65 92 20 88, www.parcominelba.it, Mai–Okt. tgl. 9.30–12.30, 16.30–18.30 Uhr), der nach Voranmeldung geführte Ausflüge zu Minen und Lagerstätten organisiert, zum Beispiel eine zweistündige Wanderung mit Mineraliensuche (Di, Do, Sa 18 Uhr) oder die Fahrt mit einer Touristenbahn (Trenino, tgl.).

Einer der beliebtesten Badeorte der Insel ist das 2000-Einwohner-Dorf **Marciana Marina**. Es wird von einem sog. *Sarazenenturm* dominiert, den die Pisaner im 12. Jh. errichtet haben.

Das an der Nordküste nur wenige Kilometer landeinwärts gelegene **Marciana** mit seinen etwa 2500 Einwohnern ist Zentrum der Weinproduktion Elbas. Das Stadtbild prägt die 375 m hoch liegende *Burgruine*, in deren Nähe das kommunale *Antiquarium* mit interessanten archäologischen Funden untergebracht ist.

Von Marciana aus lässt sich der **Monte Capanne** besteigen, mit 1018 m der höchste Berg der Insel. Eine Seilbahn (Tel. 05 65 90 10 20) erreicht von Marciana aus 920 m Höhe. Von dort geht es per Muli zum Gipfel, der bei klarem Wetter einen Blick bis nach Korsika erlaubt.

**Marina di Campo** an der Südküste der Insel ist ein modernes Touristenzentrum mit schönem Sandstrand. Der *Turm der Medici*, der den Ort dominiert, ist eine umgebaute pisanische Festungsanlage aus dem 11. Jh.

*Elba als Wanderparadies: Vom Monte Capanne genießt man grandiose Ausblicke*

**Sant'Ilario in Campo** zählt nur rund 200 Einwohner und gehört zu den schönsten Orten der Insel. Es liegt in den Bergen mit einem schönen Blick über die Campo-Ebene und die Bucht von Marina di Campo. Das Dorf besitzt eine intakte mittelalterliche Struktur mit engen Gassen und einer hübschen *Kirche*, deren Glockenturm auf den Fundamenten der pisanischen Mauern (11. Jh.) errichtet wurde.

## Praktische Hinweise

### Tägliche Autofährverbindungen

Piombino – Portoferraio (1 Std.)
Piombino – Rio Marina (1 Std.)
Piombino – Cavo (30 Min.)

**Toremar**, Kapellenstraße 12, 63920 Großheubach, Tel. 93 71 66 93 736, Callcenter in Italien: Tel. 89 21 23, Station in Piombino: Tel. 056 53 11 00, www.traghetti-toremar.it

**Moby Lines**, Wilhelmstraße 36-38, 65183 Wiesbaden, Tel. 06 11/140 20, www.mobylines.de, Callcenter in Italien: Tel. 199 30 30 40

### Information

**APT dell'Arcipelago Toscano**, Viale Elba 4, Portoferraio, Tel. 05 65 91 46 71, www.aptelba.it

### Hotel

*******Hermitage**, in Biodola, 9 km von Portoferraio, Tel. 05 65 97 40, www.hotelhermitage.it.
Die Bungalow-Anlage im Steineichenwald mit Privatstrand, mehreren Pools, *Golfplatz* (neun Löcher) und neun *Tennisplätzen* ist ›die‹ Adresse auf Elba. Nur Halbpension (Nov.–März geschl.).

### Restaurant

**Rendez-Vous**, Piazza della Vittoria 1, Marciana Marina, Tel. 056 59 92 51. Gemütliches Restaurant an der alten Hafenmole mit reizvollem Meeresblick. Spezialität des Hauses ist die ›Patata di Marcello‹, eine mit Fischmousse gefüllte Backkartoffel (Ende März–Mai und Mitte Sept.–Okt. Mi, Nov.–Ende März ganz geschl.).

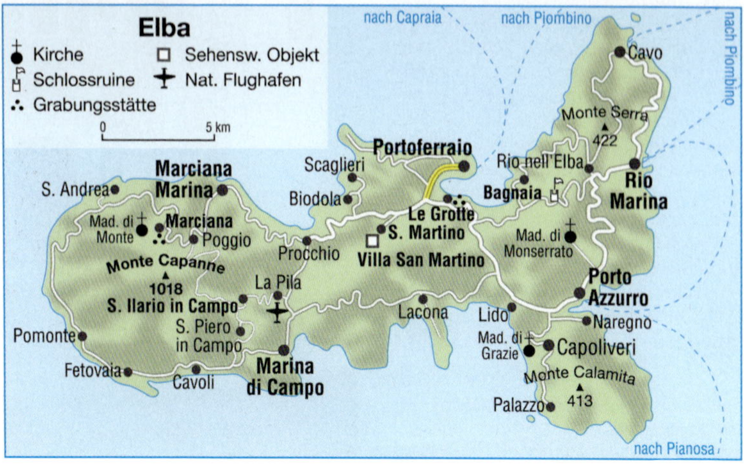

# Pisa und Provinz – Vermächtnis der Seerepublik

In Pisa, einer der größten touristischen Attraktionen der Toskana, erlebt der Besucher die Faszination der einst reichsten Seerepublik Italiens. Für die Universitätsstadt am Arno sollte man sich mehr Zeit nehmen, als das Bestaunen des **Schiefen Turms** kostet. So verfügt Pisa über eine der wichtigsten Kunstgalerien der Region. Zur **Provinz** gehört aber auch die mittelalterliche Alabasterstadt **Volterra**: Auf über 500 m Höhe ist sie der Gipfel einer atemberaubenden Landschaft.

## 21 Pisa

*Eine der wichtigsten Kunstmetropolen der Toskana, die mit dem ›Schiefen Turm‹ zudem eine der Ikonen des Tourismus besitzt.*

Die dramatische Geschichte und Kunstgeschichte der Provinz Pisa steht seit Jahrhunderten im Schatten des berühmtesten Turms der Welt, des 14486 t schweren Campanile des Doms Santa Maria Assunta. Die meisten Besucher zeigen kaum Interesse für die einzigartigen Kunstschätze der Stadt, sie kommen allein, um den **Schiefen Turm** zu sehen. Das ist nicht einmal unberechtigt, denn neuere Forschungen haben ergeben, dass der Turm auf der *Piazza dei Miracoli* (Platz der Wunder) tatsächlich so etwas wie ein **Wunder der Physik** darstellt: Der über 50 m hohe Glockenturm, der zwischenzeitlich um 5,21 m aus dem Lot geraten war, belastet den Untergrund mit 12 kg pro $cm^2$ und hätte nach Berechnungen der Universität Pisa schon vor Jahrhunderten einstürzen müssen. Dennoch hielt er auf wundersame Weise sein Gleichgewicht. 1991–2001 widmete sich ein internationales Ingenieur-Team seiner Stabilisierung und schaffte es, den Absinkprozess zu stoppen.

Pisa hat jedoch noch andere Wunder zu bieten: *Cimabues* Johannes im mittelalterlichen **Mosaik** in der Apsis des Doms; *Giovanni Pisanos* Kanzel im Dom; das **Wandbild** ›Trionfo della Morte‹ (Triumph des Todes) aus dem 14. Jh. im **Camposanto**, eine äußerst düstere Darstellung des unerbittlichen Zorns Gottes. Pisa er-

*Ein Traum aus Stein: Piazza dei Miracoli in Pisa mit Baptisterium (im Vordergrund), Dom Santa Maria Assunta und Campanile*

lebte in dieser Zeit seine Blüte, der Reichtum der Seerepublik war legendär: Im 15. Jh. erzählte Geschichtsschreiber *Fillippo Villani* vom »Dogen von Pisa, mit Namen Agnello« (1364 gewählt), der »mit einem goldenen Zepter auszureiten pflegte und sich dann zu Hause am Fenster zeigte, wie man Reliquien zu zeigen pflegt, auf Teppich und Kissen mit Goldstoff gelehnt, kniend musste man ihn bedienen wie einen Papst oder Kaiser«. *Petrarca* fand den Dogen »geputzt wie Altäre an Festtagen«. Die prachtvollen Kunstschätze und Bauwerke, die aus dieser Epoche des üppigen Wohlstands erhalten sind, ziehen bis heute Besucher aus aller Welt in ihren Bann.

***Geschichte*** Pisa war im 5. Jh. v. Chr. eine blühende *Etruskersiedlung* am Meer. Kaiser Augustus ließ den Hafen *Portus Pisanus* anlegen. Heute ist jedoch bis auf römische Sarkophage, Schiffe und die Ruinen der Thermen nur noch wenig zu sehen. Die ›archäologische Zone‹, schon im Mittelalter ›Altstadt‹ genannt, erstreckt sich zwischen Dom, Arena Garibaldi im Norden und San Zeno.

Als **Hafenstadt** blieb Pisa unter den Goten, Langobarden, Karolingern und im Kampf gegen die Sarazenen von Bedeutung. Im 11. Jh. begann der Aufstieg zur *Seerepublik*. Pisas Truppen eroberten Reggio Calabria, vertrieben mit Hilfe von Genua die Sarazenen aus Sardinien und verjagten dann die Genuesen von der Insel. Karthago, Lipari und Korsika wurden von Pisaner Seeleuten besetzt. 1063 eroberte Pisa Palermo, das sarazenische Gold finanzierte den **Dombau**. 1099 nahm Pisa am ersten Kreuzzug teil und gründete **Kolonien** im Orient. 1135–37 eroberten die Pisaner die Balearen und stellten sich dann als einzige größere Stadt der Toska-

na auf die Seite der ghibellinischen, kaiserlichen, Truppen im Kampf gegen die päpstlichen Guelfen. Kaiser Friedrich I. Barbarossa übergab Pisa 1162 die Kontrolle über einen Küstenabschnitt, der sich von Portovenere bis nach Civitavecchia erstreckte, und erkannte die feudalen **Rechte** und Privilegien in Neapel und Salerno, Kalabrien und Sizilien an. 1165 erhielt Pisa Sardinien als Lehen. Um diese Zeit wurde in Pisa der Mathematiker *Leonardo Fibonacci* geboren, der mit seinem Buch ›Liber abaci‹ im Jahre 1202 das **arabische Zahlensystem** in Europa einführte.

Die größten **Feinde** neben Amalfi waren Lucca, mit dem Pisa wegen der Verteilung von Transitrechten stritt, Genua, das Anrechte auf Korsika und Sardinien erhob, sowie Florenz, das versuchte, über den Arno das Meer zu erreichen. 1250 starb Friedrich II. Die guelfischen Städte Florenz und Lucca verbanden sich gegen Pisa. Innere Streitigkeiten kamen hinzu und führten zur größten Niederlage der Stadtgeschichte: Am 6.8.1294 verlor Pisa in der **Schlacht bei Meloria** gegen Genua fast die gesamte Flotte und damit seine reichen Kolonien. Der Signore Gherardo d'Appiano verkaufte 1399 die Stadt an den Mailänder Gian Galeazzo Visconti. 1405 kam es zu einer Rebellion gegen die ›Visconti-Regierung‹, 1406 wurde Pisa, inzwischen auch demographisch dezimiert, von den Florentinern eingenommen. Erst unter der Herrschaft **Lorenzo de' Medicis** in der 2. Hälfte des 15. Jh. blühte die Stadt wieder auf. Der am Frieden interessierte Lorenzo kaufte sich ein Haus in Pisa und wohnte längere Zeit dort. Ab 1472 erneuerte er die vom Verfall bedrohte **Universität**.

Die Großherzöge der Toskana, vor allem Cosimo I. und Ferdinando I., bauten Pisa im großen Stil wieder auf. 1737, als der letzte Medici starb, übernahmen die Lothringer auch die Herrschaft über Pisa.

Die Stadt wurde im **Zweiten Weltkrieg** bombardiert, dabei erlitten zahlreiche

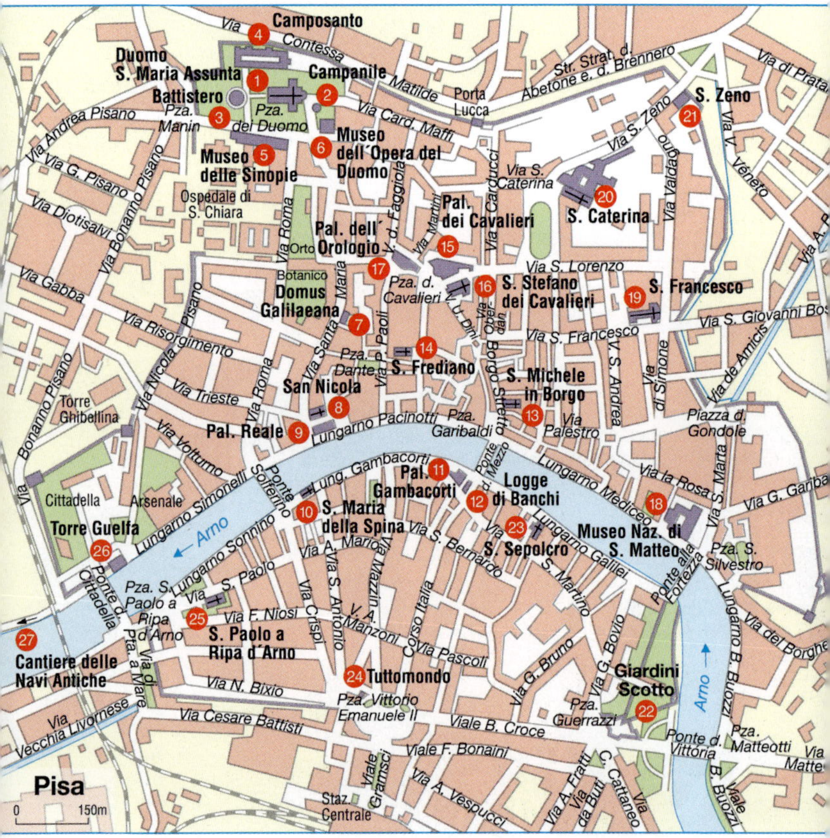

Kirchen und Paläste sowie der Camposanto schwere Schäden, die übrigen Bauten des berühmten Platzes blieben verschont. Seit 1987 steht das Ensemble der Piazza dei Miracoli auf der UNESCO Weltkulturerbeliste. Heute lebt Pisa von metallverarbeitender und chemisch-pharmazeutischer Industrie, aber auch von der Universität: Jeder zweite der rund 88 000 Einwohner ist Student.

### Rund um die Piazza dei Miracoli

Die **Piazza del Duomo**, bekannt als Piazza dei Miracoli, Platz der Wunder, mit den vier monumentalen Einzelbauwerken *Dom, Baptisterium, Campanile* und *Camposanto*, die auf einer gepflegten grünen Rasenfläche stehen, wirkt vor allem deshalb so ungewöhnlich, weil sie in ihrer ursprünglichen weitläufigen Form erhalten blieb, während die Domplätze in Siena oder Florenz von späteren Gebäuden eng umstellt wurden. Auffällig ist, wie homogen die vier Bauwerke wirken, obwohl zwischen dem Baubeginn des Domes (1063) und des Camposanto (1278) mehr als 200 Jahre vergingen. Das ist dem einheitlichen **Baumaterial** (weißer Carrara-Marmor) zu verdanken sowie der **Fassadengestaltung**: Eine Erdgeschossgliederung durch Rundarkaden auf Lisenen (schmalen, vertikalen Mauerverstärkungen) oder Halbsäulen fasst alle vier Gebäude formal zusammen.

Etwa zeitgleich mit dem Baptisterium in Florenz entstand hier in Pisa der TOP TIPP **Duomo Santa Maria Assunta** 1 (Tel. 050 83 50 11, www.opapisa.it, April–Sept. tgl. 10–20, Okt. tgl. 10–19, Nov.–Febr. tgl. 10–12.45 und 14–17, März tgl. 10–18 Uhr, So vormittag Gottesdienst), der den Maßstab setzte für die später begonnenen großen Dombauten in Florenz und Siena. Jahrhundertelang galt er als der monumentalste Bau der Christenheit. Wie die Pisaner sich diesen Luxus leisten konnten, erklärt die *Inschrift* an der Fassade, die sich auf den Sieg der Pisaner Flotte gegen die Sarazenen vor Palermo bezieht: »… sechs große mit Schätzen reich beladene Schiffe fielen in ihre Hände, mit dem Erlös ist dieser Bau errichtet worden.«

Der Baumeister *Buscheto di Giovanni Giudice* wählte 1063 als Baugrund das Gräberfeld auf jungem Schwemmboden vor der alten Stadtmauer, das sich jedoch als wenig tragfähig erwies: Nicht nur der Campanile, auch der Dom sank im Osten leicht ein. 1118 weihte Papst Gelasius II. den **Bau**, dessen Langhaus in der 2. Hälfte des 12. Jh. um drei Joche erweitert wurde. Aus langobardischen, islamischen und antiken Stileinflüssen entwickelt, war die kreuzförmige Anlage in Italien ohne Beispiel: fünfschiffiges basilikales Langhaus und dreischiffiges Querhaus, dessen drei Kreuzarme in Apsiden enden, über der Vierung ein achteckiger Tambour.

Die **Fassade**, Ende des 12. Jh. von *Rainaldo* geschaffen, wurde zum Inbegriff toskanischer Romanik: Über einer glatten *Portalzone* aus festen Steinquadern mit siebenfachen *Blendarkaden*, deren Bogenfelder die typischen Rauten- und Kreisformen zieren, erheben sich vier *Loggiengeschosse* (im zweiten Geschoss abgestuft), die den Blick auf die dahinterliegende, dekorativ mit farbigem Marmor gestaltete Wand freigeben und den monumentalen Bau geradezu grazil wirken lassen – ein Eindruck, den die den *Giebel* des Mittelschiffs bekrönende Madonna, flankiert von Evangelisten aus der Werkstatt *Giovanni Pisanos*, noch verstärkt.

### Galileo Galilei

wurde 1564 in Pisa geboren. Er stammte aus einer adligen, aber verarmten Familie. Sein Vater zwang ihn, zuerst ein medizinisches Examen abzulegen, bevor ihm gestattet wurde, Vorlesungen über **Mathematik** zu hören.

Galilei soll vom Schiefen Turm aus die **Gesetze der Schwerkraft** studiert haben. Mit 28 Jahren wurde er Professor an der Universität von Padua, wo er bis 1610 lehrte.

Hier entwickelte er ein **Teleskop**, mit dessen Hilfe er die Struktur des Mondes und die vier Satelliten Jupiters entdeckte. Danach zog sich Galilei nach Arcetri bei Florenz zurück, wo er den ›Dialog über die maximalen Systeme‹ schrieb, in dem er, den Theorien des Kopernikus folgend, methodisch begründete, warum die Erde eine **Kugel** ist, die um die Sonne kreist.

Das Buch erregte den Zorn des Vatikans. Der Wissenschaftler musste sich am 12. April 1633 in Rom vor dem Sant'Ufficio präsentieren und wurde gezwungen, sein Werk zu widerrufen. Galilei starb 1642 in der **Verbannung** in Arcetri. Erst 1993, 360 Jahre nach dem Prozess, hob Papst Johannes Paul II. bei seinem Besuch in Pisa offiziell den Kirchenbann über Galilei auf.

Die drei **Bronze-Portale** im Erdgeschoss, die im 17. Jh. die durch einen Dombrand im 16. Jh. zerstörten Originale ersetzten, werden von sechs Säulen mit Kompositkapitellen flankiert, die mittleren beiden Säulen sind mit Ornamenten reich verziert. Links des südlichen Portals haben die Pisaner dem Baumeister Buscheto ein Grabmal gesetzt. Die **Kuppel** mit der gotischen Zwerchgalerie wurde erst 1380 aufgesetzt.

Am südlichen Seitenschiff ist auf der dem ›Schiefen Turm‹ zugewandten Seite ein Original-Portal des *Bonanno* erhalten geblieben: Die nach dem Schutzpatron Pisas benannte **Porta di San Ranieri** stammt aus dem Jahr 1186. Ihre *Relieftafeln* zeigen Szenen aus dem Leben Christi und Mariens, nach dem Vorbild byzantinischer Elfenbeinarbeiten.

Trotz weitgehender Zerstörung der Ausstattung beim Brand Ende des 16. Jh. ist das **Innere** des Domes in seiner Gliederung erhalten geblieben. Die prächtige, vergoldete *Kassettendecke* stammt aus der Restaurierungsphase im 17. Jh. Die auffälligste Dekoration des Domes ist das überdimensionale **Apsismosaik**, das eine starke Anlehnung an byzantinische Vorbilder zeigt: Golden leuchtend thront Christus als Weltenherrscher über dem Altar, flankiert von Maria und Johannes. Der Florentiner *Cimabue*, Lehrmeister Giottos, fertigte 1302 den ›Evangelisten Johannes‹, der deutlich feingliedriger ausgeführt ist als etwa die Muttergottes.

TOP TIPP

Eines der prächtigsten Ausstattungsstücke ist sicherlich die reich mit *Reliefs* und *Statuen* verzierte **Kanzel**, die Giovanni Pisano 1302–11 schuf (um 1400 demontiert und erst im 20. Jh. leicht verändert rekonstruiert). Sie ist die letzte und reifste Arbeit an vergleichbaren Kanzeln, die Giovanni und sein Vater Nicola Pisano in Siena, Pistoia und Pisa errichteten.

Auf dem *Sockel* mit Personifikationen der weltlichen Künste stehen acht äußere Säulen, von denen vier eine menschliche Gestalt zeigen – Christus, der Erzengel Michael, die die Kirche symbolisierende Ecclesia und der heidnische Herkules. Die innere Säule besteht aus drei Figuren, die die christlichen Tugenden Glaube, Liebe, Hoffnung personifizieren. Diese Säulen ›tragen‹ gemeinsam, im wörtlichen wie im allegorischen Sinne, das erstmals rund gestaltete *Kanzelbecken*, welches das Neue Testament symbolisiert. Die reich skulptierten *Relieffelder* seiner Brüstung zeigen dessen Schlüsselszenen ›Geburt Johannes d. T.‹,

*Ein Meisterwerk der Bildhauerkunst: Kanzel von Giovanni Pisano im Dom Santa Maria Assunta*

›Verkündigung‹, ›Christi Geburt‹, ›Anbetung der Könige‹, ›Bethlehemitischer Kindermord‹, ›Darstellung im Tempel‹, ›Verrat des Judas‹ und ›Kreuzigung‹. Das Becken unterfangen volutenartig mit Figuren versehene Bogensegmente, in deren Zwickeln Propheten dargestellt sind.

Aufmerksamkeit verdient auch das **Grabmal** *von Kaiser Heinrich VII.* im rechten Seitenschiff links der Apsis von Tino di Camaino (Anfang 14. Jh.), ein weiteres Meisterwerk gotischer Plastik (Teile davon im Dommuseum). Das bronzene **Altar-Kruzifix** wird Giambologna zugeschrieben, der auch die herrlichen *Leuchterengel* auf der Balustrade des Presbyteriums schuf. In der Mitte des Hauptschiffes hängt ein **Bronzeleuchter**, dem die Pisaner den Namen ›Lampe des Galilei‹ gaben, weil der Gelehrte davon die Gesetze zur Pendelschwingung abgeleitet haben soll. Er wurde im Jahre 1586 von *Vincenzo Possenti* nach einem Entwurf von Lorenzi geschaffen.

Der **Campanile** 2 (Torre Pendente, Tel. 050 83 50 11, April, Mai, Sept. tgl. 8.30–20.30, Juni–Aug. tgl. 8.30–23, Okt. tgl. 9–19.30, Nov.–Febr. tgl. 10–17, März tgl. 9–18 Uhr, letzter Aufstieg jeweils 30 Min. vorher, Ticketreservierung unter www.opapisa.it dringend empfohlen, Zutritt erst ab 8 Jahren) ist ein für Italien typischer frei stehender Glockenturm – wenn auch auf rundem statt auf quadratischem Grundriss. Schon bald, nachdem *Bonanno Pisano* 1173 gemeinsam mit dem Baumeister Guglielmo di Innsbruck den Bau in formaler Anlehnung an den Dom begonnen hatte, wurde er zum ›**Schiefen Turm**‹: Als sein drittes Geschoss mit umlaufender Loggia abgeschlossen war, stellte sich heraus, dass der Boden die Belastung nicht trug und sich das Bauwerk neigte.

100 Jahre später versuchte *Giovanni di Simone*, der den Bau ab 1275 leitete, der Schieflage entgegenzuwirken, indem er die nächsten Stockwerke entgegen der Neigung mauern ließ. 1284 durch den Tod Giovannis unterbrochen, wurden die Arbeiten erst nach 1350 von *Tomaso Pisano* beendet. Die Mauern des 56 m hohen, sechsgeschossigen Turmes verjüngen sich von unten 4,09 m auf oben 2,48 m Dicke, auf der sich neigenden Seite ist der Turm um etwa 2 m abgesackt. Im Jahr 1989 stellte sich heraus, dass der Campanile immer schneller absank, und 1991 begann ein zehnjähriges Stabilisierungsprojekt. Zunächst schlang man Stahlgerüste um den Baukörper und legte in der Nähe betongefasste, 800 t schwere Bleigewichte auf den Boden, um den Untergrund zu komprimieren. 103 m lange Stahlseile richteten anschließend den Turm allmählich wieder auf, seine Neigung wurde um 44 cm reduziert und damit in eine Position gebracht, wie er sie vor etwa 400 Jahren innehatte.

*Das im 12./13. Jh. entstandene Battistero in Pisa ist die größte Taufkirche der Christenheit*

Der Architekt *Diotisalvi* begann im Jahr 1152 mit dem Bau des **Battistero** 3 (Tel. 050 83 50 11, www.opapisa.it, April–Sept. tgl. 8–20, Okt. tgl. 9–19, Nov.–Febr. tgl. 10–17, März tgl. 9–18 Uhr), der größten Taufkirche der Christenheit. Ende des 12. Jh. wurden die Arbeiten unterbrochen und erst im 13. Jh. unter Leitung von *Nicola* (1260) und *Giovanni Pisano* (1277–84) wieder aufgenommen. Während die Arkadengliederung des untersten Geschosses noch formal auf den Dom Bezug nimmt, wurde in dieser Periode das zweite Geschoss mit ›modernen‹ gotischen Blendarkaden aufgesetzt (darüber in den giebelartigen Bekrönungen Halbfiguren von Propheten und Aposteln von Giovanni Pisano, heute Kopien). Die **Segmentkuppel** entstand

*Battistero: Blick von der Empore auf das achteckige Taufbecken und die berühmte Kanzel*

erst um 1360, ein ›Meister Zibellinus‹ aus Bologna verdeckte ab 1365 den Ansatz mit einem Marmortambour. Die über 3 m hohe Bronzestatue Johannes d. T. wurde Anfang des 15. Jh. auf die Spitze montiert.

Das **Hauptportal** wird von zwei reliefverzierten antikisierenden *Säulen* des 13. Jh. flankiert. Auf dem Architrav ist die Lebensgeschichte Johannes d. T. dargestellt. Im **Inneren** stützt ein Kreuz aus acht Säulen, die mit vier Pfeilern abwechseln, einen Umlauf unter Emporen. Das herrliche achteckige **Taufbecken** im Zentrum schuf Guido Bigarelli da Como 1246. Die *Johannes-Statue* von Italo Griselli wurde 1929 hinzugefügt. Weltberühmt ist die **Kanzel** von Nicola Pisano (1255–60), ikonographisches Vorbild und Pendant der von seinem Sohn geschaffenen Domkanzel und Markstein der italienischen Bildhauerei. Das sechseckige Kanzelbecken wird von sieben Säulen getragen (Symbolzahl der Tugenden und der Künste), drei von ihnen stehen auf Löwen (Symbole der Stärke), die mittlere auf allegorischen Figuren (Wilder Mann, Greif). In den Zwickeln der gotischen Dreipassbögen erkennt man Propheten. Sie ›tragen‹ zusammen mit sechs Figuren (fünf Tugend-Allegorien und Johannes der Täufer), die auf den ebenfalls sechseckigen Kämpferplatten stehen, im wörtlichen und allegorischen Sinne das ›Lehrgebäude‹, das die Reliefplatten der *Kanzelbrüstung* entfalten: fünf Szenen aus dem Leben Christi (›Verkündigung‹, ›Geburt‹, ›Anbetung der Hl. Drei Könige‹, ›Kreuzigung‹, ›Jüngstes Gericht‹). Ein Adler trägt das Lesepult.

TOP TIPP

Der Monumentalfriedhof **Camposanto** 4 (Tel. 050 83 50 11, www.opapisa.it, April, Mai, Sept. tgl. 8–20, Juni–Aug. tgl. 8–23, Okt. tgl. 9–19, Nov.–Febr. tgl. 10–17, März tgl. 9–18 Uhr) steht auf Erde, die die Kreuzfahrer von ihrer Reise ins Heilige Land mitbrachten. Als letztes Bauwerk des Domplatzes nach Plänen von *Giovanni di Simone* 1278 begonnen, wurde er erst Ende des 15. Jh. fertig gestellt. Hier fand der Adel Pisas seine letzte Ruhestätte. Viele vornehme Bürger wurden in antiken Sarkophagen bestattet, sodass der Friedhof immer auch ein ›Antiken-Museum‹ war. Im 14. und 15. Jh. malten namhafte Künstler wie *Taddeo Gaddi* die Wände mit **Fresken** aus, ein Bombenangriff 1944 zerstörte jedoch die meisten, darunter Gozzolis 23 Episoden aus dem Alten Testament (1468–84). Dennoch ist das Gebäude eine bedeutende Sammlung der Malerei des 14. Jh. und antiker Werke.

Das Gebäude hat die Form eines großen, lang gestreckten **Kreuzganges** mit

Rundbogenarkaden zum *Innenhof*, die in der 2. Hälfte des 14. Jh. mit reichem gotischen Maßwerk gefüllt wurden. Zypressen wachsen hier auf grünem Rasen. Eine Mauer, die außen mit Blendarkaden verziert wurde, umschließt den Friedhof.

Eines der bedeutendsten Monumentalwerke des 14. Jh. ist das Fresko ›**Trionfo della Morte**‹ eines unbekannten Meisters. Verschiedene Szenen illustrieren die *Vanitas*, die Vergänglichkeit alles Irdischen, indem sie die Macht des Todes, dargestellt als geflügeltes Weib mit Sense, über die Lebenden zeigen: Links im Vordergrund trifft eine Gruppe vornehmer Reiter auf drei offene Särge, in denen verwesende Könige liegen, darüber ein Fest sorgloser junger Leute im Wald, dem eine Eremitenszene gegenüber steht. Das Ganze gipfelt im **Jüngsten Gericht**, bei dem Arm und Reich, Volk und Adel, Laien und Klerus plötzlich gleich sind und der ewigen Verdammnis oder der himmlischen Gnade teilhaftig werden.

Nach dem Zweiten Weltkrieg wurden die verbliebenen Fresken mit einer relativ einfachen, ›a strappo‹ genannten Technik von den Wänden abgenommen, um sie zu restaurieren und wieder auszustellen. Dazu wird eine mit Leim imprägnierte Leinwand darübergelegt und nach dem Austrocknen mitsamt der Putzschicht abgerissen. Diese wird anschließend auf eine mit Baumwollgaze bedeckte Eternitplatte übertragen. Zuletzt löst man das Fresko wieder von der Leinwand ab. Bei diesen Arbeiten entdeckten die Restauratoren unter der Putzschicht die sog. **Sinopien** der Fresken: Vorzeichnungen in Rötelkreide (ursprünglich aus Sinope in der Türkei). Nach ihrer Ausführung wurden sie zunächst mit einer Putzschicht überdeckt, in die der Künstler dann das endgültige Fresko malte. Auch die Sinopien wurden zu ihrem Schutz von den Wänden abgelöst und sind heute im **Museo delle Sinopie** 5 (Tel. 050 83 50 11, www.opapisa.it, April–Sept. tgl. 8–20, Okt. tgl. 9–19, Nov.–Febr. tgl. 10–17, März tgl. 9–18 Uhr) gegenüber vom Dom zu sehen.

Im Südosten des Domplatzes ist in einem ehemaligen *Kapuziner-Kloster* das **Museo dell'Opera del Duomo** 6 (Piazza Arcivescovado, Tel. 050 83 50 11, www.opapisa.it, April–Sept. tgl. 8–20, Okt. tgl. 9–19, Nov.–Febr. tgl. 10–17, März tgl. 9–18 Uhr) untergebracht. Ausgestellt sind dort neben originaler *Bauplastik* von Dom und Baptisterium, die dort durch Kopien ersetzt wurde, u. a. *Skulpturen* von Giovanni Pisano aus beiden Kirchen (**Saal 4** und **5**), Arbeiten von Tino di Camaino, darunter die *Statuen vom Heinrichsgrabmal* im Dom (**Saal 6**), *Bischofsgrabmäler* aus der Werkstatt von Nino Pisano (Mitte 14. Jh., **Saal 7**),

*Begegnung mit dem Tod: Ausschnitt des Freskos ›Trionfo della Morte‹ im Camposanto*

*Gerettet vor den Hochwasserfluten des Arno: Santa Maria della Spina*

außerdem der *Domschatz* (**Saal 9**), die *barocke Holzverkleidung* des Hochaltars (Giovanni Battista Rinaldi, 1627–63) und *Intarsien des Chorgestühls* aus dem Dom (**Saal 11** und **13**), eine *Sammlung* wertvoller Chor- und Messgewänder (**Säle 15–19**).

## Im Herzen der Altstadt

Wir verlassen die Piazza dei Miracoli über die Prachtstraße Via Santa Maria, die schon im Mittelalter zum Arno führte. In der **Domus Galilaeana** 7 (Nr. 26), dem Haus Galileis, soll der Wissenschaftler einst gewohnt haben (sein Geburtshaus lag wahrscheinlich im populären Stadtviertel Sant'Andrea fuori Porta). 1941 wurde in diesem Palazzo ein **Institut** gegründet, in dem Schriften von Galilei und seinen Schülern aufbewahrt werden. Das Haus gehört wie viele der schönen alten Paläste an der Via Santa Maria zur Universität und ist Studienzentrum für die **Geschichte der Naturwissenschaften**.

Am südlichen Ende der Via Santa Maria, an der Piazza Francesco Carrara, steht der zweite ›Schiefe Turm‹ von Pisa. Denn auch die Fundamente des *Campanile* der Kirche **San Nicola** 8 versanken bereits Mitte des 13. Jh. im weichen Sanduntergrund. Der Turm vom Anfang des 13. Jh. ist im Erdgeschoss kreisrund, im Obergeschoss sechseckig. Über einem schlichten, nur mit Lisenen (schmalen, vertikalen Wandverstärkungen) gegliederten Untergeschoss und einer Arkadengliederung darüber (Anlehnung an den ›Schiefen Turm‹ auf dem Domplatz) öffnet sich ein Loggiengeschoss unter der Glockenkammer. Im *Inneren* des Turms lässt sich eine der berühmtesten *Wendeltreppen* Italiens besteigen, die Giorgio Vasari zufolge Bramante zur sog. *Reitertreppe* am Belvederehof im Vatikan inspirierte. Die Kirche selbst entstand vor 1150.

Am Arnoufer *(Lungarno)* drängten sich im Mittelalter die prächtigen Wohnhäuser reicher Patrizier. Eines der wenigen erhaltenen ist der im Laufe der Zeit mehrmals umgestaltete **Palazzo Reale** 9, den sich der toskanische Großherzog Cosimo I. de' Medici vom Florentiner Bildhauer-Architekten *Baccio Bandinelli* erbauen ließ. Er beherbergt heute das *Museo Nazionale di Palazzo Reale* (Lungarno Pacinotti 46, Tel. 050 92 65 39 Mo–Fr 9–14.30, Sa 9–13.30 Uhr) u. a. mit Medici-Porträts und historischem Rüstzeug für das Gioco del Ponte, den traditionellen Wettkampf auf dem Ponte di Mezzo (s. S. 98).

Die kleine gotische Kirche **Santa Maria della Spina** 10, direkt am südlichen Arnoufer in der Straße Lungarno Gambacorti gelegen, wurde 1323 als Oratorium Santa Maria del Pontenuovo (›Neue Brücke‹) errichtet. Ihre ursprüngliche Reliquie, einen Dorn (*Spina*), der aus der Dornenkrone Christi stammen soll, bewahrt heute Santa Chiara, die Kirche des gleichnamigen Hospitals an der Via Roma. Da der Arno mit seinen Hochwassern Santa Maria della Spina mehrmals zu zerstören drohte, wurde sie 1871 Stein für Stein abgetragen und auf erhöhtem Standort originalgetreu wieder aufgebaut. In der schönen *Fassade* verbinden sich lokale Traditionen (Rundbögen im Erdgeschoss, Marmorinkrustationen) mit solchen der Gotik (Abschluss durch gotische Baldachine und Tabernakel-Ziergiebel). Die Skulpturen stammen von Nino und Giovanni Pisano (über dem Chor), den Werkstätten von Giovanni und Andrea Pisano sowie von Baldassare di Bal-

duccio (Madonna und Engel). Im **Inneren** lässt sich das Tabernakel von Stagio Stagi aus dem Jahr 1534 bewundern, in dem einst der Dorn aufbewahrt wurde.

Weiter flussaufwärts erhebt sich über dem südlichen Arnoufer der spätmittelalterliche **Palazzo Gambacorti** 11 (1370–80), der heute das *Rathaus* der Stadt Pisa beherbergt. Der ursprüngliche Hausherr, der Signore Pietro Gambacorti, wurde vermutlich 1393 hier ermordet.

Die benachbarten **Logge di Banchi** 12 wurden 1603–05 nach einem Entwurf des Florentiners Bernardo Buontalenti von Cosimo Pugliani als offene Halle für den *Tuchmarkt* errichtet. Im erst zu Beginn des 18. Jh. aufgesetzten Obergeschoss ist heute das *Staatsarchiv* untergebracht.

Auf der gegenüberliegenden Seite des **Ponte di Mezzo**, der ältesten Arno-Brücke, beginnt der von Arkaden gesäumte **Borgo Stretto,** die schönste *Flaniermeile* in der Altstadt von Pisa. Sie führt vorbei an **San Michele in Borgo** 13, der Hauptkirche der Altstadt, die um 990 über einem römischen Marstempel entstand. Die *Fassade* mit drei Portalen in einer nüchternen unteren Zone, darüber Loggien mit Dreipassen und plastischer Verzierung, schuf Baumeister *Guglielmo* zu Beginn des 14. Jh. im Übergang von der Romanik zur Gotik. Das dreischiffige Innere ohne Apsis war vollständig mit *Fresken* ausgemalt, von denen die Bombardierung 1944 nur wenige Spuren übrig ließ.

Ein Abstecher führt zur Kirche **San Frediano** 14, die schon 1061 in einem Dokument erwähnt wird und eine der ältesten Kirchen Pisas ist (im 16. und 17. Jh. umgebaut, innen im 17. Jh. barockisiert).

Weltliches Zentrum der Stadt Pisa war schon im Mittelalter die **Piazza dei Cavalieri** (›Platz der Ritter‹). *Giorgio Vasari* gestaltete sie Mitte des 16. Jh., in der Zeit der florentinischen Besatzung, im Auftrag der Medici um. Dabei ließ er auch den ursprünglichen Sitz der Stadtregierung (Palazzo degli Anziani) aus dem 13. Jh. umbauen und versah ihn mit den zu Beginn des 20. Jh. wieder hergestellten *Sgraffito-Dekorationen*. Als **Palazzo dei Cavalieri** 15 wurde der Palast zum Sitz des Ritterordens des hl. Stephan, den Cosimo I. 1561 zum Kampf gegen nord-

*Sgraffito-Dekorationen zieren den Palazzo dei Cavalieri, der als Sitz eines Ritterordens entstand*

afrikanische Seeräuber gegründet hatte. Er beherbergt heute die 1810 von Napoleon ins Leben gerufene *Elite-Universität* Scuola normale superiore. Auch die doppelläufige *Treppe* stammt aus dem 19. Jh., das *Standbild Cosimos I.* schuf Pietro Francavilla 1596.

Neben dem Palast erhebt sich die Kirche **Santo Stefano dei Cavalieri** 16. Ebenfalls Vasari baute sie 1565–69 für den gleichnamigen Orden, 1594–1606 versah sie *Giovanni de' Medici* mit einer Fassade, die Seitenflügel kamen später hinzu. Das Innere schmücken zahlreiche Beutestücke, die die Ordensritter den Sarazenen in blutigen Schlachten abnahmen, daneben sind *Holzfiguren* vom Bug der Galeeren des Ordens zu sehen. Die Kirche besitzt außerdem eine klangvolle *Orgel*.

Den **Palazzo dell'Orologio** 17 am nordwestlichen Ende des Platzes baute ebenfalls Vasari für den Stephans-Orden um. Er verband zwei bestehende Gebäude, ohne die Straße zwischen ihnen zu versperren. Im ›Torre della Fame‹ (Hungerturm) verhungerte 1288 *Ugolino della Gherardesca* mit Kindern und Enkeln. Der Graf, einer der Flottenführer der verlorenen Seeschlacht bei Meloria, war der Tyrannei über seine Heimatstadt Pisa bezichtigt worden. Dante schilderte seine Qual in der ›Göttlichen Komödie‹ (›Inferno‹, XXXIII, 5–17). Heinrich Wilhelm von Gerstenberg verewigte ihn in seinem Sturm-und-Drang-Drama ›Ugolino‹.

### An der westlichen Stadtmauer

Während Touristen den Domplatz zu jeder Jahreszeit überströmen, ist das **Museo Nazionale di San Matteo** 18 (Piazza San Matteo in Soarta 1, Tel. 050 54 18 65, Di–Sa 8.30–19, So/Fei 9–13.30 Uhr) selbst im Hochsommer oft menschenleer. Dabei gehört das Museum im ehemaligen *Benediktiner-Kloster* San Matteo mit schönem *Kreuzgang* aus dem 15. Jh. zu den wichtigsten Kunstgalerien der Toskana. Der Kreuzgang, um den sich die Ausstellungsräume gruppieren, bildet ein stilvolles Ambiente für die zahlreichen Exponate meist sakraler Kunst. Die Sammlung umfasst Meisterwerke toskanischer – speziell Pisaner – Malerei und Bildhauerei des 12.–15. Jh., Keramiken, Gobelins und Handschriften swoei eine sehr umfangreiche Zusammenstellung lebensgroßer *Holzfiguren* und *Kruzifixe*.

Ein Höhepunkt sind die **Skulpturen** von *Giovanni Pisano* im ›Saal der tanzenden Figuren‹. Sie beeindrucken durch ihre Grazie und die schwingende Bewegung, die der Künstler durch das Spiel mit Licht und Schatten erzielt. Die *Jungfrau Maria* im Zentrum des ›Saales der Holzfiguren‹ schuf *Andrea Pisano* um 1330: eine anmutige Gestalt in schlichtem Gewand ohne Heiligenschein. Das edle, fragende Gesicht und die elegante Handbewegung sind Ausdruck für Keuschheit und Edelmut. Ganz irdisch wirkt dagegen die stillende *Madonna del Latte* (Obergeschoss), die beste Skulptur von Andreas Sohn *Nino Pisano*. Ein kräftiger Knabe saugt mit geschlossenen Augen an der Brust seiner Mutter, die ihn mit festem Griff im Arm hält und zärtlich betrachtet. Unvergleichlich glatt und samtig wirkt die Oberfläche des weißen Marmors, den Nino ursprünglich für die Kirche Santa Maria della Spina bearbeitete. An antike Kaiserbüsten erinnert *Donatellos* Bronzeporträt des *hl. Rossore* (1427), das aus der Kirche Santo Stefano dei Cavalieri stammt.

Unter den **Gemälden** sticht das Tafelbild der *Thronenden Madonna* (1280–90) des unbekannten Meisters von San Martino heraus. Die Muttergottes mit Kind auf goldenem Grund, die Geschichten des Marienlebens umrahmen, ist ein Hauptwerk pisanischer Malerei des 13. Jh., es gilt als direktes Vorbild Duccios, Cimabues und Giottos. Simone Martinis Altarbild *Madonna mit Kind und Heiligen*, das er 1311 für die Kirche Santa Caterina malte, besticht durch festliche Farbgebung und abwechslungsreiche, schon recht realistische Porträts. Zu den Glanzstücken zählt auch das Porträt des *Apostel Paulus* von Masaccio (1426). Es war ursprünglich Teil eines Polyptychons, das der Künstler für die Pisaner Kirche del Carmine malte und welches später zersägt wurde. Masaccio hat sich hier deutlich von den Vorgaben der Gotik entfernt: Sein kraftvoll dynamischer Apostel scheint beinahe aus dem Goldhintergrund herauszutreten.

Das weiter nördlich gelegene Kloster **San Francesco** 19 wurde noch zu Lebzeiten des hl. Franz von Assisi Anfang des 13. Jh. gegründet, die *Ordenskirche* jedoch erst in der zweiten Jahrhunderthälfte von *Giovanni di Simone* fertig gestellt (die schlichte Fassade wurde 1603 vorgesetzt). Die zweite Kapelle rechts birgt ein *Polyptychon* mit Kreuzigung und Heiligen von Spinello Aretino (um 1390). Im Kapitelsaal am Kreuzgang aus dem 15. Jh. sind die restaurierten Fresken eines *Passions- und Auferstehungs-Zyklus* von Niccolò di Pietro Gerini (1392) zu sehen.

Die Dominikanerkirche **Santa Caterina** 20 in der Via Caterina (Bauzeit 1251–1327) ist der hl. Katharina aus Siena geweiht, die in Pisa ihre Stigmata empfangen haben soll. Die spät vollendete *Fassade* (1327) zeigt deutlich den Übergang von der Romanik zur Gotik: Über drei romanischen Blendarkaden erheben sich zwei zierlichere Loggiengeschosse (das obere mit eingefügter Fensterrose) mit Dreipassen statt Rundbögen. Im einschiffigen *Inneren* sind das monumentale Grabmal des Erzbischofs Simone Saltarelli linker Hand (um 1350) und eine Verkündigungsgruppe an den Pilastern beidseitig des Hauptaltars von Nino Pisano beachtenswert. Das berühmte Altar-Polyptychon von Simone Martini befindet sich mit weiterer Ausstattung der Kirche im Museum San Matteo.

Die romanische Abtei **San Zeno** 21 wurde im 10. Jh. über einem heidnischen Tempel errichtet, der spätere Papst Eugen III. war Anfang des 12. Jh. Abt des Benediktinerklosters. Restaurateure versuchten in den 1970er-Jahren, der basilikalen Anlage ihr frühromanisches Aussehen zurückzugeben. Auch hier zeigt die *Fassade* das für die pisanische Romanik typische Dekorationssystem aus eingetieften Kreisen und Rhomben.

### Südlich des Arno

Zum Spazierengehen laden die im 19. Jh. innerhalb der **Neuen Zitadelle** angelegten **Giardini Scotto** 22 ein, ein *Park* mit Pfauengehege. Die Festung selbst mit ihren überdachten Wehrgängen entwarf Ende des 15. Jh. Giuliano da Sangallo.

Über die Via Martino gelangt man zu dem außergewöhnlichen achteckigen Zentralbau der Kirche **San Sepolcro** (Heiliges Grab) 23. Dombaumeister *Diotisalvi* (um 1150) übernahm die Form von der Grabeskirche in Jerusalem.

Der Corso Italia führt zur Piazza Vittorio Emanuele II. Dort schmückt das Murale **Tuttomondo** 24 (1989) des amerikanischen Künstlers Keith Haring (1958-1990) die Wand des Convento di Sant'Antonio mit einem Puzzle von 30 stilisierten Figuren, welche verschiedene Aspekte friedlichen Zusammenlebens symbolisieren.

Bereits zu Beginn des 9. Jh. als Ordenskirche der Vallombrosaner, einer Benediktinerkongregation, gegründet, wurde **San Paolo a Ripa d'Arno** 25 im 11. und 12. Jh. in starker Anlehnung an die Domfassade errichtet. Eine Bombe zerstörte 1943 das Innere weitgehend, erhalten blieben die schönen *Glasmalereien* des 14. Jh. in der Apsis (Christus und Apostel).

Am Ponte della Cittadella liegt die **alte Zitadelle** mit der **Torre Guelfa** 26, einem der massiven Wehrtürme der mittelalterlichen *Stadtmauer*, der in den 1950er-Jahren rekonstruiert wurde.

Ganz in der Nähe befinden sich die von den Medici Mitte des 16. Jh. neu gestalteten Lagerhallen der Pisaner Werft. Die **Cantiere delle Navi Antiche** 27 (Via Ranuccio Bianchi Bandinelli, Tel. 050 83 04 90, www.cantierenavipisa.it, nur mit Führung Fr und Sa 10, 11, 12, 14.30 und 15.30 Uhr) zeigen Funde aus bei Bauarbeiten entdeckten römischen Schiffen und demonstrieren die Restaurierung der Fundstücke und der Boote.

## Praktische Hinweise

### Information

**Uffici Informazioni**, Piazza Arcivescovado 8 und Piazza Vittorio Emanuele II 16, Tel. 05 04 22 91, www.pisaunicaterra.it

### Parken

Direkt neben der Piazza del Duomo (Piazza dei Miracoli) gibt es einen Parkplatz an der Via Cammeo 51 und 1 km nördlich an der Via Pietrasantina. Die Innenstadt ist als Zona Traffico Limitato (ZTL) für Besucherautos gesperrt.

### Flughafen

Aeroporto Galileo Galilei, Pisa, Tel. 050 84 93 00, www.pisa-airport.com, 2 km südlich. Zug zum Hauptbahnhof Stazione Centrale, Linienbus ins Zentrum und zur Piazza del Duomo.

### Feste

TOP TIPP **Regata di San Ranieri** am Abend des 17. Juni. Zu Ehren des Schutzpatrons der Stadt, *San Ranieri*, tragen die vier Stadtviertel eine Bootsregatta auf dem Arno aus. Am Abend vorher beleuchten Ölfackeln den Lungarno.

**Gioco del Ponte** am letzten Sonntag im Juni: Bei den Wettkämpfen auf dem Ponte di Mezzo versuchen die Gegner, sich gegenseitig von der Brücke zu schieben.

### Einkaufen

An jedem zweiten Wochenende im Monat findet in den Gassen rund um die Piazza dei Cavalieri der Antiquitäten- und Trödelmarkt **Pisa Antiqua** statt.

### Hotel

*****Royal Victoria**, Lungarno Pacinotti 12, Tel. 050 94 01 11, www.royalvictoriahotel.it. Zu Beginn des 20. Jh. war diese Herbergel eines der berühmtesten Luxushotels der Toskana, in dem gekrönte Häupter abstiegen. Heute hat es eher Pensionscharakter, aber viel Charme.

### Restaurants

**La Pergoletta**, Via delle Belle Torri 40, Pisa, Tel. 050 54 24 58, www.ristorantelapergoletta.com. Gehobene regionale Küche und eine große Weinauswahl in Arno-Nähe (Mo geschl.).

**Osteria dei Cavalieri**, Via San Frediano 16, Pisa, Tel 050 58 08 58, www.osteriacavalieri.pisa.it. Relativ preisgünstige Trattoria mit traditioneller Küche (Sa mittags, So und im August geschl.).

### Café

**Antico Caffè dell'Ussero**, Lungarno Pacinotti 27, Pisa, Tel. 050 58 11 00. Ältestes Café der Stadt mit allerlei köstlichen Süßigkeiten (Sa geschl.).

*Muskeln und Ausdauer sind gefragt beim traditionellen Brückenfest ›Gioco del Ponte‹ in Pisa*

*Die romanische Basilika San Piero a Grado geht auf eine Gründung des 6. Jh. zurück*

## 22 San Piero a Grado, San Rossore, Calci, Certosa di Pisa

*Das reiche Umland: Klöster und Gärten.*

Im Südwesten Pisas liegt am linken Arnoufer **San Piero a Grado**, eine romanische Basilika aus dem 11. Jh. Sie wurde bereits im 6. Jh. an der Stelle gegründet, an der Petrus, von Jerusalem kommend, in Italien an Land gegangen sein soll. Der *Außenbau* aus Tuffstein und Marmor weist die typischen Gestaltungselemente der Pisaner Romanik auf: Lisenengliederung und eingelassene Rhomben und Kreise. Die Säulen im *Inneren* der dreischiffigen Anlage mit doppeltem Chor (der zusätzliche Chor im Westen nimmt Rücksicht auf einen Petrusaltar) besitzen antike Kapitelle. Der gut erhaltene *Freskenzyklus* an den Wänden des Hauptschiffes wurde im 14. Jh. von Deodato Orlandi geschaffen. Zu sehen sind mehrere Papstporträts, darüber Szenen aus dem Leben der Apostel Petrus und Paulus, darüber erkennt man das von Engeln bewachte himmlische Jerusalem.

### San Rossore

4 km westlich von Pisa beginnt die ›Tenuta di San Rossore‹, ein herrlicher Pinien-Park, der heute zum Naturschutzgebiet **Parco Naturale Migliarino-San Rossore-Massaciuccoli** (Führungen mit Voranmeldung, Tel. 050 53 01 01, www.parcosanrossore.org) gehört. Der **Gutshof** (geöffnet an Feiertagen, Sommer 8.30–19.30, Winter bis 17.30 Uhr) mit Pferderennbahn war einst im Besitz der Medici, dann der Lorena und der Savoia.

### Calci

Wenn man Pisa auf der Straße nach Mezzana Richtung Osten verlässt, kommt man nach etwa 10 km in den 4500-Einwohner-Ort, der seit der Antike für seine *Kalksteinbrüche* bekannt ist. In der Dorfmitte erhebt sich die **Pieve di Calci**. Die Pfarrkirche (schon im 9. Jh. erwähnt) mit unvollendetem *Glockenturm* und eleganter Fassade entstand um die Wende vom 12. zum 13. Jh. nach dem Vorbild der Pisaner Romanik. Im Inneren der Kirche wurde das skulptierte romanische *Taufbecken* im 12. Jh. von einem unbekannten Künstler unter dem Einfluss antiker Sarkophagplastik geschaffen.

### Certosa di Pisa

Südöstlich von Calci liegt die **Certosa di Pisa** (Via Roma 79, Tel. 050 93 84 30, Di–Sa 8.30–18.30, So 8.30–12.30 Uhr, letzter Einlass 1 Std. vor Schließung), die nach Pavia zweitgrößte Kartause Italiens. Das Kloster, das aussieht wie ein riesiges Schloss, wurde 1366 gegründet, im 17. Jh. jedoch im *barocken Stil* umgebaut. Heute sind die von den Kartäusermönchen verlassenen Konventsgebäude in Staatsbesitz. Kirche und Refektorium des Komplexes wurden im 17./18. Jh. reich mit *Fresken* dekoriert. Bemerkenswert sind die *Sala del Granduca* im Gästehaus, die dem Großherzog der Toskana bei Besuchen vorbehalten blieb, und die Fresken in der Kuppel der Kirche, die Stefano Cassini im 17. Jh. malte.

# 23 Volterra

TOP TIPP

*Archaische Stadt hoch im toskanischen Hügelland mit Sehenswürdigkeiten von der Etruskerzeit bis ins Spätmittelalter.*

Als der Schriftsteller D.H. Lawrence 1927 nach Volterra kam, überwältigte ihn die **Aussicht**. Der Blick von dem 555 m hoch gelegenen Ort ist der spektakulärste, den die Toskana zu bieten hat. Eine göttliche Hand, so scheint es, formte die perfekten Wellen aus Tonhügel. Die scharfkantigen **Balze**, Felsabbrüche, die Volterra im Nordwesten begrenzen, sind das Produkt jahrhundertelanger *Erosion*, der bereits etruskische Nekropolen und mittelalterliche Mauern zum Opfer fielen.

Hohe Mauern schließen die mittelalterlich enge und verwinkelte Stadt ein, die schon als Mitglied des etruskischen Städtebundes bedeutend war. Die Bestseller-Autorin Stephenie Meyer erkor sie im Band ›New Moon‹ zum Wohnsitz der finsteren Vampirfürsten Volturi.

***Geschichte*** Der Hügel von Volterra zwischen dem *Valdera* und dem *Val di Cecina* war schon in der Eisenzeit besiedelt. Die Etrusker nannten ihre blühende Stadt *Velathri*, die Römer gaben ihr den Status eines Municipiums, den ihr Sulla später wegen Parteinahme für Marius wieder entzog. Auch unter den Langobarden und den Franken blieb sie besiedelt. Seit dem 5. Jh. ist Volterra Bischofssitz, im 12./13. Jh. kam es unter die Herrschaft der Familie *Pannocchieschi*.
Während der Kämpfe zwischen Ghibellinen und Guelfen gelangte Volterra 1361 unter den Einfluss von Florenz und blieb trotz mehrerer Revolten auch in den folgenden Jahrhunderten nur dem Namen nach **freie Kommune**. Unter Lorenzo de' Medici wurde die Stadt 1472 von Federico da Montefeltro belagert und geplündert. 1530 fiel sie endgültig unter die Herrschaft der Medici. Heute hat Volterra etwa 13 000 Einwohner. Das *mittelalterliche Stadtbild* mit *antiken Ruinen* und Resten der *Medici-Festung* blieb erhalten. Die Einwohner leben vor allem von Landwirt-

*Mittelalterliches Stadtbild: Blick auf die Dächer der Alabaster-Stadt Volterra*

schaft, Tourismus und der Verarbeitung des Alabasters, der rund um Volterra in zahlreichen Brüchen abgebaut wird.

TOP TIPP **Besichtigung** Das **Museo Etrusco Guarnacci** 1 (Via Don Minzoni 15, Tel. 0588 86347, Mitte März–Okt. tgl. 9–19, Nov.–Mitte März tgl. 8.30–13.45 Uhr), untergebracht im ehemaligen Palast des Monsignore Mario Guarnacci, wurde von Kardinal Franceschini im Jahr 1735 gegründet und besitzt heute eine der umfassendsten Sammlungen etruskischer Kunst in Italien. Kernstück sind mehr als 600 **Graburnen** (*Cisten*) aus Tuffstein, Terrakotta und Alabaster, nach Motivgruppen geordnet und bis ins 1. Jh. n. Chr. reichend. Die verschiedenen Motive (Ornamente, Jagddarstellungen, Fahrt auf dem Pferdewagen als Allegorie für die Fahrt ins Jenseits, Leichenbegängnisse, aber auch Darstellungen aus der griechischen Mythologie) wurden in großen Stückzahlen produziert. Daneben sind jedoch auch individuell gefertigte Stücke, **Votivfiguren** und wunderschöner **Goldschmuck**, ausgestellt. Unter den **Bronzefiguren**, deren auffällige Überlänge an Giacometti-Skulpturen erinnern, ragt die Statue eines jungen Mannes heraus, welche die Bezeichnung *Ombra della Sera* (Abendschatten) trägt.

In der **römischen Abteilung** des Museums sind Haushaltsgeschirr (auch aus Griechenland importierte attische Keramik), Statuen und Mosaiken zu sehen, die hauptsächlich bei den Ausgrabungen im römischen Theater gefunden wurden.

Nicht versäumen sollte man eine Besichtigung des **Palazzo Viti** 2 (Via dei Sarti 41, Tel. 0588 84047, www.palazzoviti.it, April–

*Rund 600 skulptierte Graburnen sind die Glanzstücke des Museo Etrusco Guarnacci*

Okt. tgl. 10–13, 14.30–18 Uhr, sonst nach Vereinbarung). Der Mitte des 19. Jh. entstandene Privatpalast des Alabasterhändlers Giuseppe Viti ist reich freskiert, mit prunkvollem Mobiliar des 17.–19. Jh. und Meisterstücken der Alabasterkunst ausgestattet. Namhafte Regisseure wie Lucchino Visconti wählten die Innenräume als Drehort für ihre Filme.

In dem schönen Renaissancegebäude des **Palazzo Minucci**, das nach dem Entwurf von Antonio da Sangallo d. Ä. etwa zu Beginn des 16. Jh. nach florentinischem Vorbild gebaut wurde, befindet sich heute die **Pinacoteca e Museo Civico** 3 (Via dei Sarti 1, Tel. 058887580, Mitte März–Okt. tgl. 9–19, Nov.–Mitte März tgl. 8.30–13.45 Uhr). Zu den großen Glanzlichtern der Pinakothek zählt die **Kreuzabnahme**, das Hauptwerk des Manieristen Rosso Fiorentino (1521), geschaffen für San Francesco: In einer überaus bewegten Szene, in der starke Hell-Dunkel-Kontraste vorherrschen, wird unter großer Anstrengung der Leichnam Christi vom Kreuz genommen. Johannes wendet sich verzweifelt vom Kreuz ab, Maria kann sich nicht allein auf den Beinen halten, ein Junge, der eine der Leitern hält, schaut mitleidig auf Maria Magdalena im flammendroten Kleid, die sich vor Maria zu Boden wirft. Weitere Höhepunkte des Museums sind Luca Signorellis *Annunciazione* (Verkündigung, 1501, entstanden für den Dom) und seine *Madonna* (1491) sowie das Tafelbild *Christus in der Glorie* des Michelangelo-Lehrers Domenico Ghirlandaio für die Benediktiner-Abtei San Giusto (1492, man beachte die Giraffe in der Karawane im Hintergrund).

TOP TIPP

Ebenfalls im Palazzo Minucci beheimatet ist das **Ecomuseo dell'Alabastro** (Mitte März–Okt. tgl. 11–17, Nov.–Mitte März Sa, So, Fei 9–13.30 Uhr), das mit seiner umfangreichen Sammlung die Kunstfertigkeit und Geschichte der Alabasterverarbeitung seit den Etruskern vor Augen führt.

Der **Duomo Santa Maria Assunta** 4 an der Piazza San Giovanni wurde im frühen 12. Jh. errichtet, im 13. Jh. im Stil der Pisaner Romanik umgebaut. Der viereckige **Campanile** ersetzte 1493 einen eingestürzten Vorgänger. Im Inneren fällt zunächst die prächtige *Kassettendecke* von Francesco

*Schon Lucchino Visconti fand Gefallen an dem exquisit ausgestatteten Palazzo Viti in Volterra*

Capriani (nach 1580) ins Auge. Die zweite Querschiffkapelle rechts neben dem Chor hütet ein Stück der mittelalterlichen Ausstattung, das farbig gefasste Holzschnitzwerk einer *Kreuzabnahme* (13. Jh.). Die *Kanzel* im linken Seitenschiff wurde im 17. Jh. aus Reliefs zusammengesetzt, die im 12./13. Jh. in der Werkstatt des Guglielmo Pisano entstanden waren. Sie schildern die ›Opferung Isaaks‹, ›Verkündigung‹, ›Heimsuchung‹ und das ›Letzte Abendmahl‹.

Das oktogonale **Battistero** 5, das dem Dom gegenüber steht, stammt vom Ende des 13. Jh. (Kuppel 16. Jh.). Die mit farbigen Marmorstreifen inkrustierte Front zum Dom hin besitzt ein romanisches *Portal*, dessen Architrav mit Köpfen Christi, Mariens und der Apostel geschmückt ist. Das schöne, mit Reliefs versehene *Taufbecken* im Inneren schuf Andrea Sansovino 1502.

Die in ungewöhnlich harmonischer Geschlossenheit erhaltene **Piazza dei Priori** hinter dem Dom (13. Jh.) war ab dem 9. Jh. Marktplatz und später politisches Zentrum des mittelalterlichen Volterra. Der 1208–54 entstandene zinnengekrönte **Palazzo dei Priori** 6 (Mitte März–Okt. tgl. 10.30–17.30, Nov.–Mitte März Sa, So, Fei 10–17 Uhr) an der Westseite ist das älteste Rathaus der Toskana. Mit seinem festungsartigen Äußeren – die mit wenigen Fenstern geschmückte Fassade wird von Zinnen und einem Turm bekrönt – war er Vorbild für andere toskanische Rathäuser. Sehenswert ist der mit Fresken des 13.–18. Jh. ausgemalte Ratssaal.

*Dramatisch in Szene gesetzt: Rosso Fiorentinos ›Kreuzabnahme‹ (1521) in Volterras Pinacoteca e Museo Civico*

*Einer der besterhaltenen mittelalterlichen Plätze Italiens: Volterras Piazza dei Priori*

Im **Palazzo Pretorio** 7, einem Konglomerat verschiedener Gebäude, mit dem **Turm** der *Podestà* an der Ostseite, regierte bis ins 16. Jh. der Capitano del Popolo, später hatte die Florentiner Verwaltung dort ihren Sitz.

Der **Palazzo Arcivescovile** 8 an der Nordseite des Platzes war einst ein Getreidespeicher, bevor er ab 1472 zur bischöflichen Residenz umgebaut wurde.

Das **Museo Diocesano di Arte Sacra** 9 (Via Roma 13, Tel. 0588 86290, Mitte März–Okt. tgl. 9–13, 15–18, Nov.–Mitte März tgl. 9–13 Uhr) enthält sakrale Kunstwerke aus dem Bistum Volterra des 13.–17. Jh. Wegen seiner ausdrucksstarken Gesichter hervorzuheben ist ein Altargemälde von Rosso Fiorentino, das die *Thronende Madonna mit den beiden Johannes* (1521) zeigt. Höhepunkte der Sammlung sind zudem eine Terrakotta-Büste von Andrea della Robbia, eine Silber-Büste des hl. Octavian von Antonio del Pollaiuolo sowie ein vergoldetes Bronzekruzifix von Giambologna (beide 16. Jh.).

Die Kirche **San Francesco** 10 (errichtet im 14. Jh., umgebaut im 17. Jh.) an der Piazza Marcello Inghirami besitzt einen wertvollen *Freskenzyklus*: Die 1315 angefügte Cappella della Croce di Giorno wurde von Cenni di Francesco 1410 vollständig mit der *Legende vom hl. Kreuz* (vgl. San Francesco in Arezzo, S. 159) und Szenen der Kindheit Christi ausgemalt. Die Fresken sind inspiriert von Agnolo Gaddi, dem Lehrer Cennis, der für die Apsis von Santa Croce in Florenz den gleichen Motivzyklus schuf.

Die **Porta dell'Arco** 11 im Süden ist eines der sehr seltenen erhaltenen Stadttore etruskischer Zeit. Es entstand zwischen dem 4. und 3. Jh. v. Chr., die Wölbung des Bogens wurde wohl im 1. Jh. v. Chr. unter der römischen Besatzung erneuert. Am Tor sieht man noch Reste der insgesamt 6 km langen Kyklopen-Mauern, die von den Etruskern aufgerichtet und im 15. Jh. teilerneuert wurden.

Vor der **Porta Fiorentina** erstrecken sich die Ruinen des antiken **Teatro Romano** 12 (Mitte März–Okt. tgl. 10.30–17.30, Nov.–Mitte März Sa, So, Fei 10–16 Uhr). Es entstand im 1. Jh. n. Chr., Teile der Tribünen und der Bühne sind noch erhalten. Daneben liegen die Ruinen der **Thermen**. Deutlich lassen sich noch die Baderäume (Abkühlraum = *Tepidarium*, Warmwasserbad = *Caldarium* und Kaltwasserbad = *Frigidarium*) unterscheiden.

Die Burg von Volterra, die **Fortezza** 13, liegt am Viale dei Ponti und wird seit langem als Gefängnis genutzt. Die Festung gehört zu den schönsten der Toskana. Lorenzo de' Medici ließ sie nach 1472 um den *Torre Vecchio* aus dem 14. Jh. anlegen.

## Praktische Hinweise

### Information

**Ufficio Turistico**, Piazza dei Priori 20, Volterra, Tel. 058 88 60 50 www.volterratur.it

### Fest

**Volterra A. D. 1398:** Am 3. und 4. So im August entführen Ritter, Gaukler und Marketenderinnen ins Mittelalter.

### Stadtrundgang

Den Spuren der Vampire aus den Büchern Stephenie Meyers folgt 1–2 mal pro Woche die **Passeggiata New Moon**, www.newmoonofficialtour.com.

### Einkaufen

Volterra ist bekannt für die Produktion und Bearbeitung von *Alabaster:* Mehrere Geschäfte in der Altstadt bieten Kreationen aus diesem feinen Material an.

### Hotels

***Villa Nencini**, Borgo Santo Stefano 55, Volterra, Tel. 058 88 63 86, www.villanencini.it. Villa vor den Toren Volterras mit herrlichem Ausblick, Garten und Pool.

***Villa Rioddi**, Strada Provinciale Monte Volterrano (2 km südwestlich vom Zentrum Volterras), Rioddi, Tel. 058 88 80 53, www.hotelvillarioddi.it. Zum Hotel umgebaute Villa aus dem 15. Jh. mit Pool und schönem Blick über Volterras Hügel (Nov.–Mitte März geschl.).

*Edles Kunsthandwerk: Alabaster-Skulpturen aller Art gibt es in Volterra in vielen Läden*

### Restaurant

**Pozzo degli Etruschi**, Via delle Prigioni 28–30, Volterra, Tel. 058 88 06 08, www.ilpozzodeglietruschi.com. Toskanische Küche unter mittelalterlichem Gewölbe im Stadtzentrum (Fr geschl.)

*Tragödie oder Komödie – im Teatro Romano von Volterra war für Unterhaltung gesorgt*

# Massa, Carrara und Provinz – Mekka der Bildhauer

In den Zwillingsstädten **Massa** und **Carrara**, zwischen Mittelmeer und Apuanischen Alpen gelegen, dreht sich das Leben seit über 2000 Jahren um den **Marmor**. Die Kirchen und Kathedralen, Rathäuser und Adelspaläste der Toskana hätten ein anderes Gesicht ohne die gigantischen Steinbrüche, die teils noch heute in Betrieb sind und unbedingt einen Besuch lohnen. Ein Ausflug in die ›Geisterstadt‹ **Luni** rundet die Besichtigung der Provinz ab.

## 24 Massa

*Provinzhauptstadt mit hübscher Altstadt.*

Die 71 000-Einwohner-Stadt Massa liegt zu Füßen der **Apuanischen Alpen**. Diesen Namen verwendete Boccaccio zum ersten Mal, um die *Gebirgskette* zu beschreiben, die sich vom Apennin im Nordosten bis kurz vor Lucca zieht. Sie ist 60 km lang, bis 1945 m hoch und erstreckt sich über eine Fläche von 1000 km². Vor der Kulisse dieses Bergmassivs schmiegt sich Massa an eine Hügelkuppe, an der Küste etwa 6 km entfernt liegt das Seebad *Marina di Massa*.

***Geschichte*** Massa wird 882 n. Chr. erstmals urkundlich erwähnt. Im 11. Jh. war die Siedlung Feudalbesitz der Grafen Obertenghi, die die erste Burg bauten (**Massa Vecchia**). Lange zwischen Pisa und Lucca umkämpft, wurde Massa erst von den Visconti aus Mailand und dann von den Florentinern eingenommen, bis es 1442 gemeinsam mit Carrara unter die Signoria der Grafen Malaspina di Fosdinovo fiel. Ihnen folgten 1553 die Cybo Malaspina, deren berühmtester Herrscher Alberico I. der Große 1568 den Titel Prinz von Massa und Carrara erhielt. 1796 marschierten die **Franzosen** ein, 1806 wurde Massa dem Fürstentum von Lucca unter Napoleons Schwester Elisa Baciocchi-Bonaparte angegliedert. 1859 erfolgte der Anschluss an das Königreich von Sardinien, später ans vereinte Italien. Im Zweiten Weltkrieg stark zerstört, wurde Massa modern wieder aufgebaut.

***Besichtigung*** Aus dem Mittelalter erhalten ist das **Castello Malaspina** (Tel. 058 54 4774, www.istitutovalorizzazione castelli.it, So 14.30–18.30 Uhr), das auf einem Hügel, thront. Seine Ursprünge reichen zurück ins 12. Jh., heute zeigt es sich als Renaissance-Burg. In der schlichten Kirche **San Rocco** am Ausgang der Anlage beten die Gläubigen vor einem *Holzkruzifix*, das dem jungen Michelangelo zugeschrieben wird.

Die Neustadt des 16. und 17. Jh., **Marina di Massa**, wurde in der Ebene, durch die der Frigido fließt, von Alberico I. dem Großen aus dem Haus Cybo angelegt. Herz des als Strandbad beliebten Ortes ist die weiträumige Piazza degli Aranci, die der dreistöckige **Palazzo Cybo Malaspina**, heute Sitz des Gerichtes, beherrscht. Alessandro Bergamini schuf 1701 die rot-weiße, üppig verzierte *Fassade*, Gian Francesco Bergamini hatte 1665 den *Innenhof* mit Loggia gestaltet. Der Platz wird wie einst von Orangenbäumen gesäumt, die ihm den Namen gaben. In seiner Mitte sprudelt ein **Brunnen** mit Obelisk aus dem 19. Jh.

Der **Duomo Santi Pietro e Francesco** in der Via Dante stammt aus dem 14. Jh. und wurde mehrmals umgebaut. Die Fassade mit ihren beiden vorgebauten Loggien entstand 1936 aus Carrara-Marmor, das Innere ist barock. In der letzten Kapelle rechts, der ›Cappella del Santissimo Sacramento‹, sind noch Reste eines *Madonnen-Freskos* (Ende 15. Jh.) von Pinturicchio sowie ein *Madonnen-Triptychon* aus der gleichen Zeit zu erkennen. Die **Krypta** birgt die Grabmäler der Familie Cybo Malaspina.

*Die imposanten Marmorbrüche von Colonnata bei Carrara werden seit der Antike genutzt*

## i Praktische Hinweise

### Information

**APT**, Lungomare Vespucci 24,
Marina di Massa, Tel. 05 85 24 00 63,
www.aptmassacarrara.it

### Einkaufen

Jeweils am ersten Samstag des Monats findet in der Via Bastione ein **Antiquitätenmarkt** statt.

### Restaurant

**La Ruota**, im Dorf Bergiola Maggiore, 5 km nördlich von Massa, Via Brugiana 2, Tel. 05 85 42 03 0. Ein herrlicher Blick auf Stadt und Strand bietet sich von diesem gemütlichen Restaurant aus (außer im Sommer Mo geschl.).

### Thermalbad

5 km nordöstlich von Massa befindet sich der Thermalkurort **San Carlo Terme** (Tel. 05 85 47 70 34). Hier entspringt die *Fonte Aurelia*, mineralreiches Trinkwasser gegen Magen- und Nierenbeschwerden. Saison Mitte Mai bis Mitte Oktober.

# 25 Carrara

*Rohstofflieferant für Genies: Die wohl berühmteste Marmorstadt der Welt mit sehenswertem Dom.*

Schon die Römer ließen bei Carrara von Sklaven Marmor aus den Bergen herausbrechen. Seit etwa 70 v. Chr. handelten sie mit dem wertvollen Kalkstein. Kunstwerke wie die Trajans-Säule in Rom und der Apoll von Belvedere im Vatikanischen Museum wurden aus Carrara-Marmor geschlagen. Zum ersten Mal urkundlich erwähnt wurde die Stadt im Jahre 963, als der deutsche Kaiser Otto I. sie den Bischöfen von Luni vermachte. Später wurde Carrara von den Pisanern eingenommen, die die Marmorbrüche, die zwischenzeitlich stillgelegen hatten, wieder aktivierten. Nach 1322 wurde Carrara von Lucca, Genua und Mailand erobert, bis es 1442 gemeinsam mit Massa von den Marchesi Malaspina di Fosdinovo eingenommen wurde, denen 1553 die Cybo Malaspina folgten. Von nun an verlief die Geschichte parallel zu derjenigen ihrer Schwesterstadt. Heute ist Carrara mit seinen 66 000

## Marmor: Das ›weiße Gold‹ der Bildhauer

Pietrasanta, 18. April 1518
»Die Boote, die ich in Pisa mietete, sind nicht angekommen. Ich glaube, dass ich wohl angeführt worden bin, und so geht es mir in allen Dingen. Oh, tausendmal verflucht der Tag und die Stunde, an dem ich von Carrara wegging! Dies ist die Ursache meines Untergangs; aber bald werde ich dorthin zurückkehren.«

Michelangelo Buonarroti in einem Brief an seinen Bruder in Florenz

Wer die geschäftige Industrie- und Handelsstadt Carrara heute betrachtet, wird sich fragen, warum Michelangelo Buonarroti, dem doch die Salons des Papstes in Rom und der Herrscher von Florenz offen standen, sich ausgerechnet nach Carrara sehnte.

Die Antwort liegt am Horizont. Bei klarem Himmel sieht man noch heute, was der Bildhauer Michelangelo 1518 von Carrara aus gesehen haben musste: Was dort oben in den Apuanischen Alpen wie Schnee in der Sonne glitzert, ist Marmor. Es ist mehr als nur ein Stein, es ist das Elixir, das einzig mögliche Material der Bildhauer der Renaissance, um ihre Meisterschaft auszudrücken: für Michelangelos ›David‹ in Florenz ebenso wie für Nicola Pisanos Kanzeln oder die ›Ilaria‹ in Lucca.

Wenn es in der Kunstgeschichte der Toskana einen Ort gibt, der allen anderen Städten der Region seinen ›Stempel‹ aufdrückte, einen Platz, den alle Baumeister und Bildhauer verehrten, dann ist es das Gebiet von Massa und Carrara mit seinen Marmorbrüchen, die schon in der Antike bekannt waren. Michelangelo liebte die Marmorbrüche, in denen er hart geschuftet hat, um Blöcke aus »reinstem Statuario« zu suchen, aus denen er seine Kunstwerke schaffen wollte. Wie schwierig diese Aufgabe war, lässt sich aus einem Brief ablesen, den er am 2. Mai 1517 schrieb. »Ich habe viele Marmorblöcke in Auftrag gegeben und da und dort Geld gezahlt und an verschiedenen Stellen zu brechen begonnen. Doch an manchem Ort, wo ich Geld ausgegeben habe, sind die Marmorblöcke nicht nach meinem Sinn ausgefallen, denn es ist eine trügerische Sache mit ihnen und am meisten mit diesen großen Blöcken, wie ich sie brauche, und weil ich will, dass sie so schön sind, wie ich sie gern habe.«

Heute sind noch etwa **300 Marmorbrüche** rund um Carrara in Betrieb, etwa 1000 wurden bereits stillgelegt. Michelangelo ließ den Marmor noch in Handarbeit brechen und auf eingeseiften Holzschienen transportieren. Heute werden eine Million Tonnen Marmor pro Jahr mit elektrischen **Spiraldrahtsägen** aus dem Berg herausgeschnitten und mit Lastwagen nach Carrara gebracht.

Die edelste der Marmorsorten ist der ›**Statuario**‹, der besonders reine, weiße Marmor mit der feinen Blässe aus dem Monte Altissimo, dem höchsten Berg der Apuanischen Alpen. Die häufigsten anderen Marmorsorten sind der weiße ›Bianco Chiaro Ordinario‹, der cremefarbene ›Bianco Porcellano‹ und ›Il Bardiglio‹, der hellgraublaue Marmor. ›Il Paonazzo‹ ist gelb mit schwarzen oder violetten Flecken, ›Il Fior di Pesco‹ pfirsichfarben, ›Il Cipollino Apuano‹ grünlich, ›La Breccia Medicea‹ orange.

Einwohnern eine vorwiegend von Handel und Industrie geprägte Stadt.

Das wichtigste Bauwerk Carraras ist der **Duomo Santa Andrea** mit zweifarbiger *Marmorfassade* aus dem 11.–14. Jh., die sich im Untergeschoss am romanisch-pisanischen Stil orientiert, im Obergeschoss mit Zwerchgalerie (Arkadengang unter dem Dachansatz) und zentraler Fensterrose zu frühgotischen Formen übergeht. Wunderschön ist das *Hauptportal* aus dem 11./12. Jh.: Auf dem Türsturz und in der Lünettenrahmung erkennt man Tiere und Blattornamente nach lombardischer Art, einen zweiten Architrav darüber verziert ein Blattwerk-Relief. Das schlichtere *Seitenportal* (12. Jh.) besticht durch eine Lünettenrahmung mit plastischen Akanthus-Verzierungen. Auch die *Säulenkapitelle* im dreischiffigen Inneren zeigen bemerkenswerte Tier- und Jagddarstellungen. Von der reichen Ausstattung sind besonders sehenswert: Das *Grabmal des hl. Ceccardo* (Bischof von Luni) aus dem 15. Jh. und eine *Verkündigungsgruppe* aus dem 14. Jh. im rechten Seitenschiff. Die kostbare *Kanzel* aus vielfarbigem Marmor ist ein Werk von Domenico del Sarto und Maestro Nicodemi (16. Jh.).

Das angrenzende **Battistero** ist mit einem hektagonalen *Taufbecken* ausgestattet (1527), das aus einem einzigen Marmorblock geschlagen wurde.

Auf dem Platz rechts vom Dom steht ein außergewöhnlicher **Brunnen**: Baccio Bandinelli stellte den Admiral Andrea Doria in der Gestalt des Meeresgottes Neptun dar (16. Jh., unvollendet).

Die *Piazza Alberica*, auf die man durch die Via Ghibellina gelangt, wird von Barockpalästen eingerahmt. In der Via Roma 1 befindet sich der im 16. Jh. über eine mittelalterliche Burg gebaute **Palazzo Cybo Malaspina** (Besichtigung mit Führung, Tel. 058 57 16 58), heute Sitz der *Accademia di Belle Arti* mit Pinakothek, Gipsothek und Bildhauerschule. Im Hof ist ein *römischer Altar* aus dem Marmorbruch Fantiscritti ausgestellt. Berühmte Besucher wie Giambologna (1598) und Canova (1800) ritzten ihre Namen in den Stein.

Die größten **Marmorbrüche** sind die seit der Antike genutzten *Cave di Colonnata* auf 532 m Höhe, rund 8,5 km von Carrara entfernt. Man erreicht das Dorf **Colonnata**, indem man Carrara im Osten auf der Via Codena verlässt und dann über Bedizzano am Canale di Colonnata entlangfährt. Der weitere Weg ist ausgeschildert. Marmorbergleute sind auch noch tätig rund um die *Cave di Fantiscritti* auf 450 m Höhe etwa 4 km vor Carrara. Über die Via Colonnata, die am Fluss Carrione entlangführt, gelangt man zu diesem berühmten Marmorbruch. Auch dieser Weg ist ausgeschildert.

Ruinen des *römischen Amphitheaters*, das 6000 Zuschauern Platz bot, sowie Reste des Forums und zweier Tempel kann man in **Luni** (Via Aurelia Richtung Norden bis Piazza Grande, dort links abbiegen) besichtigen. Die 177 v. Chr. gegründete römische Kolonie war vom 5. Jh. bis 1204 Bischofssitz, danach wurde die Kurie nach Sarzana verlegt und die Stadt verfiel. Das *Museo Archeologico* (Di–So 9–19 Uhr) dokumentiert die Geschichte Lunis anhand von Keramik-, Schmuck- und Waffenfunden.

## i Praktische Hinweise

### Information

**Ufficio Informazioni**, Viale XX. Settembre, Carrara, Loc. Stadio, Tel. 05 85 84 41 36, www.aptmassacarrara.it

### Restaurant

**Il Purtunzin d'Ninan**, Via Lorenzo Bartolini 3. Carrara, Tel. 058 57 47 41. Exzellentes Fischrestaurant mit gutem Preis-Leistungs-Verhältnis (Mo geschl.).

*Feine Ornamentik und expressive Skulpturen zieren die Fassade des Doms von Carrara*

# Lucca und Provinz – Kleinod der Renaissance

Lucca braucht sich mit seinem prächtigen Dom San Martino, den schönen Stadttürmen und großartigen Museen vor den anderen Provinzhauptstädten der Toskana nicht zu verstecken. Neben der Besichtigung der zahlreichen Kunstschätze in der ummauerten Stadt sind Ausflüge in die **Patriziervillen** der Umgebung und nach Torre del Lago zum ›Puccini‹-Haus am Massaciuccoli-See empfehlenswert, aber auch Wanderungen in die fruchtbare **Garfagnana** oder Badeausflüge zu den beliebten feinen **Sandstränden** der Versilia.

## 26 Lucca

*Verträumtes Kleinod hinter Mauern.*

Es liegt an der **Mauer**; es liegt daran, dass man die Stadt betritt, indem man eines der **Tore** durchschreitet wie seit Jahrhunderten alle Besucher, dass man meint, Lucca erschließe sich wie ein offenes Buch. Die Mauer scheint die Moderne auszusperren. Dem Besucher präsentiert sich eine **mittelalterliche Stadt**, die sich in ein **Renaissance-Kleinod** umzugestalten wusste. Eine Reise zurück in die Zeit ist in Lucca leicht. Die Stadt ist genau so, wie man sich eine toskanische Stadt eigentlich immer vorstellte, jedoch erscheint sie zunächst eher unspektakulär, gemessen an dem nur 25 km entfernten Pisa mit dem ›Platz der Wunder‹.

Gleichwohl hat auch Lucca seine Wunder. Einem von ihnen begegnet man im Dom der Stadt. Er birgt ihren bedeutendsten Kirchenschatz, das Holzkreuz **Volto Santo**, das im Mittelalter die Darstellungen des Gekreuzigten in ganz Europa beeinflusste. Doch Ende des 19. Jh. wusste im restlichen Europa niemand mehr, wo das Original der überall verehrten gekreuzigten Jungfrau aufbewahrt wurde, und Lucca gelangte nicht – wie andere Städte – als Hort einer wundertätigen Reliquie zu Ruhm – es blieb ein geruhsames Pflaster. Auch heute noch genießt die Stadt mit ihren ruhigen Gassen und einladenden Straßencafés eher den Ruf eines Ortes, der zum Ausruhen und zum Genuss toskanischer Lebensart einlädt, als den einer historischen Stätte. So zurückhaltend, wie sie mit ihrem kunsthisorischen Reichtum umgeht, so wenigt trägt Lucca auch ihren beachtlichen materiellen Wohlstand zur Schau,

*Von der Aussichtsplattform des Torre Guinigi liegt einem ganz Lucca zu Füßen*

den vor allem Papierfabriken und Textilindustrie erwirtschaften. Die Stadt ist für die Produktion edler Stoffe wie *Seide* bekannt. Dazu erzeugt die Provinz das meiste und – wie viele meinen – auch das beste *Olivenöl* der Toskana.

***Geschichte*** ›Luk‹ ist ein keltisch-ligurisches Wort und heißt **Sumpfland**. Es verweist auf Luccas Ursprung als ligurische Siedlung, die im 5. Jh. v. Chr. von den **Etruskern** erobert und später römische Kolonie wurde. Im Jahr 89 v. Chr. bekam Lucca von Rom das Municipialrecht, konnte sich also selbst verwalten. Die runde Form der heutigen Piazza dell' Anfiteatro weist noch auf diese Zeit hin: Hier stand einst ein römisches Amphitheater. Auch unter der Herrschaft der **Goten** blieb Lucca ein wichtiges Handelszentrum, die **Langobarden** wählten die Stadt zur Hauptstadt Tuscias. Genau wie Pisa nahm Lucca am ersten Kreuzzug teil und erklärte sich 1119 zur Freien Stadt. Unter dem Söldnerführer Castruccio Castracane galten ihre Truppen als die stärksten der Toskana. Am 13. September 1325 errangen sie einen glänzenden Sieg über die Florentiner Streitmacht und hatten die Chance., die große Rivalin Florenz zu unterwerfen. Doch nach dem Tod Castracanes wurde Lucca von **Parma** erobert, später von **Pisa**. Erst 1369 erkämpften die Bürger ihre Freiheit zurück und erklärten ihre Stadt zur Republik. Von 1400 bis 1430 regierte Paolo Guinigi. Seine junge Braut Ilaria ist im Dom verewigt.

Lucca verteidigte seine Unabhängigkeit bis 1799, als die **Österreicher** einfielen. Napoleon machte 1805 aus dem hübschen Städtchen ein **Fürstentum** für seine Schwester Elisa Baciocchi. 1817 fiel Lucca unter die Herrschaft der Bourbonen von Parma. 1847 vereinigte sich die Stadt mit dem Großherzogtum Toskana und wurde 1860 Mitglied des Königreiches Italien. 1858 wurde *Giacomo Puccini* in Lucca geboren. Heute hat die Provinzhauptstadt 84 000 Einwohner.

## Südliche Altstadt

Zum Schutz gegen Feinde wurde im 16. Jh. die von den Römern gebaute **Stadtmauer** verstärkt: In hundert Jahren Bauzeit ent-

stand die 4,2 km lange Mauer, die noch heute den Stadtkern umgibt. Das Bollwerk mit 126 Kanonen wurde allerdings nie gebraucht. Die Stadtmauer erwies sich auch als nützlich zum Schutz gegen Überschwemmungen des Flusses Serchio. 1812 etwa stieg das Wasser so hoch, dass Lucca beinahe untergegangen wäre. Doch dank des ›Deiches‹ blieb die Innenstadt trocken. Ende des 19. Jh. wurde die Mauer bepflanzt: Die 4 km lange, romantische **Allee** rund um die Stadt kann auch mit dem Fahrrad befahren werden (Verleih zum Beispiel an der Porta Santa Maria).

Der größte Teil der Altstadt ist Fußgängerzone, auch die *Piazza Napoleone*, die sich als Startpunkt anbietet. An ihrem westlichen Rand erhebt sich der mächtige, 1578–1820 entstandene **Palazzo Ducale Quartieri Monumentali** 1 (Tel. 0583 4171, Mo–Fr 9–13 Uhr). An dieser Stelle hatte bereits Castruccio Castracane ab 1322 seine *Fortezza Augusta* errichten lassen, die Luccheser Patrizier später als Steinbruch verwendeten. Der Festung folgte nach 1400 der Palast des Paolo Guinigi, den 1576 eine Explosion des Pulvermagazins zerstörte. Den heutigen Bau entwarf *Bartolomeo Ammanati*, dessen monumentales Architekturverständnis sich auch innen z. B. in der Sala degli Staffieri oder in der Loggia zeigt. Ab 1805 residierte Napoleons Schwester Elisa Baciocchi in dem Palast. Aus dieser Zeit stammt ein Großteil der Innenausstattung und der glorifizierenden Wandmalereien.

Im Südosten schließt sich die *Piazza del Giglio* mit dem klassizistischen **Teatro del Giglio** 2 (Tel. 0583 46 531, www.teatrodelgiglio.it) an, das 1672 auf den Grundmauern eines Klosters entstand. Mit seinen 750 Plätzen und modernster Bühnentechnik zählt es heute zu den besten Theater- und Opernhäusern der Toskana.

Von hier aus erreicht man über die Via del Duomo die Chiesa **San Giovanni** 3

(Piazza San Giovanni, Tel. 0583490530, www.museocattedralelucca.it, März–Okt. tgl. 10–18 Uhr, Nov.–Febr. Sa–So 10–17 Uhr) mit einem herrlichen romanischen Portal aus dem 12. Jh. – innen wurde die Kirche im 17. Jh. umgebaut –, dann folgt der Domplatz, *Piazza San Martino*.

Der **Duomo San Martino** ④ (Mitte März–Okt. Mo–Fr 9.30–17.45, Sa 9.30–18.45, So 9.30–10.45 und 12–18 Uhr, Nov.–Mitte März Mo–Fr 9.30–16.45, Sa 9.30–18.45, So 9.30–10.45 und 12–17 Uhr) soll im 6. Jh. vom hl. Frediano gegründet worden sein. Unter den Franken wurde das Gotteshaus dem hl. Martin geweiht. Auf Wunsch des damaligen Bischofs Anselmo da Baggio, der später als Papst Alexander II. in die Geschichte einging, wurde es im 11. und 12. Jh. romanisch umgebaut, ab 1372 an den Seitenwänden (Scheinemporen, Wandaufriss) gotisch erneuert.

Der älteste noch erhaltene Teil des Domes ist die reich ornamentierte, vierzonige *Fassade* (1204), die vermutlich von dem Baumeister Guidetto da Como stammt, der sich an der Bauweise der Pisaner Domschule orientierte. Über den kräftigen Arkaden der Vorhalle schwingen sich drei Loggiengeschosse auf, welche die überbordende Dekorationslust der Epoche darbieten: Zwischen Säulchen, Bögen, Zwickeln und Gesimsen entfaltet sich Blatt- und Blütenwerk, in dem sich Tiere und Fabelwesen tummeln. Die Reitergruppe (13. Jh., Original im Dom) auf dem Postament etwas weiter unten zeigt den hl. Martin mit dem Bettler bei der Mantelteilung, eines der ersten Reiterstandbilder seit der Antike.

Die Ausschmückung der gewaltigen Vorhalle (1233–57) mit ihren drei Portalen zählt zu den Hauptwerken der romanischen Bildhauerei: Das rechte Portal schildert im Tympanon die *Enthauptung des hl. Regulus*, im Türsturz die *Disputation des hl. Martin mit den Arianern*. Das Tympanon des mittleren Portals füllt ein *Christus in der Mandorla*, im Türsturz erkennt man *Maria und Apostel*. Von Nicola Pisano stammen im linken Portal sowohl die *Kreuzabnahme* im Tympanon als auch die Szenen *Verkündigung*, *Christi Geburt* und *Anbetung der Könige* im Türsturz. Zwischen den Portalen sieht man vier Szenen aus dem Leben des hl. Martin und eine Darstellung der zwölf Monate.

Das gotische **Innere** des Doms zeigt eine dreischiffige Anlage mit einem doppelschiffigen Querhaus und zweizonigem Wandaufbau im Langhaus: Rundbogige Arkaden ruhen auf Pfeilern mit vorgelegten Pilastern, darüber erkennt man Scheinemporen. Gleich am Eingang rechts erhebt sich das Original der *Reitergruppe* [s.o.], die ursprünglich an der Außenfassade angebracht war. Im linken Querschiff, nahe am Seitenausgang, befindet sich eines der ersten Grabmäler der Frührenaissance, das berühmte **Grabmal der Ilaria del Caretto** von 1408, der zweiten Frau des lucchesischen Adligen Paolo Guinigi. Ilaria starb im Jahr 1405 erst 19-jährig im Kindbett. Der Bildhauer *Jacopo della Quercia* arbeitete mit feinstem Carrara-Marmor. Das Porträt ist ungewöhnlich realistisch: Ilaria, in der Mode ihrer Zeit gekleidet, scheint zu schlafen, ihr weiblicher Körper zeichnet sich deutlich unter dem Gewand ab, ein kleiner Hund – laut Vasari ein Zeichen ehelicher Treue – wacht zu ihren Füßen. Auf der Schauseite spielen Putten mit einer Blumengirlande.

In der Mitte des linken Seitenschiffs ist der achteckige **Tempietto del Volto Santo** von Matteo Civitali (1484) zu sehen, in dem das berühmte *Holzkruzifix* Volto Santo aufbewahrt wird, das wohl aus dem 11. Jh. stammt. Der Legende nach allerdings soll diese hölzerne Christusstatue im 8. Jh. in einem unbemannten Boot an den Strand von Luni und von dort in einem führerlosen Ochsenkarren nach Lucca gelangt sein, wo sie schon bald als ›Heiliges Antlitz‹ verehrt und – auf lucchesischen Münzen geprägt – auch im Ausland bekannt wurde. Die Gläubigen waren davon überzeugt, dass die Statue vom hl. Nikodemus, dem Mann, der Christus mit Joseph von Arimathia ins Grab niederlegte, aus einer Libanonzeder gefertigt worden sei.

Der Christus des Volto Santo mit den Mandelaugen trägt eine beinahe bodenlange Tunika. Aufgrund dieses langen Gewandes und des schmalen, zarten Gesichtes wurde die Figur vielfach auch als Abbild eines gekreuzigten, jungen Mädchens gedeutet. Der Bart soll der Jungfrau – dieser Legende zufolge – gewachsen sein, als sie sich standhaft weigerte, einer unliebsamen Heirat zuzustimmen – dafür musste sie am Kreuz büßen.

Civitali, der Erbauer des Tempietto, schuf auch die beiden *Weihwasserbecken* am Eingang des Domes sowie die **Kanzel** vor der Sakristei. Der Fußboden des Mittelschiffes schildert mit Marmorintarsien aus dem 15. Jh. das *Urteil Salomons*. Aus der reichen Ausstattung des Domes seien noch die schöne *Madonna mit Heiligen* von Domenico Ghirlandaio in der **Sakristei** (2. Hälfte 15. Jh.) sowie *Das letzte Abendmahl* (1590/91) des venezianischen Malers Jacopo Robusti, genannt Tintoretto, am dritten Altar rechts erwähnt.

### Im Zentrum der Altstadt

Ebenso eindrucksvoll wie am Dom wirkt die Fassadengestaltung von **San Michele in Foro** 5 (Piazza San Michele, Juni–Sept. tgl. 9–12, 15–18, Okt.–Mai bis 17 Uhr). Die Kirche ist eines der besterhaltenen und prächtigsten romanischen Monumente der Toskana. Im 14. und 15. Jh. nutzte sie der Bürgerrat für Versammlungen. An Stelle des antiken Forumstempels war im 8. Jh. eine erste Kirche gegründet worden. Der Neubau entstand zwischen 1027

und 1200. Die von einem kolossalen Erzengel gekrönte marmorinkrustierte **Fassade** mit ihrer vierstöckigen Loggia auf eleganten, verzierten Säulchen wird wie die Fassade des Domes *Guidetto da Como* zugeschrieben. Aber im Vergleich zu dieser ist die Dekoration hier reicher und verspielter. Die Strahlenkranzmadonna am rechten Eckpfeiler fügte Matteo Civitali im späten 15. Jh. hinzu.

Das dreischiffige **Innere** der Kirche präsentiert sich heute wieder schlicht, die barocken Zutaten wurden (bis auf die Seitenaltäre) entfernt. Die erst 1512 eingezogenen Gewölbe blieben jedoch erhalten. Ursprünglich war die Basilika noch höher und flach gedeckt. Der auffälligste Ausstattungsschatz ist das hölzerne, flach modellierte *Triumphkreuz* eines einheimischen Künstlers (um 1230) am Hauptaltar. Wunderschön ist auch die Altartafel in brillanten Farben von *Filippino Lippi* an der Wand des rechten Querhauses: *Die Heiligen Rochus, Sebastian, Hieronymus und Helena* (um 1480).

Den Platz vor der Kirche San Michele rahmen restaurierte *Kaufmannshäuser* des 12. und 13. Jh. ein. Auf der Südseite er-

**Links:** *Elegante Loggiengeschosse mit Säulen voller Blatt-, Blüten- und Tierornamente zieren die Fassade des Doms San Martino*

**Oben:** *Das hölzerne Kruzifix ›Volto Santo‹ im Dom ist der bedeutendste Schatz Luccas*

**Mitte:** *Grabmal der 19-jährig verstorbenen Ilaria del Caretto im Duomo San Martino*

hebt sich der **Palazzo Pretorio** 6, der im 15. und 16. Jh. als Sitz der Ratsversammlung von der Luccheser Künstlerfamilie *Civitali* errichtet wurde.

An einem kleinen Platz nahe der Via di Poggio, die im Westen von der Piazza San Michele abzweigt, liegt die **Casa Natale di Giacomo Puccini** 7 (Corte San Lorenzo 9, Tel. 05 83 58 40 28, www.fondazione giacomopuccini.it, April–Okt. Mi–Mo 10–18, Nov.–März Mi–Mo 11–17 Uhr) aus dem 15. Jh. Das Geburtshaus des berühmten Komponisten (1858–1924), der mit Opern wie La Bohème, Tosca oder Madama Butterfly schon zu Lebzeiten weltweit Begeisterung auslöste, fungiert heute als Museum seiner Jugendjahre.

Im Osten der Piazza San Michele in Foro führt die Via Roma auf die **Via Fillungo**, die wichtigste *Einkaufsstraße* mit wunderschönen alten Ladenfassaden.

Wenn man nach links abbiegt, sieht man rechts die Kirche **San Cristoforo** 8, erbaut von der Zunft der Tuchhändler (an der Fassade erkennt man Maßeinheiten), etwas weiter links (Hausnr. 43) einen ausgebauten Wohnturm des 13. Jh., die **Casa Barletti-Baroni**. Gegenüber steht der Uhrenturm aus dem 13. Jh., **Torre delle Ore** (Via Fillungo, Tel. 05 83 31 68 46, März–Mai 9.30–18.30 Juni–Sept. tgl. 9.30–19.30, Okt.–Febr. tgl. 9.30–16.30 Uhr), von dem aus den Bürgern Luccas bis 1457 die Stunde geschlagen wurde. 130 Türme zählte Lucca im Mittelalter.

Den schönsten noch erhaltenen Turm erreicht man, wenn man rechts in die Via S. Andrea einbiegt und bis zur *Via Guinigi* geht: An dieser Ecke befinden sich die **Case Guinigi** 9, mehrere *Palazzi* und *Torri* der vornehmen Familie Guinigi, die im 14./15. Jh. das Stadtviertel beherrschte. Auf der **Torre Guinigi** (Tel. 05 83 31 68 46, Juni–Sept. tgl. 9.30–19.30, Okt. tgl. 9.30–17.30, Nov.–Mai tgl. 9.30–16.30 Uhr) wachsen seit dem 15. Jh. Steineichen. 227 Stufen führen zur obersten Aussichtsterrasse und zum schönsten Blick auf die Stadt.

## Nördliche Altstadt

Von der Via Guinigi aus geht man nur noch hundert Meter links bis zur romantischen **Piazza dell'Anfiteatro** 10: An dieser Stelle lag das *Römische Amphitheater* aus dem 2. Jh. n. Chr., dessen Struktur der Architekt *Lorenzo Nottolini* 1830 freilegte. Er ließ jene Häuser an der Piazza, die auf den Fundamenten des römischen Amphitheaters erbaut wurden, stehen, die anderen, die

TOP TIPP

*Vom römischen Amphitheater zum Marktplatz – die ovale Piazza dell'Anfiteatro von Lucca ist wegen ihrer Geschäfte unter den Arkaden auch als Piazza del Mercato bekannt*

im Inneren des Platzes errichtet waren, riss er ab und ahmte so die ovale Form des Theaters nach. Reste der römischen Anlage lassen sich noch erkennen. Cafés, Restaurants und kleine Geschäfte haben sich unter den eleganten Arkaden der Bürgerpaläste rund um den Platz niedergelassen und ihm den Zweitnamen Piazza del Mercato eingebracht.

Die Kirche **San Frediano** ⑪ (Juni–Sept. tgl. 9–12, 15–18, Okt.–Mai bis 17 Uhr) nahe der Piazza entstand 1105–47, diverse Umbauten erfolgten bis ins 15. Jh. Die schlichte Fassade, die sich vom pisanischen Stil distanziert, wurde 1230 mit einem **Mosaik** im byzantinischen Stil verziert (im 19. Jh. stark restauriert), das die *Himmelfahrt Christi* darstellt: ein Fassadenelement, das ansonsten in der Toskana nur an San Miniato al Monte in Florenz zu finden ist.

Das dreischiffige Innere mit hohem offenen Dachstuhl wirkt überaus monumental und durch die großen offenen Seitenkapellen beinahe fünfschiffig. Sehr schön sind die antiken und antikisierenden *Komposit-Kapitelle*. An dem schönen romanischen *Taufbecken* in der ersten Seitenschiffkapelle rechts arbeiteten verschiedene Künstler des 12. Jh. Was die Reliefs im Einzelnen darstellen, ist nicht überliefert, viele Kunsthistoriker zweifeln heute an der Interpretation, dass es sich um das Leben Moses handele. Die vierte Kapelle des linken Seitenschiffs, die **Cappella Trenta** (benannt nach dem Stifter Lorenzo Trenta), birgt ein 1422 signiertes, gotisches *Madonnen-Retabel* von Jacopo della Quercia. Unter dem Altartisch steht ein römischer *Sarkophag*, der die Gebeine des 720 in Lucca verstorbenen Rompilgers Richard enthält: angelsächsischer König und Vater der drei Heiligen Willibald, Winnibald und Walburga. Die zweite Kapelle des linken Seitenschiffs ist die des heiligen Augustinus. Hier sind *Fresken* von Amico Aspertini (1508/09) zu sehen,

*Das prächtige Mosaik der ›Himmelfahrt Christi‹ ist ein reizvoller Blickfang an der Fassade der Kirche San Frediano*

*Skulpturen und romantisches Beiwerk schmücken den Garten des Palazzo Pfanner-Controni*

die den Transport des Volto Santo von Luni nach Lucca zeigen.

Einen interessanten Besuch verspricht der **Palazzo Pfanner** ⑫ (Via degli Asili 33, Tel. 05 83 95 40 29, www.palazzopfanner.it, April–Okt. tgl. 10–18 Uhr) ein prächtiger Bau aus dem 17. Jh. mit Prunktreppe auf Pilastern und Säulen sowie einem verwunschenen Garten mit achteckigem Wasserbecken und kleiner Zitronenplantage. Das erste Stockwerk ist als **Museum** hergerichtet. Es sind u. a. mittelalterliche Fresken, verschiedene Salons und auch die alte Palastküche zu besichtigen.

Auf der Piazza vor dem Palazzo Pfanner steht die kleine Klosterkirche **Sant' Agostino** (14. Jh.), an deren Stelle sich einst das *griechische Theater* von Lucca befand. Zwei Arkaden des antiken Bühnenbaus sind heute im Untergeschoss des Turmes zu erkennen.

Eine bedeutende Gemäldesammlung befindet sich im **Museo Nazionale di Palazzo Mansi e Pinacoteca** ⑬ (Via Galli Tassi 43, Tel. 0583 55 570, Di–Sa 8.30–19.30 Uhr) im Westen der Altstadt. Der außen schlichte Palast wurde innen im 18. Jh. überaus prunkvoll ausgestattet: Der *Ballsaal* und das *Brautgemach* im Rokokostil gehören zu den schönsten ihrer Art in der Toskana. Im Museum sind römische und prähistorische Fundstücke zu sehen. Die Pinakothek stellt Bilder von Palma Il Giovane, Guido Reni, Domenico Beccafumi, Pontormo, Justus Sustermans, Andrea del Sarto u. a. aus. Interessant sind das *Selbstporträt* von Federico Zuccari und ein Bild, das die Befreiung eines Sklaven durch den hl. Markus zeigt: Es handelt sich um die Kopie eines berühmten Werkes von Tintoretto.

Der zeitgenössischen Kunst widmet sich im Palazzo Boccella aus der Renaissance (16. Jh.) das **Lu.C.C.A. – Lucca Center of Contemporary Art** ⑭ (Via della Fratta 36, Tel. 05 83 57 17 12, www.luccamuseum.com, Di–Sa 10–19, So 11–20 Uhr). Acht Säle im ersten und zweiten Stock zeigen Wechselausstellungen. Im Erdgeschoss ist ein Raum fest für Videokunst eingerichtet.

Ein einzigartiges Erlebnis verspricht der Besuch des **Museo Nazionale di Villa Guinigi** ⑮ (Via della Quarquonia, Tel. 05 83 49 60 33, Di–Sa 8.30–19.30 Uhr). In der herrlichen Villa mit Front- und Gartenloggia, ab 1418–20 als (damals vor den Mauern Luccas gelegener) Sommerpalast für Paolo Guinigi errichtet, wurde ein ausgezeichnetes Museum eingerichtet. In der Nordloggia befinden sich Säulen der Fassade von San Michele in Foro, den

Garten schmückt eine Vielzahl von Skulpturen, im Erdgeschoss sind römische Fragmente, etruskische Grabfunde und Plastiken des 12.–16. Jh. zu sehen, im Obergeschoss ist eine *Pinakothek* mit Gemälden des 12.–19. Jh. zu besichtigen.

## Praktische Hinweise

### Information

**APT**, Piazza Santa Maria 35, Lucca, Tel. 05 83 91 99 31, www.luccaturismo.it

### Parken

Die Altstadt ist als Zona Traffico Limitato für Besucherautos gesperrt. Große Parkplätze direkt am Circonvallazione, der Ringstraße um die Stadtmauer: **Viale Carducci** und **Via delle Tagliate** (Park Palatucci), beide mit Fahrradverleih.

### Fest

**Luminara di Santa Croce** am 13. September: abendliche Prozession im Kerzenschein durch die Altstadtstraßen.

### Einkaufen

An jedem dritten Wochenende im Monat **Antiquitätenmarkt** um die Piazza San Giusto und die Piazza San Giovanni.

**Juwelier Carli**, Via Fillungo 95, Lucca. Ältester Juwelier der Stadt, bekannt für seine antiken Schmuckstücke.

**La Bottega di Mamma Rò**, Piazza dell'Anfiteatro 5, Lucca, Tel. 05 83 57 86 98, www.mammaro.com. Originelle Keramik.

### Hotels

**La Romea**, Vicolo delle Ventaglie 2, Lucca, Tel. 05 83 46 41 75, www.laromea.com. Fünf schöne Zimmer im ersten Stock eines antiken Palazzo (Bed & Breakfast).

TOP TIPP ****Alla Corte degli Angeli**, Via degli Angeli 23, Lucca, Tel. 05 83 46 92 04, www.allacorte degliangeli.com. Kleines Hotelparadies im Herzen der Altstadt: zehn individuell und stilvoll gestaltete Zimmer, eine Suite.

*****Villa Casanova**, Via di Casanova 1600, Loc. Balbano, Nozzano, Tel. 05 83 36 90 00, www.albergo casanova.com Wenn man von Lucca in Richtung Viareggio (Staatsstraße 439) fährt und nach etwa 4 km gleich hinter der kleinen Brücke links abbiegt, erreicht man nach etwa 10 km diese Villa aus dem 18. Jh. mit 14 Luxus-Suiten, schöner Aussicht, Tennisplatz und Schwimmbad.

### Restaurants

**Buca di Sant'Antonio**, Via della Cervia 3, Lucca, Tel. 058 35 58 81, www.bucadisant antonio.com. In der traditionsreichen Osteria stehen rustikale Spezialitäten wie *Minestra di farro e fagioli* (Zweikorn-Bohnensuppe) oder *Capretto Garfagna-*

*Originales und Originelles findet sich auf dem beliebten Antiquitätenmarkt von Lucca*

*Eine Saison für sich erlebt Viareggio zum Karneval, der wegen seiner üppig geschmückten Wagen weithin berühmt ist*

*no* (Zicklein der Garfagna am Spieß) auf der Speisekarte. Weintipp: Weißwein *Greco delle Colline Lucchese* (So abend und Mo geschl.).

TOP TIPP **Villa Bongi**, Via di Cocombola 640, Montuolo/Lucca, Tel. 05 83 51 04 79, www.villabongi.it. Man fährt von Lucca etwa 4 km in Richtung Viareggio (Straße 439) und biegt am Wegweiser vor der kleinen Brücke nach links ab. Die einsam gelegene Villa aus dem 17. Jh. mit ihrem herrlichen Garten und einer wunderbaren Aussicht ist an sich schon einen Ausflug wert. Außerdem kann man hier gut zu Abend und sonntag auch zu Mittag essen (Mo geschl.).

### Eissalon

**Gelateria Santini**, Piazza Cittadella, Lucca, Tel. 058 35 52 95. Seit 1916 gibt es hier Eiscreme in höchster Vollendung und in knapp 30 Geschmacksrichtungen (im Winter Mo geschl.).

## 27 La Versilia

*Die Copacabana der Toskana: Karneval und Sommerfrische.*

Die 40 km lange Küste zwischen Carrara und der Mündung des Flusses Serchio wird La Versilia genannt. Vor den Apuanischen Alpen erstreckt sich eine Ebene, die mit breiten Sandstränden auf das Meer trifft. Die Region wurde erst Ende des 18. Jh. bebaut, ist heute dicht besiedelt und im Sommer die Badeanstalt der nördlichen Toskana. Die Ferienorte wie *Torre del Lago, Viareggio, Lido di Camaiore, Focette, Marina di Pietrasanta* oder das besonders elegante *Forte dei Marmi* gehen fließend ineinander über.

### Viareggio

Das wichtigste Zentrum der Versilia ist eine moderne Stadt am Meer mit 64 000 Einwohnern. Der Ort wurde im Mittelalter

*Ruhe vor dem Ansturm badebegeisterter Urlauber – nur in der Vorsaison bleiben die bunten Liegestühle und Sonnenschirme am Strand von Viareggio noch ungenutzt*

als **Hafen von Lucca** gegründet. Aber weil in diesem sumpfigen Küstenstreifen die Malaria wütete, wurde die Ebene erst spät besiedelt. Außer einigen Mauerresten von Wachtürmen aus dem 13. bis 17. Jh. (der berühmteste ist die *Torre Matilda* aus dem Jahr 1544) gibt es in Viareggio keine Zeugnisse aus dem Mittelalter oder der Renaissance. Erst im 18. Jh. gelang es, die Sümpfe trockenzulegen. Heute ist Viareggio mit seinen schachbrettartig angelegten Straßen, den **Strandbädern**, Jachtwerften und Diskotheken ein Badeziel. Im Stadtzentrum breitet sich ein **Pinienhain** aus: die bis zu 500 m breite und über 2 km lange *Pineta di Ponente*. Das Flair alter Grandezza vermitteln die eleganten Jugendstilvillen und historistischen Hotelpaläste, welche die Promenade säumen. Der Strand ist wegen seines feinen weißen Sandes im Sommer ein dicht bevölkertes Baderevier. Hochsaison herrscht in der Stadt aber auch im Februar: Dann feiert Viareggio seinen farbenprächtige **Karneval**, der wegen seiner großen und bunt geschmückten Wagen weithin berühmt ist.

## Pietrasanta

Die geschäftige 20 000-Einwohner-Stadt, gegründet von dem lucchesischen Podestà Guiscardo di Pietrasanta (1255), liegt nördlich von Viareggio auf einem Hügel und lebt heute vor allem von der **Marmorindustrie**. Hier werden nicht nur große Marmorplatten für Küchen, Fußböden und Grabsteine zurechtgeschnitten, bei den Steinmetzen in Pietrasanta lassen Künstler aus aller Welt ihre Skulpturenentwürfe ausführen. In den zahlreichen **Werkstätten** und **Ausstellungshallen** kann man Kopien berühmter Marmorskulpturen und -porträts erstehen.

Von kunsthistorischem Interesse ist vor allem der 1256–58 errichtete **Duomo San Martino**. Hinter seiner Fassade aus

## Badefreuden für jeden Geschmack

Sandstrände und Felsbuchten bestimmen das Bild der rund 580 km langen toskanischen Küste am **Ligurischen** und **Tyrrhenischen** Meer. Hierzu zählen auch die **Inseln** des Arcipelago Toscano, allen voran Elba und die Isola del Giglio, die als Urlaubsziele große Bedeutung besitzen. Die Toskana bietet also reichlich Möglichkeiten, die Erkundung ihrer üppigen Kultur- und Kunstschätze mit ausgedehnten Strandausflügen zu verbinden. Ideale Reisezeiten dafür sind die Monate Juni und Juli, da die Strände dann noch wenig bevölkert sind. Im August haben auch die Italiener Ferien und verbringen ihre Urlaubstage am heimischen Meer.

Familien mit Kleinkindern fühlen sich wohl an den breiten Sandstränden der **Versilia**, dem Küstenstreifen zwischen Marina di Carrara und Viareggio, die großzügig mit teuren Mietliegen und -sonnenschirmen zugestellt sind. Ebenfalls attraktives Familienziel ist der von Pinienhainen gesäumte Küstenstreifen zwischen **San Vincenzo** und dem **Golfo di Baratti** bei Populonia, von dem größere Teile frei von organisierten Schirmverleihern sind. Ein Paradies für Taucher und Schnorchler ist die kleine **Isola del Giglio** mit ihren Felsenstränden und Grotten. **Talamone**, im Süden des Naturparks Maremma, ist für Wassersportler und Familien geeignet.

Besonders mondän sind die Badeorte **Ansedonia** und **La Feniglia** mit malerischen Sandstränden am südlichen Monte Argentario, das von eleganten Sommervillen gesäumte Seebad **Forte dei Marmi** bei Carrara sowie das exklusive **Punta Ala** an der Spitze des Golfs von Follonica, mit Poloklub und Jachthafen. Viel gepriesene toskanische Stadt am Meer ist auch **Castiglione della Pescaia** westlich von Grosseto. Sie bezaubert mit alten Palazzi, engen Gassen und einer traumhaften Aussicht auf Fischmarkt, Hafen und Strand.

dem 16. Jh. birgt er im Ambiente einer vornehmlich barocken Innenausstattung kostbare Marmorarbeiten des einheimischen Bildhauers *Stagio Stagi* aus dem Jahr 1504: Er verkleidete das Chorgestühl, stattete das Langhaus mit Weihwasserbecken und Kanzel aus und schuf die Statue Johannes d. Täufers. Aus der Werkstatt Stagis stammt auch der Altar der kleinen Kirche **Sant'Agostino**, die im 14. Jh. links vom Dom errichtet wurde.

### Torre del Lago Puccini

Das kleine Seebad mit beschaulichem Zentrum liegt 5 km südlich von Viareggio. Hauptattraktion ist die **Villa Puccini** (Viale Giacomo Puccini 266, Tel. 0584341445, www.giacomopuccini.it, Di–So 10–12.40, dazu tgl. April–Juni, Sep.–Okt. 15–18.20, Juli–Aug. 16–20.40, Nov.–Jan. 14–17.10, Febr.–März 14.30–17.50 Uhr) am Ufer des Lago Massaciuccoli, die der Komponist 1891 mit seiner frisch angetrauten Frau Elvira und dem bereits 1886 geborenen Sohn Antonio bezog. Die schlichte Jugendstilvilla, in welcher Giacomo Puccini (1858–1924) seine Hauptwerke ›Manon Lescaut‹, ›La Bohème‹ und ›Tosca‹ schuf, ist heute Museum. In teils original möblierten Räumen dokumentiert es Puccinis Biographie und musikalisches Werk. 1926, zwei Jahre nach seinem Tod in Brüssel, wurde er nach Torre del Lago überführt und in der Hauskapelle bestattet.

Sein Andenken wird jedes Jahr im Sommer grandios beim **Puccini-Festival** gefeiert. Schauplatz dieses renommierten Opernereignisses ist der unweit der Villa gelegene *Parco della Scultura e della Musica Giacomo Puccini* mit großer Freilichtbühne Gran Teatro all'aperto am See.

Der **Lago Massaciuccoli** gehört zum Parco Naturale Migliarino-San-Rossore-Massaciuccoli [s.S. 99] und ist mit einer reichen Vogelwelt gesegnet, die sich mit etwas Glück auf geführten *Bootsfahrten* (Tel. 058 49 75 56 77) durch schmale Schilfkanäle an dem Torre del Lago gegenüberliegenden Ufer beobachten lässt.

## i Praktische Hinweise

### Information

**APT**, Viale Carducci 10, Viareggio, Tel. 05 84 96 22 33, www.aptversilia.it

### Puccini-Festival

Informationen und Tickets bei der **Fondazione Festival Pucciniano**, Biglietteria, Via delle Torbiere, Torre del Lago, Tel. 05 84 35 93 22, www.puccinifestival.it

### Einkaufen

Am letzten Wochenende jeden Monats findet auf Viareggios Piazza D'Azeglio ein **Antiquitätenmarkt** statt.

### Restaurant

**Gran Caffè Ristorante Margherita**, Viale Regina Margherita 30, Viareggio, Tel. 05 84 96 25 53, www.ristorantemargherita.info. Restaurant in einem Jugendstilhaus aus dem Jahr 1928 (Mi geschl.).

# 28 Villa Torrigiani, Villa Mansi, La Garfagnana

*Gartenarchitektur und der Zauber der Provinz.*

Etwa 11 km nordöstlich von Lucca erreicht man bei Camigliano die **Villa Torrigiani** (Via del Gomberaio 3, Tel. 05 83 92 80 41, Anf. März–Anf. Nov. tgl. 10–13, 15–18.30 Uhr), einen bedeutenden Landsitz des 17. Jh., auf den eine Zypressenallee zuführt. Die Villa enthält barocke Möbel, Deckenfresken und Wandbilder. Den Park schmücken Statuen und Wasserspiele.

Weiter südlich bei Segromigno in Monte, einem Ortsteil von Capannori, liegt die wunderschöne **Villa Mansi** (Via Selvette 242, Tel. 05 83 92 02 34, April–Okt. Di–So 10–13 und 15–17, Nov.–März Di–So 10–13 und 15–17 Uhr), die im 18. Jh. nach einem Entwurf des Turiner Barockarchitekten *Filippo Juvarra* gebaut wurde. Die Villa umgibt ein herrlicher Park im englischen Landschaftsstil, der im 19. Jh. aus dem von Juvarra entworfenen Barockgarten mit Wasserspielen und einer Dianagrotte entstand.

**La Garfagnana** nennt man das Tal des Flusses Serchio zwischen den Apuanischen Alpen im Westen und dem toskanisch-emilianischen Apennin im Osten. Für die Lucchesen ist die Garfagnana aber auch der Inbegriff für Provinzialität: In dieser abgeschiedenen Region lebten bis vor wenigen Jahrzehnten vor allem Hirten und Bauern. Heute führen moder-

*Landsitz mit Lustgarten: Villa Mansi in der Nähe von Segromigno*

*Romantisches Fleckchen vor atemberaubender Kulisse: Castiglione di Garfagnana*

ne Staatsstraßen (erst die 12, dann die 445) von Lucca aus in die Garfagnana: Wer sich auf diesen Weg macht, kann eine erste Pause in **Brancoli** (12 km nördlich von Lucca) einlegen, um die im lombardischen Stil errichtete romanische Pfarrkirche **Pieve di Brancoli** (12. Jh.) mit Kanzel von *Guidetto da Como* zu besichtigen.

Die Straße 12 führt dann weiter in den traditionsreichen kleinen Thermalkurort **Bagni di Lucca** [s. S. 181] mit heilsamen Quellen, dessen mittelalterlichen Ortskern elegante Palastfassaden prägen.

Kurz vor Bagni di Lucca zweigt die SS 445 von der 12 ab. Nach etwa 10 km weisen Schilder ins 10 000-Einwohner-Städtchen **Barga**. Der imposante romanische *Duomo San Cristofano* (11.–15. Jh.), erhebt sich mit seinem zinnenbekrönten Turm auf dem höchsten Punkt der Stadt. Blickfang der schlichten romanischen Fassade ist das Portal aus dem 12. Jh., das zwei Säulen mit Löwen einrahmen. Ein

Relief mit beschaulichem Weinlese-Motiv schmückt den Architrav. Eine kleine Tür links führt in die Krypta. Das Portal an der östlichen Flanke weist einen Türsturz mit einer außergewöhnlich gut gearbeiteten Gastmahlsszene (des Ahasverus) auf. Das Prunkstück im Inneren des Doms ist eine *Kanzel* (nach 1200): Vier rote Marmorsäulen tragen das mit Reliefs (*Prophet Isaias, Verkündigung, Geburt Christi, Anbetung der Hl. Drei Könige*) geschmückte Kanzelbecken. Beachtenswert ist auch die bunte *Holzstatue* des hl. Christopherus.

Von der 445 zweigt bei Gallicano eine Bergstraße ab zur **Grotta del Vento** (Vergemoli, Tel. 05 83 72 20 24, www.grottadelvento.com, tgl. 10–18 Uhr). Ein ständiger Luftzug durchstreicht die Höhle des Windes mit ihren bizarren Kalksteinformationen und einem unterirdischen See.

Wer die 445 weiterfährt bis Castelnuovo, kann dort auf die SS 324 abbiegen und im alten Städtchen **Castiglione di Garfagnana** die Stadtmauer und die imposante, von der Pflanzenwelt zusehends zurückeroberte Rocca bewundern.

# Pistoia und Provinz – Berge, Täler und Thermen

Die Provinz Pistoia mit ihrer geruhsamen Hauptstadt und den Bädern des renommierten Kurortes **Montecatini Terme** hat den Ruf, das Sanatorium der Toskana zu sein. Doch hat die Provinz in der waldigen Landschaft des Apennin auch reichlich Abwechslung zu bieten. Neben der malerischen Altstadt **Pistoias** locken die herrlichen, üppig grünen Parkanlagen der **Villa Garzoni** bei Collodi oder der kleine **Pinocchiopark** sowie exklusive **Wintersportorte** wie **Abetone**.

## 29 Pistoia

*Die vernachlässigte Nachbarin von Florenz.*

Die von den Römern im 2. Jh. v. Chr. gegründete Stadt war wichtiges Handelszentrum der Franken und Langobarden und erlangte im Jahr 1115 den Status einer freien Stadt. Doch bereits im 14. Jh. verlor sie jede politische Bedeutung und existierte fortan nur noch als Anhängsel von Florenz. Einmal, um das Jahr 1300, spielte Pistoia die Hauptrolle in einem Stück auf der Bühne der Weltgeschichte. Angefangen hatte alles mit einem **Familienstreit** in der vornehmsten Gesellschaft von Pistoia. Giorgio Vasari erzählt, dass Mitglieder der mächtigen Patrizier-Familie Cancellieri wegen eines Zwistes zwischen Schwiegermutter und -tochter bei einem Festessen derart aneinandergerieten, dass eine Fehde ausbrach. Ein Teil der Familie, der sich auf einen Ahnen mit Namen Bianchi (bianco = weiß) berief, stritt unter dem Symbol der *Farbe Weiß*. Die Gegner wählten als Symbol die *Farbe Schwarz*. Beide Parteien sorgten fortan für ununterbrochenen Mord und Totschlag in den Straßen von Pistoia.

Der Rat der Stadt wusste sich nicht besser zu helfen, als **Florenz** um Hilfe zu bitten. Die Abgesandten der streitenden Parteien zogen nach Florenz, wo die ›Weißen‹ bei der Familie Cerchi einzogen und die ›Schwarzen‹ bei der adeligen Familie Frescobaldi. Wenige Tage nachdem der Rat von Florenz damit begonnen hatte, diesen Streit zwischen Weiß und Schwarz vor Gericht zu schlichten,

*Reizvolles Ensemble: Piazza del Duomo mit dem Battistero San Giovanni und den Domarkaden von San Zeno in Pistoia*

beleidigte ein Frescobaldi einen Cerchi auf der Straße, weil er die ›Weißen‹ aus Pistoia aufgenommen hatte. Der **Streit** übertrug sich wie ein Virus. In kürzester Zeit erfasste er die ganze Stadt, wenig später große Teile der Toskana. Auf der Seite der ›Schwarzen‹ sammelten sich der Adel und die reiche Kaufmannsschaft, die in allen toskanischen Stadtstaaten die Regierung bildeten, während der verarmte Adel und die Angestellten und Handwerker sich auf die Seite der ›Weißen‹ stellten. In der Toskana entbrannte schließlich ein Krieg zwischen Arm und Reich, zwischen Unterdrückten und politischer Macht. Das ›Kapital‹ vertrat ein halsstarriger Heerführer mit Namen *Corso Donati*. An der Spitze der Partei der ›Armen‹ stand den Quellen zufolge ein ›ungehobelter Wollweber‹ mit Namen *Vieri de Cerchi*.

*Papst Bonifazius VIII.* wollte dem Bürgerkrieg vor den Grenzen des Kirchenstaates ein Ende setzen, bevor er auf sein Land übergreifen konnte, und verlangte Truppen vom König der Franzosen. Der Sohn von König Philipp II., *Prinz Karl von Valois*, marschierte in Italien ein. Er sollte die ›Weißen‹ zur Vernunft bringen. Ein unglaubliches Gemetzel begann, in das die Medici auf der Seite der ›Schwarzen‹ eingriffen. 1306 hatten die ›Schwarzen‹ die Oberhand in Florenz. Die meisten ihrer **Feinde** waren nach Pistoia geflüchtet. Dafür musste die Stadt einen hohen Preis bezahlen. Im selben Jahr noch belagerten die florentinischen Truppen Pistoia mit Erfolg. Von diesem Schlag hat sich die Stadt nie wieder erholt.

Im August 1466 versuchten die Herzöge von Ferrara vergeblich, den Florentinern Pistoia zu entreißen. Die Stadt blieb unter der Hoheit der Medici und wurde Teil des 1532 gegründeten Herzogtums Toskana. Mit der Selbstständigkeit war es vorbei. Pistoia stand unter der Herrschaft der Florentiner Herzöge und später Großherzöge bis zur Einigung Ita-

*Pistoias einzigartiger Silberschatz: Altare di San Jacopo (Detail) im Dom San Zeno*

liens. Im **Zweiten Weltkrieg** wurde Pistoia, das sich zu einem Industriezentrum entwickelt hatte, von den Amerikanern bombardiert. Mehr als 2000 Häuser und Paläste standen in Flammen.

***Besichtigung*** Pistoia liegt am nordwestlichen Zipfel der fruchtbaren Ebene zwischen dem Monte Albano und den zum linken Ombrone-Ufer abfallenden Hängen des Apennins. Herz der von Mauern umgebenen Altstadt ist die *Piazza del Duomo* mit der **Cattedrale San Zeno** (Tel. 0573369277, tgl 8.30–12.30, 15.30–19 Uhr) aus dem 12.–13. Jh. Der oben herrlich ornamentierte *Campanile* soll als Wachturm der Langobarden entstanden sein und erhielt seine pisanische Form erst im 13. Jh. Die romanisch-pisanische *Kirchenfassade* zieren dreistöckige Bogengänge und ein Doppelfenster über dem marmornen Hauptportal. In der Lünette empfängt eine ›Madonna mit zwei Engeln‹ (1505) aus der Terrakotta-Werkstatt Andrea della Robbias den Gläubigen. Aus der gleichen Meisterhand stammt das bunte Terrakotta-Kassettengewölbe der *Vorhalle* (16. Jh.).

Glanzstück im Inneren ist die *Cappella del Crocifisso* (Cappella di San Jacopo, Mo–Sa 10–12.30, 15.30–17.30, So 8.30–9.30, 11–11.30, 16–17.30 Uhr) mit dem einzigartigen **Altare di San Jacopo** (1287–1456). Den hoch aufragenden Silberaltar (Altare d'Argento oder auch Dossale) schmücken flächendeckend Szenen aus dem Alten und Neuen Testament, Engel, Propheten, Apostel und Heilige. Im Mittelpunkt erscheint Christus in der Mandorla, darunter thront der hl. Jakobus. Die insgesamt 628 filigran in Silberblech getriebenen, zum Teil vergoldeten Figurenreliefs stammen von mehreren Meistern aus den großen Kunstzentren der Toskana – u.a. von Andrea di Jacopo d'Ognabene (Vorderseite, um 1316), Leonardo di Giovanni und Francesco di Niccolò (rechte Seite, um 1360), Leonardo di Giovanni (linke Seite, um 1370) sowie Brunelleschi (Propheten links vom Altaraufsatz, um 1450). Die Reliefs dokumentieren die Stilentwicklung von der Gotik bis zur Renaissance.

Top Tipp

Unter der reichen Domausstattung ragt noch das *Grabmal* mit Sitzfigur des Dichters und Juristen Cino da Pistoia eines unbekannten sienesischen Künstlers (1337) im rechten Seitenschiff heraus.

An den Dom schließt der romanische **Antico Palazzo dei Vescovi** an, in dem das **Museo Capitolare** (Tel. 0573369272, www.diocesipistoia.it, Führungen Di, Do, Fr 8.30, 10, 11.30, Fr 14.30, 16.45 Uhr) archäologische Funde und eine Kunstsammlung zeigt. Bemerkenswert das Reliquiar von Lorenzo Ghiberti (1378–1455), eines seiner wenigen Werke, denn er arbeitete 48 Jahre lang an den beiden Bronzetüren des Battistero von Florenz.

Das mit buntem Marmor verkleidete **Battistero San Giovanni** im Südwesten der Piazza del Duomo errichtete Cellino di Nese (1359) nach Plänen Andrea Pisanos. Es erhielt eine oktogonale Form, die in ein pyramidenartiges Dach übergeht. Am Architrav des gotischen *Portals* sind Szenen aus der Vita des Johannes zu sehen.

Rechts neben der Taufkirche erhebt sich der im 19. Jh. erweiterte **Palazzo del Podestà** (1367). Genau gegenüber beeindruckt der massige **Palazzo Comunale** (1294–1385) mit Arkadengang und dem Medici-Wappen zwischen den mittleren Bi- und Triforien. Er beherbergt das **Museo Civico** (Piazza del Duomo, Tel. 0573371296, Do–So, Fei 10–18 Uhr, im Winter eine Std. kürzer) mit der städtischen Kunstsammlung. Im Obergeschoss sind Werke aus dem 13.–16. Jh. ausgestellt, im Mezzanin befinden sich die Puccini-Sammlung und eine Dokumentation über das Lebenswerk des einheimischen Architekten Giovanni Michelucci (1891–1990).

Am Ende der Gasse rechts neben dem Palazzo Comunale liegt der **Palazzo Ro-**

**spigliosi**. Aus dieser mächtigen Familie stammte Papst Clemens IX. (1667–69), dessen Wohnräume gezeigt werden. Ferner beherbergt der Palast das **Museo Diocesano** (Via Ripa del Sale 3, Tel. 0573 28 74 0, www.diocesipistoia.it, Di–Sa 10–13 und 15–18 Uhr) mit Kruzifixen, Chorbüchern und kostbaren Handschriften aus Kirchenschätzen des Bistums.

Von hier aus gelangt man durch die Via Pacini links zum **Ospedale del Ceppo**, benannt nach dem hohlen Baumstumpf, in dem Spenden gesammelt wurden. Das im 13. Jh. gegründete Krankenhaus (noch heute in Betrieb) ist mit einer 1514 angefügten sechsbogigen *Fassadenloggia* ausgestattet, die mit entzückenden *Terrakotta-Reliefs* geschmückt ist. Giovanni della Robbia arbeitete um 1525 an den *Tugenden*, sein Mitarbeiter Santi Buglioni schuf um 1585 den Fries mit den *Sieben Werken der Barmherzigkeit*, die zugleich die Aufgaben des Krankenhauses illustrieren (v. l.): Das Bekleiden der Nackten, Beherbergung der Pilger, Krankenpflege (Ärzte besuchen einen Gichtkranken), Versor-

*Sozialstation im 16. Jh.: das Ospedale del Ceppo in Pistoia mit seinem Terrakottafries*

gung von Gefangenen, Erteilung der Sterbesakramente, Speisung der Hungernden, Tränkung der Durstigen.

Westlich des Krankenhauses liegt die Kirche **Sant'Andrea** (Via S. Andrea 21, Tel. 0573 21912, tgl. 8.30–12.30, 15.30–18.30 Uhr) aus dem 11. Jh. mit ihrer zweifarbigen Fassade (13. Jh.) und einem bemerkenswerten Hauptportal: Das Relief des Türsturzes meißelten 1166 Meister Gruamonte und sein Bruder Adeodato. Dargestellt sind *Der Zug der Heiligen Drei Könige* und *Anbetung*. Auf den Seitenportalen sieht man Bogenläufe mit Fabelwesen. Das Innere der Kirche birgt einen herrlichen Schatz, die **Kanzel** von Giovanni Pisano, 1298–1301 entstanden, also nach der Kanzel seines Vaters Nicola im Pisaner Baptisterium und vor Giovannis Werk im Pisaner Dom. Das sechseckige Kanzelbecken ruht auf sieben Säulen aus rotem Marmor, die ihrerseits auf Postamenten stehen: realistisch verspielt die Löwin, die ihre Jungen säugt, Furcht erregend der Löwe, der einen Esel reißt. Die Mittelstütze ruht auf einem Sockel aus Adler, Greif und Löwe. Die Seitenflächen schmücken neutestamentarische Szenen (*Verkündigung, Christi Geburt, Anbetung, Bethlehemitischer Kindermord, Kreuzigung, Jüngstes Gericht*). Zwischen den Reliefs erkennt man Heilige, Evangelisten und Posaunenengel. Die Werke gehören zu den größten Schöpfungen der christlichen Reliefskulptur.

TOP TIPP

**San Francesco** (Piazza San Francesco d'Assisi, Tel. 0573 36 80 96, tgl. 8.30–12, 17–18 Uhr), die ab 1294 errichtete große Kirche mit bunter Marmor-Fassade aus dem 18. Jh. musste als Kaserne, Lazarett, Munitionsdepot und Warenlager herhalten. Daher sind die *Fresken* im Inneren schwer beschädigt. Der schönste Zyklus (Hauptkapelle) widmet sich dem Leben des hl. Franziskus und wird dem Giotto-Schüler Puccio Capanna zugeschrieben. Die Wandbilder in der Kapelle links neben dem Chor führten Pistoieser Künstler des 14. Jh. im Giotto-Stil aus (links oben: *Marientod*, darunter: *Christus erscheint Paulus*, rechts oben: *Verlöbnis Mariens*, darunter: *Predigt des hl. Augustinus*).

Die **Basilica della Madonna dell'Umiltà** (Via Vitoni 2, Tel. 0573 32 20 45, tgl. 9–12, 15.30–18 Uhr) errichtete Ventura Vitoni ab 1495 in der Formensprache Filippo Brunelleschis. Nach Vitonis Tod im Jahr 1522 beendete Giorgio Vasari die Bauarbeiten. Dem oktogonalen Zentralbau ist ein Vestibül mit Tonnengewölbe und Kuppel vorgelagert. Den Hauptaltar schmückt das im 14. Jh. geschaffene Fresko der *Madonna dell'Umiltà*.

Als 1150 der Bau der bis 1400 fertig gestellten Kirche **San Giovanni Forcivitas** (Via Crispi 2, Tel. 0573 24784, tgl. 10.30–11.30, 17–17.30 Uhr) begonnen wurde, umschlossen die Stadtmauern ihren Standort noch nicht, daher der Name (fuori = vor, civitas = Ansiedlung). Es fällt auf, dass hier nicht die Fassade, sondern die Nordflanke mit weiß-grünem Marmor und Blendarkadengalerien dekoriert ist. Über dem Hauptportal beeindruckt die vielleicht schönste Arbeit des Meisters Gruamonte: ein hoch stilisiertes *Abendmahlrelief* von 1162.

Prachtstück im einschiffigen Inneren ist eine rechteckige *Kanzel* (1270) von Fra Guglielmo da Pisa, einem Schüler des berühmten Nicola Pisano. Die Kanzel tragen zwei kräftige Pfeiler, die auf Löwenskulpturen ruhen. Die Reliefs zeigen Szenen des Neuen Testaments (linke Schmalseite: *Verkündigung* und *Heimsuchung*, darunter *Geburt* und *Verkündigung an die Hirten*; Vorderseite: *Fußwaschung* und *Kreuzigung*, *Beweinung* und *Abstieg in die Vorhölle*; rechte Schmalseite: *Himmelfahrt*, *Pfingstwunder* und *Marientod*). Für das *Weihwasserbecken*, in der Mitte des Kirchenschiffs auf sechseckiger Basis, schuf Giovanni Pisano die Skulpturen der weltlichen Tugenden.

Die einstige Kirche *Chiesa del Tau* ist heute mit dem anschließenden ehemaligen Kloster *Convento del Tau* vereinigt zum **Museo Marino Marini** (Corso San Fedi 30, Tel. 0573 30 2 85, www.fondazionemarinomarini.it, Mo–Sa 10–18 Uhr, Nov.–März 10–17 Uhr). Bronzeplastiken des in Pistoia geborenen Künstlers Marini (1901–1980) korrespondieren in der Kirche mit dem *Freskenzyklus* von u.a. Niccolò di Tommaso aus dem 14. Jh., der Szenen des Alten und Neuen Testamentes sowie der Vita des hl. Antonius Abbas illustriert.

Die Kirche **San Bartolomeo in Pantano** (Piazza San Bartolomeo 11, Tel. 0573 24297, www.parrocchiasanbartolomeo.it, tgl. 8.30–18 Uhr), benannt nach dem Sumpfboden (Pantano), auf dem sie ab 1159 errichtet wurde, erinnert in ihrer Bauweise stark an Sant'Andrea. Der *Architrav* mit Darstellungen des Erlösers und der Apostel über dem Hauptportal soll aus der Werkstatt Gruamontes stammen. Hochinteressant ist im Inneren die *Kanzel* von Guido da Como (um 1250). Sie gilt als einer der Höhepunkte der toskanisch-romani-

*Bildhauerkunst von höchstem Rang: Kanzel von Giovanni Pisano in Sant'Andrea in Pistoia*

schen Bildhauerkunst vor Nicola Pisano: Die zuvor übliche gleichmäßige Reihung der Figuren und die starke Bindung an die Rückwand werden hier allmählich überwunden. Auch hier tragen Löwenfiguren und Atlanten die Säulen, auf denen das Kanzelbecken ruht.

## Ausflüge

Die **Villa Garzoni** (Tel. 0572427314, tgl. 9 Uhr bis Sonnenuntergang) im Rokokostil liegt etwa 25 km westlich von Pistoia in Collodi (in der Nähe von Pescia). Sie entstand auf den Resten einer mittel-

*Einer der schönsten Barockgärten Italiens umgibt die Villa Garzoni in Collodi*

alterlichen Festung Anfang des 16. Jh. und wurde im 18. Jh. durch Ottaviano Diodati ausgebaut. Der *Park* mit Labyrinth aus Buchsbaumhecken, Wasserspielen, Nymphäum, Freilufttheater und Barockgarten gehört heute zu den schönsten Italiens. Im Butterfly House (Nov.–Febr. geschl.) schwirren farbenprächtige Schmetterlinge um tropische Blüten.

Ebenfalls in Collodi, nahe der Villa Garzoni, liegt der **Parco di Pinocchio** (Via S. Gennaro 3, Tel. 0572429342, www.pinocchio.it, tgl. 9 Uhr bis Sonnenuntergang), ein literarischer Skulpturengarten mit Darstellungen vieler Szenen aus dem Leben der berühmten Marionette. Der Erfinder Pinocchios, der Schriftsteller Carlo Lorenzini (1826–1890), gab sich den Künstlernamen ›Collodi‹, weil seine Mutter in diesem Dorf geboren worden war.

In der Provinz Pistoia liegt auch der berühmte Kurort **Montecatini Terme**. In den palastartigen Thermalanlagen, etwa dem *Bagno Regio* oder der *Terme Leopoldine*, weilten seit ihrer Entstehung 1773 und 1779 zahlreiche gekrönte Häupter und andere illustre Gäste, um die Heilkraft der Quellen zu genießen [s. S. 180].

Im Winter treffen sich in **Abetone**, dem exklusiven Hauptort eines großen Skigebiets im Apennin auf 1400 m Höhe, die Skiläufer. Auf vier Täler verteilen sich insgesamt 30 km Pisten bis zu einer Höhe von 1900 m. Im Sommer nutzen Wanderer den Ort als idealen Ausgangspunkt für Touren in die Bergwelt des Monte Gomito, des Monte Cimone oder auf den Gipfel des Libro Aperto.

## i Praktische Hinweise

### Information

**IAT**, Piazza del Duomo 4,
Pistoia, Tel. 0573211622,
www.pistoia.turismo.toscana.it

**Ufficio Informazioni Turistiche**,
Viale Verde 66/68, Montecatini
Terme, Tel. 0572772244,
www.montecatini.turismo.toscana.it

**IAT Abetone**, Piazza Piramidi 502, Abetone, Tel. 0573 60 2 31, www.pistoia.turismo.toscana.it

## Stadtfest

**Giostra dell'Orso**: Alljährlich am 25. Juli ehren den Stadtpatron San Jacopo ein Umzug und Reiterspiele in historischen Kostümen auf dem Domplatz von Pistoia, www.giostradellorso.it.

## Einkaufen

**Antik-Markt** (Mercato Antiquario) jeden zweiten Samstag und Sonntag im Monat (außer Juli/August) beim Messe-Gelände Pistoia Fiera (Via dell'Annona 210).

## Hotels

*****Patria**, Via Crispi 8, Pistoia, Tel. 0573 25 187, www.patriahotel.com. Eine gute Adresse, wenn man in der Stadt übernachten möchte. Das 28-Zimmer-Hotel liegt zentral, ist komfortabel und nicht zu teuer.

******Villa Cappugi**, Via Collegigliato 45, Pistoia, Tel. 0573 45 02 97, www.hotelvillacappugi.com. Villa im toskanischen Landhausstil mit exquisitem Komfort und eigenem Restaurant, dazu großem Garten, Pool und Sportangebot auf einem Hügel ca. 2 km vom Zentrum.

*****Il Convento**, Via S. Quirico 33, Pontenuovo, Tel. 0573 45 26 51, www.ilconventohotel.com. Das ehemalige Kloster mit 32 Zimmern liegt 3 km östlich von Pistoia in Richtung Montale auf einem Hügel und bietet Garten, Pool und eine schöne Aussicht.

*Souvenir aus Collodi: Am Parco di Pinocchio warten bunte Marionetten auf neue Besitzer*

## Restaurants

**La Botte Gaia**, Via del Lastrone 17, Pistoia, Tel. 0573 36 56 02, www.labottegaia.it. Gepflegte Weinstube und ausgezeichnetes Restaurant lokaler Küche mit wunderschöner Terrasse zum Domplatz (So mittags und Mo geschl.).

**Corradossi**, Via Frosini 112, Pistoia, Tel. 0573 25 683. Hervorragendes Restaurant in Bahnhofsnähe, pistoiesisch-florentinische Gerichte (So geschl.).

*Gepflegter Jungbrunnen: Kuranlage in Montecatini Terme*

# Prato und Provinz – Heimat der Tuchhändler

Prato, seit 1991 eigenständige Provinz der Toskana, bildet das Zentrum der **Textilindustrie**, die in die ganze Welt exportiert und sich besonders in den Vororten der Provinzhauptstadt ausgebreitet hat. Diese besitzt eine beschauliche **Altstadt**, die von einer gut erhaltenen Stadtmauer umgeben und einer der typischen **Stauferburgen** dominiert wird. Hier schuf zudem der Maler, Mönch und Abenteurer *Fra Filippo Lippi* seine schönsten Werke, die bereits Michelangelo bewundert hat.

## 30 Prato

*Das Werk eines Mönchs in der Stadt der Tücher.*

Sehr wahrscheinlich entstand Prato auf den Ruinen einer etruskisch-römischen Siedlung mit Namen Pagus Cornius. Im Krieg mit den Goten wurde der Ort zerstört, unter Herrschaft der Langobarden unter dem Namen Borgo al Cornio wieder aufgebaut. Die Familie der Alberti wählte im 11. Jh. Prato als Sitz und legte den Grundstein für bescheidene **Textil-Manufakturen**. Im 12. Jh. entwickelte sich Prato zur **Republik**, die den Eroberungsversuchen Luccas widerstand, im 14. Jh. aber unter die Herrschaft von Florenz geriet. Ab dem 15. Jh. teilt Prato die Geschicke von Florenz, dem es sich aber nie wirklich beugte, bis heute nicht, denn die Bürger der Stadt setzten am 22. Juni 1991 durch, dass Prato von der Florentiner Verwaltung unabhängig und zur zehnten eigenständigen **Provinz** der Toskana erhoben wurde. Heute arbeiten in der 185 000-Einwohner-Stadt etwa 8000 Betriebe der Textilindustrie.

***Besichtigung*** Eine gut erhaltene **Stadtmauer** umgibt die **Altstadt**. Vom Bahnhof aus erreicht man über die Piazza San Marco und den Viale Piave zunächst das **Castello dell' Imperatore**. Die Stauferburg auf viereckigem Grundriss mit acht Außentürmen entstand 1237–48. Es ist das einzige Kastell im Norden Italiens, das im Auftrag *Friedrichs II.* entstand, der ähnliche Burgen in Süditalien anlegen ließ.

300 m südlich des Castello gibt es Einblicke in 800 Jahre Textilgeschichte. Das **Museo del Tessuto** (Via Santa Chiara 24, Tel. 0574 611503, www.museodeltessuto.it, Mo, Mi–Fr 10–18, Sa 10–14, So 16–19 Uhr) zeigt in einem Fabrikgebäude des 19. Jh. Maschinen, Stoffe, moderne und historische Mode aus vielen Teilen der Welt.

Wieder zurück beim Castello beeindruckt schräg gegenüber die Renaissance-Kirche **Santa Maria delle Carceri**, die 1484–95 anstelle eines Gefängnisses errichtet wurde. Giuliano da Sangallo verwirklichte hier auf dem Grundriss eines griechischen Kreuzes die Vorstellungen Brunelleschis vom Zentralbau. Harmonisch wirkt die Innenausstattung aus Pietra serena (grauem Sandstein) mit *Terrakotta-Dekorationen* von Andrea della Robbia (um 1490).

An der benachbarten Piazza San Francesco erhebt sich die Ziegelbaukirche **San Francesco** mit den Grabmälern des Gimignano Inghirami (Bernardo Rossellino zugeschrieben) und des Tuchhändlers Francesco di Marco Datini von Niccolò Lamberti (1409).

Durch die Via Ricasoli rechts erreicht man den **Palazzo Pretorio** an der Piazza del Comune. Der rechte Teil ist ein ehemaliger Wohnturm mit zugemauerten Erdgeschossarkaden, der linke Teil wurde im 14. Jh. angeschlossen. Das hier ansässige **Museo Civico e Galleria Comunale** (z.Z. wegen Restaurierung geschl., Interimsausstellung im Kreuzgang von San Domenico, s.u.) besitzt Meisterwerke toskanischer Malerei des 14.–16. Jh., darunter Arbeiten von Filippo Lippi wie die *Madonna del Ceppo* (1450). Diese entstand im Auftrag des Wohltätigkeitsvereins Ceppo, den der Kaufmann Francesco di Marco Datini gegründet hatte. Den

*Baldachin für Prediger: die Außenkanzel Michelozzos am Dom Santo Stefano von Prato*

verstorbenen Wohltäter – zum Zeitpunkt der Entstehung bereits 40 Jahre tot – porträtierte Lippi neben fünf Vereinsmitgliedern zu Füßen der Madonna. Interessant ist der Vergleich mit dem Bild von Filippos Sohn, Filippino Lippi, *Madonna mit hll. Lucia, Antonius, Stephanus und Margarethe* (1498), das die Gebetsnische im Haus seiner Mutter Lucrezia schmückte. Während die Figuren des Vaters noch beziehungslos zueinander auf goldenem Grund gezeichnet sind, fügte Filippino, der bei Botticelli in die Lehre gegangen war, die Figuren harmonisch in eine romantische Landschaft ein.

Vom Platz vor der Bildergalerie führt die Via Mazzoni zum prächtigen **Duomo Santo Stefano**, dem ab 1211 nach Plänen Guido da Comos errichteten und 1385–1457 mit grün-weißer Fassade ausgestatteten Dom. Auffällig ist die **Außenkanzel** mit Baldachin (1434/38) von Michelozzo. Ihren Außenrand schmückt ein Puttenfries auf goldenem Grund von *Donatello*.

*Die Geliebte von Fra Filippo Lippi tanzt im ›Gastmahl des Herodes‹ im Chor des Doms*

## Muse, Modell und Mutter Courage der Renaissance

Sie hatte ihren eigenen Kopf, die Dame, die dort auf der Wand im Chor des Doms von Prato vor der Tafel eines Festmahls tanzt, das offenbar historische Persönlichkeiten aus der Epoche der Renaissance und biblische Gestalten an einem Tisch vereint. In Wirklichkeit hieß sie **Lucrezia Buti** und der Herr, der sie mit sichtlichem Gefallen betrachtet, ist niemand anderes als Herodes, der ein Festmahl gibt zur Feier der Enthauptung Johannes des Täufers.

Wie sie als *Salome* auf dieses **Fresko** geriet, die fromme Tochter aus dem Haus des Florentiner Bürgers Buti, ist eine seltsame Geschichte: Künstlerbiograf *Giorgio Vasari* berichtet, dass Lucrezia nur zum Wasserholen gegangen war, hinuntergestiegen aus ihrem Kloster bei Florenz, und damit den Schritt getan hatte, der sie auf dieses Bild führen sollte. Lucrezia muss eine außergewöhnlich schöne Frau gewesen sein. Am Brunnen traf sie den Dominikanermönch **Fra Filippo Lippi**, der schon eine Entführung durch sarazenische Piraten hinter sich hatte, aus der er sich, so Vasari, mithilfe seiner Zeichenkunst hatte befreien können. Dieser Mönch und Maler, ein Findelkind, führte ein abenteuerliches Leben. Sein Mut verblasst jedoch nahezu vor der Courage der blonden Lucrezia, die an den Mönch ihr Herz verlor und um ihrer Liebe willen aus dem Kloster floh.

Lucrezia war nicht nur die Geliebte Filippo Lippis, sie war seine Lebensgefährtin, sein Modell und die Mutter des gemeinsamen Sohnes und späteren Malers Filippino Lippi. Ihre Biographie kann als Beweis dafür gelten, dass die *Renaissance* keineswegs nur eine Epoche der Männer, sondern auch einiger Frauen gewesen ist, die den Mut hatten, den Traum vom freien Menschen zu verwirklichen.

Den Fries ersetzt inzwischen eine Kopie, das Original ist im Dommuseum ausgestellt. Das dreischiffige *Innere* des Domes blieb von großen Umbauten verschont. Im mittleren Kirchenschiff beeindruckt eine mit Reliefs versehene Kanzel (1437) von Mino da Fiesole (*Gastmahl des Herodes, Enthauptung Johannes des Täufers*) und Antonio Rossellino (*Mariä Himmelfahrt, Steinigung des hl. Stephan*).

An der rechten Wand des Hauptchores ist eines der Hauptwerke der Renaissance zu sehen, der u. a. von Michelangelo bewunderte **Freskenzyklus** ›Vita Johannes des Täufers‹ von Fra Filippo Lippi und seinem Gehilfen Fra Diamante (1452–66). Ganz links die *Geburt*, darüber *Namensgebung*, in der Mitte von oben nach unten *Abschied von den Eltern, Predigt in der Wüste*, rechts das *Gastmahl des Herodes*, auf dem die Bewegungen der Hauptfiguren wie auf einem ›Schnappschussfoto‹ festgehalten sind. Fra Filippo Lippi entdramatisiert die Täufergeschichte und erzählt mit modischer Eleganz eine intrigante Novelle. Im edlen, kühlen Speisesaal einer Renaissancevilla entfalten sich die entscheidenden Szenen des Martyriums. Links steht Salome neben Johannes, dessen Ermordung sie verursacht. Im Zentrum tanzt sie leichtfüßig beim Gastmahl des Herodes und rechts präsentiert sie das Haupt des Täufers ihrer Mutter. Auf der Wand gegenüber (im Norden) sieht man Lippis etwas konventionelleren Freskenzyklus *Leben des hl. Stephanus*. Das gleiche Thema behandeln auch die Fresken *Paolo Uccellos* in der **Cappella dell'Assunta**, ergänzt durch Szenen aus dem Marienleben (um 1433).

Links neben dem Haupteingang des Doms liegt die **Cappella del Sacro Cingolo** (Kapelle des ›Heiligen Gürtels‹). Der Legende nach soll die Muttergottes das Zeichen ihrer Jungfräulichkeit in der Stunde der Himmelfahrt dem hl. Thomas übergeben haben, der es einem Priester schenkte. Ein Kaufmann aus Prato, Michele Dagomari, bekam den wunderwirkenden Gürtel als Mitgift geschenkt, als er in Jerusalem eine Frau namens Maria ehelichte. Die Kapelle schmückte Agnolo Gaddi 1392–95 mit *Fresken*, die diese ›Legende des Gürtels‹ nacherzählen. Die Reliquie selbst wird im Schrein der Altarmensa aufbewahrt und an Feiertagen zur Schau gestellt. Vom Kreuzgang aus dem 12. Jh. mit seinen bezaubernden romanischen Kapitellen erreicht man die **Krypta** mit Relieftafeln und Malereien des 14. Jh.

Das benachbarte **Museo dell' Opera del Duomo** (Piazza Duomo 49, Tel. 057429339, www.diocesiprato.it, Mo, Mi–Sa 10–13, 15–18.30, So 10–13 Uhr) zeigt außer Donatellos Puttenreliefs von der Außenkanzel weitere Schätze der Domausstattung, u.a. Filippo Lippis Altarbild *Tod des hl. Hieronymus* (um 1450/60).

In die barock ausgestattete Kirche **San Domenico** (1283–1322) am Ende der Via Guasti führt ein schönes *Marmorportal*. Im angeschlossenen *Kloster* zeigt das **Museo di Pittura Murale** (Piazza San Domenico 8, Tel. 0574440501, www.diocesiprato.it, So, Mo, Mi, Do 9–13, Fr, Sa 9–13, 15–18 Uhr) in der Ausstellung ›I Tesori della Città‹ die wichtigsten Gemälde aus der Sammlung des Museo Civico. Mit abgelösten Fresken aus Prateser Kirchen veranschaulicht es die Freskotechnik.

Etwa 2 km südlich des Zentrums (Autobahnausfahrt Prato Est) lockt das **Centro per l'Arte Contemporanea Luigi Pecci** (Viale della Repubblica 277, Tel. 0574 5317, www.centropecci.it, Mi–Mo 10–19 Uhr) mit Wechselausstellungen und einer Sammlung zeitgenössischer Kunst, u.a. von Albert Hien, Jannis Kounellis, Mario Merz und Panamarenko. Am Eingang steht die silberglänzende Skulptur ›Exegi Monumentum Aere Perennius‹ von Anne und Patrick Poirier (1988).

## i Praktische Hinweise

### Information

**APT**, Piazza Duomo 8, Prato,
Tel. 057435141, www.pratoturismo.it

### Stadtfeste

Viermal im Jahr wird der **Sacro Cingolo**, der ›Heilige Gürtel‹, im Dom ausgestellt: Ostern, 1. Mai, 15. Aug. und 25. Dez.

### Hotel

******Hotel Giardino**, Via Magnolfi 4, Prato, Tel. 057460 6588, www.giardinohotel.com. Komfortables und gepflegtes 28-Zimmer-Hotel in der Altstadt in einem eleganten, historischen Palazzo.

*Skulptur am Eingang des Centro per l'Arte Contemporanea Luigi Pecci in Prato*

# Florenz und Provinz – Kunstmetropole am Arno

Eine schier überwältigende Fülle an Kunstschätzen bietet die Regionshauptstadt Florenz, die **Stadt der Medici**. Zu ihren Juwelen gehören Dom, Baptisterium und das bombastische Museum Uffizien. Fahrten ins landschaftlich reizvolle Umland führen in die Künstler-Sommerfrische **Fiesole** mit ihrem schönen antiken Theater, zu romantischen **Landvillen der Medici**, ins Kartäuserkloster **Galluzzo**, ins geschäftige **Empoli** und zur Leonardo-Stadt **Vinci** sowie ins Weinland des **Chianti**.

## 31 Florenz

*Stadt der Medici und Kunst-Metropole der Welt.*

Florenz (Firenze, 370 000 Einw.), die malerisch am Arno gelegene Hauptstadt der Toskana, gilt als eine der bedeutendsten Kulturmetropolen der Welt. Nach Schätzungen der UNESCO ist nahezu jeder zehnte Kunstschatz der Welt – vor allem Meisterwerke der Renaissance – hier zu Hause. Zugleich bezaubert die Stadt mit eleganter Lebensart, exklusiver Mode und feinsten Gaumengenüssen.

***Geschichte*** Florenz erhielt seinen Namen von den Römern (Municipium Florentia), wurde im 4. Jh. Bischofssitz und 1183 Stadtrepublik. Während der mittelalterlichen Kriege der **Guelfen** gegen die **Ghibellinen** errang das päpstliche Florenz die Vormachtstellung in der Toskana. *Tuchhandel* und *Bankgeschäfte* blühten. 1282 bildeten die Zunftältesten den Stadtrat, 1293 wurde der Adel von der Regierung ausgeschlossen. Vor der Pest des Jahres 1348 lebten etwa 120 000 Menschen in Florenz, damit zählte die Stadt zu den bevölkerungsreichsten der Welt. 1434 gelang es dem Großbankier **Cosimo de' Medici** die Macht an sich zu reißen. Seine Nachkommen gaben sie bis auf kurze Unterbrechungen nicht wieder ab. Die Medici, allen voran *Lorenzo der Prächtige*, förderten Kunst und Wissenschaft, regierten jedoch als absolutistische Fürsten. Im 16. Jh. sicherte Cosimo I. – von Papst Pius V. 1570 zum Großherzog der Toskana ernannt – den Einfluss des Hauses Medici auf die gesamte Toskana mit Ausnahme von Lucca, Massa und Carrara. Nach dem Aussterben der Hauptlinie der Medici übernahm das Haus **Habsburg-Lothringen** die Herrschaft und regierte mit Ausnahme der napoleonischen Zeit (1801–14) bis 1859. Danach kam die Toskana zum Königreich Piemont-Sardinien. 1865–71 war Florenz Hauptstadt des neu geschaffenen Königreiches Italien. 1982 erklärte die UNESCO das Ensemble der Altstadt mit seinen einzigartigen Baudenkmälern aus Gotik und Renaissance zum Weltkulturerbe.

Florenz leidet unter großen Verkehrsproblemen. Abhilfe sollen drei neu gebaute Straßenbahnlinien schaffen. Die Linie T1 nahm als erste ihren Betrieb im Februar 2010 auf, sie verbindet den Hauptbahnhof Santa Maria Novella mit dem südwestlich gelegenen Vorort Scandicci. 2011 begannen die Bauarbeiten für den neuen, unterirdischen Hauptbahnhof, der Florenz an das Hochgeschwindigkeitszugnetz anschließen soll.

### Rund um den Dom

Die rote Kuppel und der bunte Glockenturm des Domes im Herzen der Stadt prägen das Panorama von Florenz. Doch das älteste Gebäude am Domplatz ist das achteckige **Battistero San Giovanni** 1 (Piazza del Duomo, Tel. 05 52 30 28 85, www.operaduomo.firenze.it, Mo–Sa 12.15–18.30, So 8.30–14 Uhr). Den Baustil dieser Taufkirche, die in ihrer heutigen Form vermutlich 1059–1150 entstand, bezeichnet man als Protorenaissance, denn dieser Stil unbekannter Baumeister wurde zum Vorbild der Renaissancearchitektur. Die Proportionen des *Außenbaus* täuschen. Das Platzniveau lag ursprünglich gut 1 m tiefer, die Basis des Baptisteriums steckt in der Erde. Die einzelnen Seiten des Oktogons sind durch horizontal umlaufende Gesimse in drei Geschosse gegliedert und vertikal durch kräftige Pilaster ebenfalls dreigeteilt. Die mittlere Zone schmücken jeweils drei große Rundbogenarkaden. Ein pyramidenartiges Dach verbirgt die *Kuppel*. Anders als beim etwa gleichzeitig entstandenen Pisaner Dom ist der Bau nicht mit Marmorblöcken, sondern mit 4–5 cm dünnen Platten verkleidet und nicht bunt, sondern nur zweifarbig. Der dunkelgrüne Marmor ›zeichnet‹ geometrische Formen auf weißem Grund.

Frappierend, verglichen mit dem pisanischen Stil, ist der Unterschied in der Dekoration. Während die Pisaner ihren Prachtbau üppig mit vorgesetzten Laufgängen und Skulpturen verzierten, sind hier ähnliche Formen nur abstrakt angedeutet und in den Gesamtbau integriert. *Bronzeportale* und *Skulpturen* sind Dekorationen des 14. und 15. Jh.

Besondere Beachtung gebührt den berühmten Reliefs an den *Bronzetüren* des Baptisteriums. Die des **Südportals** (heutiger Ausgang) schuf *Andrea Pisano* 1330–36. 28 Felder zeigen Szenen aus der

**Oben:** *Stets bestaunt: die goldene Porta del Paradiso des Battistero San Giovanni*

**Unten:** *Dramatische Inszenierung – die Domkuppel von Brunelleschi gilt als das Wahrzeichen von Florenz*

*Die goldenen Bilderwelten im Kuppelmosaik des Battistero San Giovanni sind Werke des 13./14. Jh.*

*Geschichte Johannes d. T.* und *Tugenden* (in den beiden unteren Reihen). Zu ihrer Zeit waren diese z.T. schon vollplastischen Figuren unendlich bewunderte Meisterwerke und der Auslöser für einen der berühmtesten Wettbewerbe der Kunstgeschichte. 1402 bewarben sich die besten Bildhauer ihrer Zeit – Jacopo della Quercia, Donatello, Brunelleschi und Ghiberti – um den Auftrag, die beiden anderen Portale des Baptisteriums schaffen zu dürfen. *Lorenzo Ghiberti* gewann und arbeitete 1403–24 am **Nordportal** (heutiger Eingang): Er schuf 20 Tafeln mit Szenen aus dem Neuen Testament, darunter acht Felder mit Kirchenvätern und Evangelisten. Die dicht gedrängten Figuren überraschen durch ihre vielschichtige Plastizität und sind schon in Hintergrundarchitektur und Landschaft integriert. Am mittleren Ornamentstreifen der linken Flügeltür hat sich Ghiberti selbst porträtiert (5. Kopf von oben).

Den Zenit seines Schaffens erreichte Ghiberti allerdings mit der **Paradies-Tür** am Ostportal, an der er 1425–52 arbeitete. Der Name der Tür geht auf Michelangelo zurück, der das Werk für würdig empfand, die Türen des Paradieses zu schmücken. Was in der Malerei noch nicht gelang, schaffte Ghiberti hier am Relief: die perfekte *tiefenräumliche Darstellung* von Szenen durch Vollplastik, gestuft bis zu feiner grafischer Zeichnung, lebendige, in Mimik und Gestik ausdrucksstarke Gestalten. Die zehn originalen glanzvergoldeten Tafeln mit Szenen des Alten Testamentes stellt heute das Museo dell'Opera del Duomo [s.u.] aus, am Portal befinden sich Kopien. Die oberste Tafel ist den Themen *Schöpfung, Sündenfall* und *Vertreibung* aus dem Paradies gewidmet, darunter wird die *Geschichte Noahs* geschildert, gefolgt von der Szene *Geburt Esaus und Betrug Jakobs*. Im nächsten Relief empfängt Moses die Gesetzestafeln, in der Szene darunter besiegt David Goliath, auf der nächsten Tafel erschlägt Kain Abel. Auf der siebten Tafel von oben erkennt man die *Erscheinung der Engel vor Abraham*, die gefolgt wird von *Joseph und seine Brüder*. Die beiden untersten Szenen schildern die *Überquerung des Jordan* sowie den *Empfang der Königin von Saba vor Salomon*.

Die Innendekoration des Baptisteriums ist wie das Äußere dreizonig gegliedert und mit zweifarbigen Marmorinkrustationen geschmückt. Die Säulen der unteren Wandzone sind antik. Festlich ist das **Kuppelmosaik** byzantinisch-venezianischer Schule, entstanden im 13. und 14. Jh. vermutlich unter Mitwirkung *Cimabues*. In der Mitte thront Christus als Weltenherrscher auf einem Regenbogen. Die Bildstreifen erzählen von oben nach unten die *Schöpfung*, die *Josephsgeschichte, Szenen aus dem Leben Marias und Christi* und aus der *Vita Johannes d. T.* Das **Grabmal** des Gegenpapstes Johannes XXIII. (gestorben 1419 in Florenz), rechts vom Altar, schufen Michelangelo (Architektur) und Donatello (Skulpturen).

TOP TIPP So atemberaubend schön ist der **Duomo Santa Maria del Fiore** 2 (Piazza del Duomo, Tel. 05 52 30 28 85, www.operaduomo.firenze.it, Mo–Mi, Fr 10–17, Do 10–15.30, Sa 10–16.45, So 13.30–16.45 Uhr), dass selbst Florentiner, die mit ihm vor Augen aufgewachsen sind, immer wieder staunend verweilen, wenn sie aus einer der engen Gassen des Domviertels kommend plötzlich vor diesem gewaltigen Monument stehen. 1296–1461 war der Domplatz eine Großbaustelle.

Der erste Baumeister, der aus Rom berufene *Arnolfo di Cambio*, legte die Breite des Mittelschiffs fest, plante aber ein kürzeres Langhaus. Nach seinem Tod 1311 ruhten die Arbeiten, bis *Giotto* 1334–37 die Bauleitung übernahm. Von ihm stammt der Entwurf des Campanile.

Am Ende einer weiteren Folge mehrerer Architekten stand *Filippo Brunelleschi*, der 1434 endlich die achteckige, 107 m hohe **Kuppel** mit 45 m Durchmesser schloss. Für die übliche Kuppel-Bauweise wären die Fundamente zu schwach gewesen. Brunelleschi löste dieses Problem, indem er eine leichtere zweischalige Segmentkuppel aus Ziegelsteinen im Fischgrätverband errichtete. Die Laterne wurde erst im Jahr 1461 aufgesetzt. Die bis ins 16. Jh. unfertige Fassade wurde 1588 im Auftrag des Großherzogs Ferdinando I. abgerissen und so, wie sie sich heute präsentiert, erst im 19. Jh. im gotisierenden Stil auf gelungene Weise vollendet.

Mit 153 m Länge und 38 m Breite ist Santa Maria del Fiore eine der größten Kirchen der Christenheit. Trotz der langen Bauzeit wirkt das **Äußere** des Domes erstaunlich einheitlich. Dennoch lässt sich die Änderung der Baupläne an den Längsseiten ablesen: Ab dem 4. Joch sind die Fenster größer und setzen höher an. Wie die Dome in Pisa und Siena verbindet der Florentiner Dom ein basilikales Langhaus mit Querschiff und Kuppel.

An der Südseite erhebt sich der mit Marmorinkrustationen in Weiß, Grün und Rot geschmückte **Campanile** (tgl. 8.30–19.30 Uhr), der frei stehende Glockenturm

*Grandioser Auftritt: Battistero San Giovanni (links) und Dom Santa Maria del Fiore mit Campanile*

*Zwei gemalte Reiterstandbilder zählen zu den bedeutendsten Kunstwerken im Dom von Florenz*

des Domes. In seinem *Inneren* führen 414 Stufen nach oben, von wo man einen prächtigen Ausblick über die Stadt, vor allem aber auf die Domkuppel hat. Der Campanile wurde 1334 unter *Giotto* begonnen, von Andrea Pisano fortgeführt und durch Francesco Talenti 1359 vollendet. Das Skulpturenprogramm (Originale im Museo dell'Opera del Duomo) geht auf Giotto zurück.

Das **Innere** des Domes überrascht zunächst: Der Besucher betritt eine schmucklose, kühle, dreischiffige Halle. Im 19. Jh. wurde die Kirche ›entkleidet‹. Erst auf den zweiten Blick entfaltet sich die reiche Einzelausstattung, von der im Folgenden nur die Glanzstücke genannt werden. Die schönen *Glasmalereien* der Frührenaissance entstanden nach Entwürfen von Ghiberti, Donatello, Paolo Uccello, Andrea del Castagno und Antonio Gaddi. An der Westwand über dem Hauptportal besticht das *Mosaik* der Marienkrönung von Gaddo Gaddi (nach 1300). Die *Prophetenköpfe* an der Uhr stammen von Paolo Uccello. Nah am Eingang an der rechten Langhauswand befindet sich eine *Gedenkstätte für Brunelleschi* mit einer Büste des Kuppelerbauers, ausgeführt von seinem Schüler Andrea Cavalcanti (1446).

Kunsthistorisch bedeutend sind vor allem die *gemalten Reiterstandbilder* zweier Söldnerführer an der linken Langhauswand, links das des Niccolò da Tolentino von Andrea del Castagno (1456), daneben die in ihrer perspektivischen Verkürzung äußerst radikale Darstellung des Giovanni Acuto von Paolo Uccello (1436).

Das *Kruzifix* am Hauptaltar ist ein Werk Benedetto da Maianos (1497). Beachtung verdient in der Hauptkapelle des Vorraums der *Sarkophag* mit der Reliquie des hl. Zenobius von Ghiberti (1432–42). Vom Mittelschiff aus hat man Zugang zu den **Ausgrabungen** der Vorgängerkirche Santa Reparata, einer im 5. Jh. gegründeten Basilika, die im 14. Jh. abgerissen wurde.

Schräg gegenüber des Chors von Santa Maria del Fiore befindet sich das **Museo dell'Opera del Duomo** 3 (Piazza del Duomo 9, Tel. 0552302885 Uhr, Mo–Sa 9–19.30, So 9–13.45 Uhr). Im *Erdgeschoss* sind *Skulpturen* von der ersten Domfassade versammelt, die bis 1587 Bestand hatte. Die meisten stammen aus der Werkstatt Arnolfo di Cambios (um 1300), darunter die hl. Reparata, Papst Bonifaz VIII. und die Figuren des Marientods (Gipsabguss). Die Stars der Präsentation sind zweifellos die zehn originalen *Bronzereliefs* der Paradiestür des Baptisteriums von Ghiberti, in deren Bildwelten man hier noch einmal schwelgen kann. Publikumsmagnet im Zwischengeschoss ist Michelangelos *Pietà Bandini* (1547–53), die er für sein künftiges Grab in Rom gestaltet hatte. Schwer liegt der Leichnam Christi nach der Kreuzabnahme in den Armen von Maria und Maria Magdalena. Von hinten beugt sich der gleichfalls trauernde Joseph von Arimathia (oder Nikodemus), ein Selbstporträt Michelangelos, über die Drei und hält liebevoll den Arm Christi. Im Obergeschoss begegnet der Besucher Skulpturen und Reliefs des *Campanile*, die von Andrea und Nino Pisano, von Maso di Banco, Donatello und Nanni di Bartolo angefertigt wurden. Glanzlichter sind aber vor allem die beiden *Sängerkanzeln*, die bis 1686 über den Sakristeitüren des Domes angebracht waren. Die 1432–35 von Luca della Robbia gefertigte Kanzel (Cantoniera) weist zehn herrlich komponierte Reliefplatten mit singenden Knaben auf. Donatellos Konkurrenzwerk von 1433–38 wiederum erfreut mit einem Fries, auf dem Putten ausgelassen tanzen und musizieren. Weitere Räume zeigen Kostbarkeiten aus der *Schatzkammer* des Doms, darunter Reliquiare, Messbücher, liturgische Gewänder und Gerätschaften. Einen Ehrenplatz nimmt hier Donatellos Holzstatue der *Maria Magdalena* (nach 1453) aus dem Baptisterium ein. Die ausgezehrte Gestalt der Büßerin ist ein visionäres Spätwerk, das in seinem kompromisslosen Realismus die radikale Moderne vorwegzunehmen scheint. *Brunelleschi* und seinem Werk sind gleichfalls einige Säle gewidmet. Man sieht kunstvolle Holzmodelle der Domkuppel und von Brunelleschi entwickeltes Arbeitsgerät.

Vorbei an alten Stadtpalästen mit schicken Geschäften führt die Flaniermeile der Via dei Calzaiuoli zum ehemaligen Getreidespeicher **Orsanmichele** 4 (Tel. 05 52 38 85, www.polomuseale.firenze.it, tgl. 10–17 Uhr). Das heutige Bauwerk entstand 1336–57 nach einem Brand, bei dem auch das hier aufbewahrte Gnadenbild zerstört wurde. Für den Neubau schufen Andrea Orcagna (Skulptur) und Bernardo Daddi (Malerei) 1349 ein prächtiges Altartabernakel. Die Zünfte ließen die 14 Fassadennischen mit *Heiligenskulpturen* und *Tabernakel-Reliefs* mit Handwerker- und Händlerszenen schmücken. An diesen Aufträgen arbeiteten berühmte Bildhauer wie Donatello, Ghiberti, Nanni di Banco (1410–1428), Andrea del Verrocchio (1483) und Giambologna (1601). Die meisten Skulpturen wurden inzwischen durch Kopien ersetzt.

*Kunstvolle Kaffeepause – alle Touristenpfade führen immer wieder zur Piazza della Signoria*

## Rund um die Piazza della Signoria

Ein paar Schritte weiter öffnet sich die grandiose *Piazza della Signoria*. Die weiträumige Platzanlage beherrscht der burgartige **Palazzo Vecchio** 5 (Tel. 05 52 76 83 25, Do 9–14, Fr–Mi 9–19 Uhr), vor dem eine Kopie

von Michelangelos berühmtem David (Original in der Galleria dell'Accademia, s. S. 148) und Baccio Bandinellis Herkules die Stärke des florentinischen Staatswesens repräsentieren. Der Eingang zum Palast, der von Arnolfo di Cambio 1299–1314 als Versammlungshaus der Zunftältesten errichtet und bis ins 16. Jh. mehrmals umgebaut wurde, liegt an der Via della Ninna. Den **Innenhof** (nicht zugänglich) mit mächtigem Portikus gestaltete Michelozzo im Auftrag der Medici (1470), die im Palazzo Vecchio residierten, bevor sie in den Palazzo Pitti umzogen. Die große *Treppe* Vasaris (1560–63) führt zu den herzoglichen ›Quartieri‹ hinauf.

Im Inneren beeindruckt zunächst der gigantische **Saal der Fünfhundert** mit pompösen *Schlachten-Fresken* Vasaris (1550–70) und zahlreichen *Statuen*, darunter dem *Sieg* Michelangelos. Angeschlossen ist das kleine **Studiolo** des Medici-Herzogs Francesco I. (Vasari 1570), der dort chemische Experimente durchführte. Zum wissenschaftlichen Interesse des Herzogs passt das Bildprogramm unter der gewölbten Decke: Poppis *Allegorie von Prometheus und den Elementen*. Im 2. Stockwerk ist besonders der von Giuliano und Benedetto da Maiano ein-

gerichtete **Saal der Lilien** mit wunderschöner Kassettendecke beachtenswert. Den Raumeindruck erweitern die *Fresken* mit antiken Themen von Domenico Ghirlandaio (1482–84). Im Rahmen von Führungen können die **Percorsi Segreti**, geheime Räume und Gänge des Palastes, besichtigt werden.

Im feinen Kontrast zum trutzigen Palazzo Vecchio erscheint die sich in hohen Arkaden auf die Piazza öffnende **Loggia dei Lanzi** 6. Die Halle wurde 1376–82 für Zusammenkünfte und Festlichkeiten der Signoria erbaut und ist mit symbolträchtigen Skulpturen ausgestattet, darunter Benvenuto Cellinis Bronze ›Perseus mit dem Haupt der Medusa‹ (1545–54).

TOP TIPP Zwischen Palazzo und Loggia öffnen sich die mächtigen Gebäudeflügel der **Galleria degli Uffizi** 7 (Piazzale degli Uffizi, Tel. 055 29 48 83, www.polomuseale.firenze.it, Di–So 8.15–18.50 Uhr, Kartenvorbestellung dringend empfohlen über www.firenzemusei.it). Der Name leitet sich vom italienischen Wort ›Uffici‹ (Büros) ab. Die dreiflügelige Anlage, die sich bis zum Arno erstreckt, entstand 1560–80 nach einem Entwurf von Giorgio Vasari. Cosimo I. hatte in diesem Verwaltungsgebäude die wichtigsten Ämter unterbringen wollen.

Heute zählen die Uffizien zu den bedeutendsten Gemäldegalerien der Welt. Die Sammlung mit mehr als 1500 Exponaten umfasst neben weltberühmten Gemälden das Grafische Kabinett, Gobelins und antike Skulpturen. Zu den großar-

*Das einstige Büro- und Amtsgebäude der Galleria degli Uffizi* **(oben)** *birgt heute die größte Gemäldegalerie Italiens, in der unendlich viele berühmte Werke zu sehen sind wie z. B. die von Buontalenti entworfene Tribuna* **(links)** *oder die ›Geburt der Venus‹ von Sandro Botticelli* **(unten)**

tigsten Werken zählen die *Maestà* von Giotto, das *Doppelporträt der Montefeltro* von Piero della Francesca, die *Geburt der Venus* von Sandro Botticelli, die *Anbetung der Könige* von Leonardo, das *Tondo Doni*, das einzige frühe Ölgemälde von Michelangelo, die *Flora* von Tizian und ein *Jugendlicher Bacchus* von Caravaggio.

Auf der Höhe der Uffizien überbrückt der **Ponte Vecchio** 8 den Arno. Die älteste Brücke der Stadt entstand im 14. Jh. auf der Basis eines antiken Übergangs und dient seit dem 16. Jh. auch als *Einkaufspassage*. Zunächst richteten Metzger, später nur noch Goldschmiede ihre Läden auf dem Ponte Vecchio ein. Dabei ist es bis heute geblieben. Auf Wunsch Cosimos I. überbaute Giorgio Vasari die Brücke mit einem **Korridor** (gelegentlich von den Uffizien aus zu besichtigen), durch den der Großherzog, unbehelligt vom Volke, vom Palazzo Vecchio aus in seine Residenz im Palazzo Pitti gelangen konnte.

Der wuchtige, dreistöckige **Palazzo Pitti** 9 (Piazza dei Pitti, Tel. 055 29 48 83, www.polomuseale.firenze.it, Kartenvorbestellung s. S. 153) am anderen Ufer des Arno entstand ab 1457 als Wohnhaus für den reichen Bankier Luca Pitti. Ein Jahrhundert später kauften die Medici den Palast, erweiterten ihn um den berühmten 45 000 m$^2$ großen **Giardino di Boboli** (Juni–Aug. Di–So 8.15–19.30, April/Mai, Sept./Okt. Di–So 8.15–18.30, Nov.–Febr. Di–So 8.15–16.30, März 8.15–17.30 Uhr, außerdem jeden 2. und 3. Mo im Monat, letzter Einlass 1 Std. vor Schließung) mit *Amphitheater* und *Wasserspielen* sowie durch einen gigantischen *Innenhof*. Im 18. Jh. wurde der Palazzo Pitti noch einmal an den Seiten um je drei Fenster verlängert, sodass die Fassade schließlich eine Länge von 200 m überschritt. Das Gebäude beherbergt verschiedene Museen.

Die **Galleria Palatina** (Di–So 8.15–18.50 Uhr) im 1. Stockwerk wurde in den ehemaligen Wohnräumen des Großherzogs untergebracht. Die Säle sind von *Pietro da Cortona* ausgemalt und verfügen über eine außerordentliche Gemälde-Sammlung, die sich vor allem auf drei bedeutende Maler konzentriert: **Raffael** (*Donna Velata, Madonna del Granduca, Madonna della Seggiola, Gravida, Bildnis des Agnolo und Magdalena Doni*), **Tizian** (*Konzert, Die Schöne, Pietro Aretino, Bildnis eines Edelmannes, Hl. Magdalena*) und **Rubens** (*Rückkehr von den Feldern, Vier Philosophen, Allegorie des Krieges, Bildnis der Isabella Clara Eugenia*).

Im gleichen Stockwerk geben die **Appartamenti reali** (zugänglich über Galleria Palatina, Jan. geschl.) Zeugnis ab über drei Abschnitte in der Geschichte des Palastes: Die *Kapelle des Großfürsten Ferdinand* blieb aus der Medici-Zeit erhalten, aus der Epoche der Lothringer stammt das prunkvolle *Ankleidezimmer der Königin* im Rokoko-Stil, aus dem 19. Jh., als die italienischen Könige in Florenz residierten, der *Thronsaal* im neobarocken Stil.

Auf toskanische Malerei des 19. und 20. Jh. ist die **Galleria d'Arte Moderna** (Di–So 8.15–18.50 Uhr, gemeinsame Eintrittskarte mit der Galleria Palatina) im 2. Stockwerk spezialisiert.

*Hübsche Aussichten: der Ponte Vecchio, die älteste Brücke von Florenz, vom Ponte S. Trinità*

*Volksbelustigung mit Tradition: der Calcio Storico Fiorentino auf der Piazza Santa Croce*

Das in den ehemaligen Sommergemächern des Großherzogs untergebrachte **Museo degli Argenti** (Öffnungszeiten wie Giardino di Boboli, s.o.) zeigt eine *Sammlung von Tafelsilber, Juwelen* und *Stoffen* aus der Großherzoglichen Schatzkammer.

Östlich der Uffizien erlangte **Santa Croce** 10 (Piazza S.Croce, Tel. 05 52 46 61 05, Mo–Sa 9.30–17.30, So 13–17.30 Uhr), ein dreischiffiger Kirchenbau aus dem 13. Jh., vor allem wegen seiner Grabmäler für Ghiberti, Galilei, Michelangelo, Rossini und der Fresken Giottos zur Vita des hl. Franziskus in den *Cappelle Bardi e Peruzzi* Berühmtheit. Der weiträumige Platz vor der Kirche wird alljährlich im Juni während des *Calcio Storico Fiorentino* zum Schauplatz eines ausgelassenen Fußballwettkampfs in historischen Kostümen.

## Skulpturenschätze der Renaissance

Ein weiterer Höhepunkt eines Florenzbesuches ist nahebei die grandiose Skulpturensammlung des **Museo Nazionale del Bargello** 11 (Via del Proconsolo 4, Tel. 055 29 48 83, www.polomuseale.firenze.it, Di–Sa 8.15–17 Uhr, auch jeden 2., 4. So sowie jeden 1., 3., 5. Mo im Monat, Kartenreservierung s. S. 153). Im Erdgeschoss werden Werke von **Michelangelo Buonarroti** gezeigt: der verspielte, nach antiken Vorbildern entstandene *Trunkene Bacchus mit kleinem Satyr* (1497), Michelangelos erste größere Plastik, der *Kleine*

*Michelangelos berühmter ›David‹ steht im Zentrum der Galleria dell'Accademia*

*David* (1531), das *Tondo Pitti* (1504) und eine *Büste des Brutus* (1540). Im Hauptsaal des Erdgeschosses ist außerdem das Original einer weltberühmten, viel kopierten Skulptur des Frühbarock zu sehen: der eilende Götterbote *Merkur* von *Giambologna* (1564). Ein Vorbild dieses Werks wird im 1. Stockwerk gezeigt: *Donatellos* bronzener **David** (um 1408/09), die erste frei stehende Aktfigur seit der Antike, ist ein verspielter feingliedriger Jüngling, eigentlich zu zart, um das Schwert zu heben, mit dem er Goliath das Haupt abschlug. Spannend ist der Vergleich zwischen den beiden Reliefs *Opferung Isaaks* im Hauptsaal, mit denen sich *Ghiberti* (der Sieger) und *Brunelleschi* um den Auftrag für die *Baptisteriumstüren* bewarben (s. S. 140). Dazu sind Skulpturen von Cellini, Sansovino, Ammanati, Luca della Robbia, Verrocchio u. a. zu sehen.

Wer das berühmteste plastische Werk Michelangelos kennen lernen möchte, muss in die **Galleria dell'Accademia** ⓬ (Via dei Ricasoli 60, Tel. 055 29 48 83, www.polomuseale.firenze.it, Di–So 8.15–18.50 Uhr, Kartenreservierung s. S. 153). Hier steht die Original-Skulptur, der gut 4 m hohe, heroische, nackte **David** (1501–04), den der erst 26-jährige Michelangelo aus einem Marmorblock schlug, der jahrelang unverwendet vor der Dombaustelle gelegen hatte. Die Stadtregierung kaufte den ›Giganten‹ für 400 Dukaten und stellte ihn als Symbol städtischer Freiheit auf die Piazza della Signoria. Vielleicht noch interessanter als der anatomisch perfekte David sind die Figuren, die in der Galerie den Weg zum Giganten säumen: Die vier **Sklaven** Michelangelos sind regelrecht im Stein gefangen. Es ist nicht geklärt, ob Michelangelo die Skulpturen selbst meißelte und, wie Vasari schreibt, bewusst nicht beendete, oder ob es sich nur um Vorarbeiten von Gehilfen handelt. Beachtung verdienen auch Michelangelos weitgehend vollendeter *Matthäus* (1503) und die *Pietà aus Palestrina*, die aus einem antiken, in Palestrina gefundenen Dachgesims entstand. Manche Kunsthistoriker bezweifeln die Zuweisung dieser Gruppe. Im Übrigen sind in der ›Accademia‹ Werke von florentinischen Malern der Frührenaissance ausgestellt, darunter Sandro Botticellis *Madonna des Meeres*.

### Klöster und Kirchen

Ein einmaliges Erlebnis ist wenige Schritte entfernt der Besuch des ehem. Dominikaner-Klosters **San Marco** ⓭ mit dem *Museo di San Marco* (Piazza San Marco, Tel. 055 29 48 83,

TOP TIPP

www.polomuseale.firenze.it, Di–Fr 8.15–13.50, Sa, Fei 8.15–16.50 Uhr sowie jeden 1., 3. und 5. Mo im Monat 8.15–13.50, jeden 2. und 4. So 8.15–16.50 Uhr, Kartenreservierung s. S. 153). Den prachtvollen Ausbau durch *Michelozzo* finanzierte Cosimo de' Medici 1437–42. Die dem Stifter vorbehaltene Zelle für Meditationstage kann man heute ebenso besichtigen wie den Schlafraum von **Fra Girolamo Savonarola**, ab 1491 Abt des Klosters. Dieser großartige Rhetoriker, fanatische Asket, Bilderstürmer und Reformator rief die Florentiner zu moralischer Reinigung auf, löste eine Revolte aus und regierte für kurze Zeit an der Spitze einer theokratischen Stadtverwaltung Florenz, sein ›Neues Jerusalem‹. 1497 wurde er vom Papst exkommuniziert, 1498 als Häretiker verbrannt. Auch die anderen **Klosterzellen** sind sehenswert: Sie wurden um 1440 von dem frommen Mönch und genialen Künstler *Beato Angelico* und Gehilfen mit Fresken geschmückt. Die schönsten Bilder im Kloster sind jedoch Fra' Angelicos *Verkündigung* mit einer hingebungsvollen Maria und das Tafelbild der *Kreuzigung* im Zellengang sowie das Fresko *Abendmahl* mit weich modellierten Figuren von Domenico Ghirlandaio (1480) im kleinen **Refektorium**. Beachtenswert ist ferner das abgenommene Fresko *Das Jüngste Gericht* von Fra Bartolomeo (1499–1501) im großen Refektorium und die *Madonna* desselben Künstlers (1510) im angrenzenden Raum.

Eine der bedeutendsten Renaissancekirchen steht weiter südlich, etwas verborgen hinter dem bunten Treiben des werktäglichen Wochenmarkts. Die heutige Gestalt von **San Lorenzo** **14** (Piazza San Lorenzo, Tel. 055 21 40 42, Mo–Sa 10–17, März–Okt. auch So 13.30–17.30 Uhr) beruht im Wesentlichen auf den Plänen Brunelleschis. Sie gehört zu den ältesten Kirchenbauten der Stadt (393 von Bischof Ambrosius geweiht) und wurde ab 1418 erweitert. Die Folge von Säule und Rundbogen im Kircheninneren steht ganz in antik-frühchristlicher Tradition. Glanzlichter unter den Ausstattungsstücken sind zweifellos die *Bronzekanzeln* von Donatello (1460–70). Der erste Zentralraum der Renaissance ist die Alte Sakristei (1420–28). Über einem quadratischen Grundriss spannte Brunelleschi eine großartige *Schirmkuppel*.

Gegenüber liegt die grandiose **Neue Sakristei** von *Michelangelo* (ab 1520), Teil der sogenannten **Cappelle Medicee** (Piazza Madonna degli Aldobrandini 6, Tel. 055 29 48 83, www.polomuseale.firenze.it, Di–Sa sowie jeden 2. und 4. Mo im Monat und jeden 1., 3. und 5. So 8.15–13.50 Uhr). Michelangelos Grabmäler für Giuliano und Lorenzo de' Medici porträtieren die verstorbenen Herzöge als antike Feldherren in lässiger Denkerpose thronend, ihnen zu Füßen lagern auf den Sarkophagdeckeln je eine männliche und eine weibliche Aktfigur, Allegorien von Tag und Nacht bzw. Morgen und Abend.

*Albertis Giebelvoluten an der Fassade von Santa Maria Novella wurden noch im Barock imitiert*

Ein wahres Bilderbuch der Renaissancemalerei ist die dreischiffige gotische Dominikanerkirche **Santa Maria Novella** 15 (Mo–Do 9–17.30, Fr 11–17, Sa 9–17, So 12–17 Uhr) weiter westlich. Sie wurde 1246–1300 im gotischen Stil erbaut und erhielt 1456–70 die eindrucksvolle weiß-grün ornamentierte *Marmorfassade* nach Entwürfen von *Leon Battista Alberti*. Der Fries im Gebälk zeigt geblähte Segel, das Wappen des Auftraggebers Giovanni Ruccellai. Der **Dreiecksgiebel** und die seitlichen Voluten sind Erfindungen Albertis, die noch im Barock kopiert wurden. Das **Innere** der Basilika mit Querschiff und fünf Chorkapellen nach Vorbild der Zisterzienserkirchen überrascht durch ein gotisches Kreuzgratgewölbe und hohe Arkaden. Das Querhaus und die Kapellen sind herrlich freskiert und reich mit Kunstschätzen ausgestattet. Hier sollte man genug Münzen für die Beleuchtungsautomaten in der Tasche haben.

Die **Hauptkapelle** wurde 1485–90 von Domenico Ghirlandaio und seinen Schülern ausgemalt, zu denen auch der junge Michelangelo gehörte. Ghirlandaio zeichnet hier ein vorzügliches Bild der Florentiner Gesellschaft der Renaissance, die Bürger treten als Komparsen des *Marienlebens* und der *Vita Johannes d. T.* auf. Die **Cappella Filippo Strozzi** rechts neben der Hauptkapelle schmückte sieben Jahre später, 1497–1502, Filippino Lippi, der Sohn Fra Filippo Lippis, in deutlich bewegterem, frühmanieristischem Stil aus. Die Bilder erzählen Legenden des Apostels Philippus sowie Johannes d. T. 140 Jahre älter ist das Fresko in der **Cappella Strozzi** am linken Ende des Querhauses: Nardo di Cione (1357) breitete über drei Wände das Thema des *Jüngsten Gerichtes* aus. Das berühmteste Bild der Kirche

**Oben:** *Florenz wie auf dem Silbertablett: Aussichtsterrasse Piazzale Michelangelo*
**Links:** *Meilenstein europäischer Fresken: Cappella Brancacci in Santa Maria del Carmine*

Santa Maria Novella befindet sich an der linken Langschiffwand: Masaccios **Trinità** (1426) bildet zum ersten Mal die antikisierende Formensprache des Architekten Brunelleschi in der Malerei nach. Das Kreuz steht unter einer Loggia, die Wandpfeiler und Säulen mit korinthischen und ionischen Kapitellen säumen. Innovativ auch die Porträts Masaccios: Maria (links) ist hier keine idealisierte Heilige, sondern eine von Enttäuschung gezeichnete ältere Frau. Auf einer Stufe unter dem Kreuz knien die beiden Stifter des Bildes.

Sehenswert sind auch links der Kirche die **Chiostri Monumentali di Santa Maria Novella** mit dem **Grünen Kreuzgang**, in dem Fresken des 15. Jh. von Paolo Uccello erhalten sind, sowie der faszinierenden **Spanischen Kapelle** mit Fresken zum rechten Heilsweg der Menschen und der Missionierung durch die Dominikaner, geschaffen von Andrea Buonaiuti.

Eines der schönsten Werke der Frührenaissance-Malerei birgt am gegenüberliegenden Arnoufer die 1268 begonnene und 1771 abgebrannte Kirche **Santa Maria del Carmine** 16, von der nur die Sakristei, die Cappella Corsini sowie die **Cappella Brancacci** (Piazza del Carmine 14, Tel. 05 52 38 21 95, www.museicivicifiorentini.it, Mo, Mi–Sa 10–17, So 13–17 Uhr) gerettet werden konnten. Letztere ist berühmt für ihren ausdrucksstarken Freskenzyklus zur *Vita des hl. Petrus*, den Masolino und Masaccio 1424 begonnen haben und den Filippino Lippi 1481/82 vollendete.

## Über dem Piazzale Michelangelo

Stimmungsvoller Abschluss eines Florenzbesuches ist die Besichtigung der Basilika **San Miniato al Monte** 17 (Via Monte alle Croci, Tel. 05 52 34 27 31, tgl. 8–12.30, 15–17.30 Uhr). Der Weg hinauf zum *Piazzale Michelangelo* lohnt sich schon wegen der herrlichen Aussicht auf die Stadt. Auf dem Gipfel des Hügels erhebt sich die romanische Basilika (1018–1207), die man schon von weitem an den weiß-grünen geometrischen Ornamenten der **Marmorfassade** erkennt. Der obere Teil hat die Form eines kleinen Tempels. Darauf leuchtet ein *Mosaik* auf goldenem Grund (13. Jh.): Christus mit der Jungfrau und dem hl. Minias (einem hier im 3. Jh. gestorbenen Märtyrer). Das **Innere**, von frühchristlicher Strenge, gliedern antike Säulen in drei Schiffe. Die rechte Langhauswand weist Reste von *Fresken* aus dem 14. und 15. Jh. auf. Den Fußboden schmücken herrliche *Marmor-*

*intarsien* (1207). Der Chor liegt erhöht über einer Krypta mit Kreuzgratgewölbe auf dünnen Säulen, deren Fassade Marmorintarsien prunkvoll dekorieren (1207). Aus dieser Zeit stammen auch *Kanzel* und *Chorschranken*. Im Mittelschiff erhebt sich über einem Altar das **Marmorziborium** von Michelozzo (1448). Die Terrakotta-Dekoration führte Luca della Robbia aus, die *Altarbilder* stammen von Agnolo Gaddi (1394–96). Am Ende des rechten Schiffes führt eine Tür in die **Sakristei**, die Spinello Aretino um 1400 mit *Szenen aus dem Leben des hl. Benedikt* ausmalte (vgl. auch Monte Oliveto Maggiore, s. S. 52). Den Zentralbau der **Kapelle des Kardinals von Portugal** in der Mitte des linken Seitenschiffs errichtete 1461–66 der Brunelleschi-Schüler Antonio Manetti, die Ausstattung schufen Luca della Robbia (Skulpturen), Alessio Baldovinetti (Fresken) und Antonio Rossellino (Grabmal).

*Meisterwerk Michelozzos: Marmortabernakel im Chor von San Miniato al Monte*

## Praktische Hinweise

### Information

**APT**, Via Cavour 1/r, Florenz, Tel. 055 29 08 32, www.firenzeturismo.it

**APT**, Via Manzoni 16, Florenz, Tel. 05 52 33 20

### Flughafen

**Aeroporto Amerigo Vespucci**, Via del Termine 11, Florenz, Tel. 05 53 06 13 00, www.aeroporto.firenze.it. 4 km nordwestlich, Shuttlebus zum Hauptbahnhof Santa Maria Novella im Stadtzentrum.

### Parken

Die erweiterte Innenstadt von Florenz ist als **Zona Traffico Limitato** für Besucherautos gesperrt. Hotelgäste sollten schon bei der Buchung nach einer Sondergenehmigung fragen. **Parkplätze** mit Sondertarifen für längere Aufenthalte sind zum Beispiel der Parcheggio Parterre (Piazza della Libertà) und der Parcheggio Oltrano (Piazza della Calza).

### Kartenreservierung für Museen

**Firenze Musei**, Tel. 055 29 48 83, www.firenzemusei.it

### Hotels

*******Regency**, Piazza M. D'Azeglio 3, Florenz, Tel. 055 24 52 47, www.regency-hotel.com. Exklusives Stadthotel in einer Patriziervilla mit Spitzenrestaurant Relais Le Jardin, nahe am Zentrum, aber abseits der Touristenströme.

*****Fiorino**, Via Osteria del Guanto 6, Florenz, Tel. 055 21 05 79, www.hotelfiorino.it. Schlichtes, sauberes kleines Hotel in ruhiger, aber zentraler Lage hinter der Piazza della Signoria.

*****Loggiato dei Serviti**, Piazza SS. Annunziata 3, Florenz, Tel. 055 28 95 92, www.loggiatodeiservitihotel.it. Charmantes, luxuriöses Hotel mit 38 geräumigen, antiquitätengeschmückten Zimmern in einem früheren Ordenshaus aus dem 16. Jh. unweit des Doms. Frühzeitige Buchung ratsam!

*****La Sacletta**, Via Guicciardini 13, Florenz, Tel. 055 28 30 28, www.lascaletta.com. Schmuckstück zwischen Ponte Vecchio und Palazzo Pitti mit geräumigen Zimmern und Sonnenterrassen.

### Restaurants

**Cibrèo-Cibreino**, Via dei Macci 122 r, Florenz, Tel. 05 52 34 11 00, www.cibreo.com. Klassische Spezialitäten in der Trattoria, die zum Nobelrestaurant Cibrèo gehört, vor der Markthalle Sant'Ambrogio (So/Mo geschl.).

TOP TIPP **Enoteca Pinchiorri**, Via Ghibellina 87, Florenz, Tel. 055 24 27 57, www.enotecapinchiorri.it. Für viele das beste Restaurant in Florenz, der Michelin vergibt zwei Sterne und das Prädikat ›eine Reise wert‹ (So/Mo sowie Di/Mi mittags und Aug. geschl.).

**La Casalinga**, Via dei Michelozzi 9 r, Florenz, Tel. 055 21 86 24., www.trattorialacasalinga.it Familiäre Trattoria mit toskanischer Küche (So geschl.).

**Paoli**, Via dei Tavolini 12/r, Florenz, Tel. 055 21 62 15. Charakteristisches Restaurant in Domnähe mit einem Ambiente, das dem 14. Jh. nachempfunden ist (Di geschl.).

### Cafés

**Dolci e Dolcezze**, Piazza Beccaria 8 r, Florenz, Tel. 05 52 34 54 58. Zitronenschnitten, Schokoladentorten etc. aus der feinen Konditorei sind heiß begehrt.

**Perchè No!**, Via dei Tavolini 19 r, Florenz, Tel. 05 52 39 89 69, www.percheno.firenze.it. Eine lange Theke voll cremiger und fruchtiger Eisvarianten.

## 32 Fiesole

*Im 15. Jh. die Sommerfrische der Florentiner, später Refugium von Künstlern wie Paul Klee und Marcel Proust.*

Das schöne 15 000-Einwohner-Städtchen liegt in den Hügeln bei Florenz. Schon die **Etrusker** hatten den Ort besiedelt, Sulla eroberte ihn 80 v. Chr. Im Mittelalter waren Florenz und Fiesole noch zwei etwa gleich große, konkurrierende Nachbarstädte, doch dem Aufstieg der Florentiner konnten die Fiesolaner nicht standhalten. 1125 unterwarf Florenz die Nachbarin, die seitdem nie wieder selbstständig wurde. Anfang des 20. Jh. war Fiesole bei Malern und Schriftstellern wie Klee, Proust, Anatole France oder Gertrude Stein in Mode.

Im Stadtzentrum liegt der **Archäologische Bezirk**, der sich rund um das schön in die Landschaft gefügte, unter Claudius errichtete *Theater* mit einst 3000 Plätzen erstreckt. Die *Thermen* (2. Jh. n. Chr.) an der etruskischen *Stadtmauer* sind noch gut zu erkennen. Auch Reste der *Tempelanlage*, etruskische im Süden und römische im Norden auf gemeinsamem Funda-

ment, sind zu sehen. Das **Museo Archeologico e Teatro Romano** (Via Portigiani 1, Tel. 05 55 96 12 93, April–Sept. tgl. 10–19, März, Okt. tgl. 10–18, Nov.–Febr. Mi–Mo 10–16 Uhr) hinter dem Theater zeigt Fundstücke des antiken Fiesole.

Der Dom **San Romolo** an der Piazza Mino da Fiesole, über dem römischen Forum, stammt aus dem 11.–13. Jh., wurde jedoch im 19. Jh. stark umgebaut. Im Inneren ist neben dem Marienaltar von Lorenzo di Bicci vor allem die *Salutati-Kapelle* rechts neben dem Presbyterium mit dem Grabmal des Bischofs Salutati von Mino da Fiesole und Fresken von Cosimo Rosselli (um 1465) beachtenswert.

In einem neoklassizistischen Palast neben dem Dom zeigt das **Museo Bandini** (Via Dupré 1, Tel. 05 55 96 12 93, April–Sept. tgl. 10–19, Okt., März tgl. 10–18, Nov.–Febr. Mi–Mo 10–16 Uhr) Gemälde der Florentiner Schule aus dem 13.–15. Jh. u.a. von Taddeo Gaddi und Nardo di Cione sowie Terrakotten der della-Robbia-Werkstatt.

Die am Park gelegene Kirche **Sant' Alessandro** erhielt ihre Fassadengestaltung im 19. Jh., innen beeindrucken acht Säulen aus griechischem Marmor von der Insel Euböa.

Schräg gegenüber liegt das 1905 umgebaute Konvent **San Francesco** aus dem 14. Jh. Von der klassizistischen Umgestaltung verschont blieb der Hauptaltar mit der *Verkündigung* von Raffaelino Garbo (um 1495).

## i Praktische Hinweise

### Information

**IAT**, Via Portigiani 3, Tel. 05 55 96 13 23, www.comune.fiesole.fi.it

### Hotel

TOP TIPP *****__Villa San Michele__, Via Doccia 4, Fiesole, Tel. 05 55 67 82 00, www.villasanmichele.com. Die herrliche Anlage aus dem 15. Jh. gilt als eines der besten Luxushotels Italiens.

*Das Teatro Romano in Fiesole ist nicht nur als archäologische Attraktion, sondern auch wegen seiner herrlichen Lage eine Reise wert*

## 33 Villa Medicea di Poggio a Caiano und Villa Medicea della Petraia

*Landsitze und Lustgärten der Renaissance.*

Ab Mitte des 15. Jh. ließen die Medici, angeregt durch das Vorbild antiker Patrizier, zahlreiche vornehme Landvillen rund um Florenz anlegen, die der Entspannung, der Falken-Jagd, der Erziehung der Kinder und amourösen Treffen dienten. Nicht zuletzt lieferten die Landgüter auch Lebensmittel. Denn wie heute noch legten die wohlhabenden Toskaner bereits in der Renaissance großen Wert darauf, sich an garantiert frischen Nahrungsmitteln erster Güte zu laben. Die meisten ehemaligen Landvillen sind heute in Privatbesitz. Viele wurden neuen Funktionen zugeführt wie die *Villa Ambrogiana* bei Montelupo (Gefängnis), die *Villa di Castello* (Sitz einer Sprach-Akademie) oder die *Villa Artimino* (privates Kongresszentrum). Manche stehen leer und verfallen wie die *Villa di Caffagiolo* im Mugello oder wurden abgerissen wie die *Villa Demidoff* in Pratolino, von der nur ein herrlicher englischer Garten übrig blieb.

Die **Villa Medicea di Poggio a Caiano** (17 km außerhalb von Florenz Richtung Prato, Piazza de Medici 14, Tel. 055 877012, www.polomuseale.firenze.it, März Di–So 8.15–17.30, April, Mai, Sept., Okt. Di–So 8.15–18.30, Juni–Aug. Di–So 8.15–19.30, Nov.–Febr. Di–So 8.15–16.30 Uhr sowie jeden 1. und 4. Mo im Monat), umgeben von einer hohen Mauer mit Ecktürmen, ist der wohl schönste Medici-Landsitz. Giuliano da Sangallo baute den Palast 1480–85 für Lorenzo den Prächtigen. Nach dessen Tod war Poggio a Caiano Sommerresidenz des Medici-Papstes Leo X. 1587 starben Großherzog Francesco I. und seine venezianische Gemahlin Bianca Cappello in der Villa. Drei Jahrhunderte später erwählte König Vittorio Emanuele II. die Villa als Residenz. Die *Fassade* mit ihrer Arkadenloggia im Erdgeschoss und einer kleineren, von einem Terrakottafries gekrönten Kolonnade im Obergeschoss unter dem ausladenden Dreiecksgiebel geht auf das Vorbild antiker Kaiserpaläste zurück. Das *Innere* wurde im 16. Jh. von Andrea del Sarto und Pontormo mit Fresken dekoriert, deren antike Thematik Bezüge auf die Politik der Medici nimmt. Im zweiten Geschoss präsentiert das *Museo della Natura Morta* (Tel. 055 877012, nur nach Voranmeldung) eine umfangreiche Stilllebensammlung der Medici.

Die **Villa Medicea della Petraia** (Via della Petraia 40, Località Castello, Tel. 055 452691, www.polomuseale.firenze.it, März Di–So 8.15–17.30, April, Mai, Sept., Okt. Di–So 8.15–18.30, Juni–Aug. Di–So 8.15–19.30, Nov.–Febr. Di–So 8.15–16.30 Uhr sowie jeden 1. und 4. Mo im Monat) liegt 6 km außerhalb von Florenz Richtung Sesto Fiorentino. Die Villa war einst ein turmbewehrtes mittelalterliches Kastell, das *Buontalenti* 1576 in ein Herrenhaus umwandelte. Den *Innenhof* malte Volterrano (1636–48) mit *Taten der Medici* aus. Die Einrichtung mit Möbeln aus dem 19. Jh. stammt von König Vittorio Emanuele II. Berühmt ist die grazile **Venus**, die

*Giambologna* für den zentralen Brunnen im Garten schuf. Heute wird die Bronzefigur einer nackten jungen Frau im Haus ausgestellt. Zum Spaziergang laden die **Hängenden Gärten** ein, deren dreistufige Anlage einen herrlichen Blick auf Florenz und das Arno-Tal bietet.

# 34 Certosa di Galluzzo, Empoli, Vinci, Chianti-Gebiet

*Leonardo und der Geist des Weines.*

7 km südöstlich von Florenz, nahe der Autobahnausfahrt ›Certosa‹, erhebt sich auf dem Hügel Monteacuto eines der schönsten Kartäuserklöster Italiens: Die **Certosa di Galluzzo** wurde 1342 von dem Florentiner Adligen Niccolò Acciaioli gegründet. Heute leben in dem Komplex, der an eine Zitadelle erinnert, Zisterziensermönche. Größter Schatz des Klosters sind die herrlichen *Fresken* mit Szenen aus dem Leben Christi von *Pontormo* (um 1520) in der **Pinacoteca della Certosa** (Via della Certosa 1, Tel. 05 52 04 92 26, www.cistercensi.info, Führungen Di–Sa 9, 10, 11, 15, 16 Uhr, So 15, 16 Uhr, im Sommer jeweils auch 17 Uhr).

## Empoli

Die 47 000-Einwohner-Stadt südöstlich von Florenz ist ein Verkehrsknotenpunkt und lebt hauptsächlich von der florierenden Glasindustrie. Das Stadtbild ist entsprechend modern. Empoli besitzt eine sehenswerte Pinakothek in der Altstadt. Das **Museo della Collegiata** (Piazzetta della Propositura 3, Tel. 05 71 76 28 4, Di–So 9–12, 16–19 Uhr) verfügt über eine Sammlung toskanischer Malerei des 14.–17. Jh. mit Werken von Pontormo, Filippo Lippi, Tino di Camaino und Mino da Fiesole. Neben dem Museum steht die Kirche *Collegiata di S. Andrea*, die im 11. Jh. errichtet und im 18. Jh. umgebaut wurde.

## Vinci

Das zwischen Olivenhainen und Weinbergen eingebettete 14 000-Einwohner-Städtchen, das man am besten von Empoli aus erreicht, ist weltberühmt: Dabei wurde *Leonardo da Vinci* am 15. April 1452 gar nicht hier, sondern 4 km südöstlich im Nachbardorf Anchiano geboren, wo sein Vater, ein Notar, ein Gut besaß. In **Anchiano** steht auch die *Casa di Leonardo* (Tel. 05 71 56 55 19, März–Okt. tgl. 9.30–19, Nov.–Febr. tgl. 9.30–18 Uhr), das als Geburtshaus Leonardos restauriert wurde.

Interessanter ist das **Museo Leonardiano** (Piazza dei Guidi, Tel. 05 71 93 32 51, www.museoleonardiano.it, März–Okt. tgl. 9.30–19, Nov.–Febr. tgl. 9.30–18 Uhr) in Vinci. Das im *Castello dei Conti Guidi* (13. Jh.) untergebrachte Museum besitzt zwar außer einer *Terrakotta-Madonna* keine Kunstwerke von Leonardo, dafür sind hier *Nachbauten* der von ihm erfundenen Maschinen ausgestellt, darunter auch ein Fahrrad, das offiziell erst 300 Jahre später erfunden wurde.

## Chianti-Gebiet

TOP TIPP

Das waldige und fruchtbare Hügelland mit den dekorativ an den Hängen aufgereihten Weinstöcken, das sich die Provinzen Florenz und Siena teilen, zählt zu den landschaftlich reizvollsten, aber nicht zu den kunsthistorisch herausragenden Gegenden der Toskana. Jeder Flecken ist bewirtschaftet und wirkt harmonisch gestaltet. Zum Symbol für Lebensgenuss macht die harmonische Landschaft der berühmte Rotwein **Chianti Classico** [s. S. 177], dessen Markenzeichen ›Il Gallo nero‹ (der schwarze Hahn) auf jeder Flasche prangt. Eine detaillierte Adressenliste für Weinverkostungen ist erhältlich beim **Consorzio Vi-**

*Schwelgen im Wein: Im Chianti-Gebiet gedeiht ein renommierter Rebensaft*

**no Chianti Classico** (Via Scopeti 155, San Casciano, Tel. 055822 85, www.chianticlassico.com), das auch für die Qualitätskontrolle zuständig ist.

Zu den bekanntesten und mit 17000 Einwohnern größten Orten des Chianti zählt **San Casciano** im Val di Pesa. Verkehrsgünstig an der Schnellstraße zwischen Florenz und Siena gelegen, hat sich das Städtchen zu einem kleinen Industriezentrum entwickelt. Einen Besuch lohnt es vor allem wegen der Kirche *Santa Maria del Prato*. Sie entstand im gotisch-toskanischen Stil um 1335, wurde im 16. Jh. umgebaut und verwahrt im Inneren eine ganze Reihe sehenswerter Kunstschätze. Am zweiten Altar rechts beeindruckt ein Tafelkreuz, ein Frühwerk des Sienesen Simone Martini (vor 1335). Am Hauptaltar sind Reste eines Triptychons von Ugolino di Neri aus dem 14. Jh. zu erkennen. Darüber hinaus beachtenswert ist eine Madonna mit Kind von Taddeo Gaddi und die Kanzel mit Reliefs (Verkündigung und Heilige) von Giovanni di Balduccio da Pisa (beide 14. Jh.).

Zentraler Treffpunkt der 14000 Einwohner von **Greve in Chianti** ist die asymmetrische, von Loggien umgebene *Piazza Matteotti*. Den weitläufigen Platz dominiert die Pfarrkirche *Santa Croce* aus dem 19. Jh., die im Inneren mit einem Triptychon mit Verkündigungsszene (15. Jh.) von Bicci di Lorenzo sowie einer Madonna des sog. Meisters von Greve aus dem 13. Jh. aufwarten kann.

Das nur 3000 Einwohner zählende **Castellina in Chianti** liegt reizvoll auf einem Hügel zwischen den Tälern Dell'Arbia und Dell'Elsa, wird von den Resten einer *Burg* aus dem frühen 15. Jh. beherrscht und besitzt noch zahlreiche Gebäude des 14. und 15. Jh. Die Hauptstraße führt zu einer modernen *Pfarrkirche*, die ein Fresko von Bicci di Lorenzo (15. Jh.) besitzt.

Das mit 1700 Einwohnern noch kleinere Dorf **Radda in Chianti** wird bis heute von einer mittelalterlichen *Stadtmauer* umgeben und bewahrte in weiten Teilen die Stadtanlage des späten Mittelalters. Als Hauptort der Chianti-Liga gehörte es zu Florenz. Es liegt in 500 m Höhe auf den Hügeln über dem Arbia-Tal.

Das Weindorf **Gaiole in Chianti** (3000 Einwohner) umgeben Weinberge und Burgruinen. In unmittelbarer Nähe steht *Santa Maria a Spaltenna*, eine sehr schöne romanische Kirche aus dem 12. Jh., die innen leider im 18. Jh. umgebaut wurde.

Auf einem Feldherrenhügel vor dem kleinen Ort **Montaperti** erinnert eine *Pyramide* an die Schlacht vom 4. September 1260, als Siena mit Unterstützung fremder Heere zum ersten und letzten Mal Florenz besiegte [s. S. 23].

## i Praktische Hinweise

### Information

**Ufficio Turistico Intercomunale**, Via della Torre 11, Vinci, Tel. 0571568012, www.terredelrinascimento.it

# Arezzo und Provinz – der Schlüssel zur Toskana

Die Provinz Arezzo vereint die Ebene und die Handelsstadt Arezzo im Westen mit der hügeligen und gebirgigen Landschaft im Osten und Süden. Wahre Schmuckstücke der Provinz sind die Stadt **Sansepolcro**, Geburtsstadt des Malers Piero della Francesca und Aufbewahrungsort einiger seiner Hauptwerke, die verträumten Klöster **La Verna** und **Farneta** sowie der Ort **Monterchi**, der Pieros ›Madonna del Parto‹ besitzt und sich stolz ›Bilderschrein‹ nennt.

## 35 Arezzo

*Die Stadt Vasaris – heute das Mekka der Antiquitätenhändler.*

Arezzo (99 000 Einw.) zieht sich malerisch einen Hügel hinauf, der von einer Festung bekrönt wird. Von oben genießt man einen schönen Blick über die umliegende fruchtbare Ebene. Hauptattraktion Arezzos ist in der Altstadt die Kirche San Francesco mit ihrem bewundernswerten Freskenzyklus von **Piero della Francesca** [s. S. 166]. Während seine Karriere eng mit der Provinz Arezzo verknüpft ist, entfaltete ein weiterer berühmter Sohn der Provinz, **Michelangelo**, sein künstlerisches Genie nicht in der Heimat, sondern im großartigen Florenz. Während dort Giotto und in Siena Duccio di Buoninsegna die Kunst revolutionierten, entwickelte sich in Arezzo nur ein bescheidener künstlerischer Standard. Als Piero della Francesca 1492 starb, war Michelangelo, der sein Leben lang als Florentiner galt, gerade 17 Jahre alt. Er wurde in dem winzigen Ort Caprese bei Arezzo geboren, der sich später in Caprese Michelangelo umbenannte. Michelangelo signierte die erste Pietà, die er mit 18 Jahren vollendete, allerdings als ›Fiorentinus‹.

***Geschichte*** Wo heute der Dom von Arezzo steht, gründeten im 5. Jh. v. Chr. die Etrusker die Stadt Arretium. Ausgrabungsstücke wie die Chimäre von Arezzo (um 500 v. Chr.), die im Archäologischen Museum von Florenz aufbewahrt wird, beweisen den außergewöhnlichen wirtschaftlichen und kulturellen Grad der Etruskerkultur in Arezzo. Im 4. Jh. v. Chr. zogen sie eine *Stadtmauer* um ein Gebiet, das heute die Burg, den Dom und die Piazza Grande umfasst. Im 3. Jh. v. Chr.

*Neuer alter Schrank gefällig? Antiquitätenmarkt auf der Piazza Grande in Arezzo*

bekämpften Etrusker und Römer vor den Toren Arezzos gemeinsam die Gallier, 295 v. Chr. unterwarfen die Römer die Stadt. Die Ernennung zum Bischofssitz im 9. Jh. bescherte dem Ort einen Bevölkerungszuwachs, viele Handwerker und Bauern siedelten sich an. Die letzten Reste der Etruskerstadt wurden abgerissen, um einer ›modernen‹ mittelalterlichen Stadtanlage Platz zu machen. 1089 erlangte Arezzo den Status einer freien Kommune. Den wirtschaftlichen und kulturellen Höhepunkt der Stadtgeschichte erlebte Arezzo unter der Signoria des Bischofs Guido Tarlati, der im Jahr 1321 zum ersten Herrn der Stadt gewählt worden war. Nach seinem Tod wurden 1337 Stadt und Umland für den Preis von 40 000 Gold-Scudi – dies entsprach einem Wert von 200 Pferden – an Florenz verkauft und standen fortan unter dessen Herrschaft.

***Besichtigung*** Wer von Norden her anreist und sein Auto auf dem großen Parkplatz an der Via Giuseppe Pietri vor der Stadtmauer abstellt, erreicht die Altstadt ganz bequem mit einer Rolltreppe.

TOP TIPP Hauptziel in Arezzo ist die Kirche **San Francesco** (Piazza San Francesco, Tel. 0575 35 27 27, Mo–Fr 9–18.30, Sa 9–17.30, So 13–17.30 Uhr) im Zentrum, genauer die **Cappella Bacci** im Chor. Die Fresken von Piero della Francesca machen sie zu einer bedeutenden Kunststätte. Der Zutritt ist auf max. 25 Personen und 30 Min. begrenzt, Voranmeldung unter www.pierodellafrancesca.it (Prenotazioni online) dringend empfohlen.

Der typische Bettelordens-Bau von San Francesco mit einem 53 m langen Mittelschiff, drei Chorkapellen und offenem Dachstuhl wurde in seiner jetzigen Form 1377 fertig gestellt. Den herrlichen *Freskenzyklus* ›Die Legende vom Heiligen Kreuz‹ malte Piero 1453–64. Dieses Werk brachte ihm den Beinamen ›della Francesca‹ ein. Der Zyklus wurde bereits 1858 und 1959 vorsichtig restauriert, war aber dennoch bedroht, weil Kalk in der Wand die Bilder zerstörte. Eine Komplett-Restaurierung in den 1990er-Jahren rettete ihn, so dass er heute in voller Pracht zu sehen ist.

**San Francesco, Chorkapelle**

**1** Alter und Tod Adams
**2** Anbetung des Kreuzholzes
**3** Die Königin von Saba bei Salomo
**4** Transport des Kreuzholzes
**5** Traum Konstantins
**6** Sieg Konstantins über Maxentius
**7** Der Engel erscheint Helena
**8** Verhör des Judas
**9** Auffindung des Kreuzes
**10** Kreuzwunder
**11** Sieg des Heraklius über Cosdras
**12** Verurteilung des Cosdras
**13** Anbetung des Kreuzes

Die ›Kreuzlegende‹ schrieb Ende des 13. Jh. Jacobus de Voragine in den Heiligenviten ›Legenda Aurea‹ zum ersten Mal auf. Piero della Francesca arbeitete nach dieser Vorlage. Der Zyklus beginnt auf der rechten Wand oben in der Lünette mit *Alter und Tod Adams* [**1**]: Aus seinem Grab wächst der Baum, aus dem später das Kreuz gemacht wird. Darunter die *Anbetung des Kreuzholzes* durch die Königin von Saba [**2**], die auf dem Weg zu König Salomo erkennt, dass die Brücke aus heiligem Holz gemacht ist. In der rechten Szene sagt sie Salomo den Untergang des jüdischen Reiches voraus [**3**]. Das vierte Bild ist rechts in der Mitte neben dem Chorfenster zu sehen: König Salomo lässt das Holz zum Tempelbau nach Jerusalem schaffen [**4**].

Szenen aus dem Neuen Testament malte Piero della Francesca hier nicht. Auch die Kreuzigung ließ er aus, weil schon damals vor dem Altar das Kruzifix aus dem 13. Jh. hing, das auf diese Weise in den Bildzyklus eingefügt wurde. Der Maler stellte als fünfte Szene, unten rechts vom Chorfenster, den spätantiken *Traum Konstantins* [**5**] dar. Ein Engel weissagt dem Kaiser im Traum, dass er seinen Gegner Maxentius im Zeichen des Kreuzes besiegen wird. Dieses Bild, eine der ersten Nachtszenen in der Kunstgeschichte, ist das berühmteste und **revolutionärste Fresko** von Piero della Francesca. Giorgio Vasari lobte, dass der Maler zum ersten

*Der herrliche Freskenzyklus Piero della Francescas in der Kirche San Francesco*

*Unter Vasaris Loggien an der Piazza Grande von Arezzo lässt es sich entspannt genießen*

Mal **Lichteffekte** »der Natur entnimmt und die Wirklichkeit nachahmt«. Anders als seine Vorgänger ›beleuchtet‹ der Künstler hier nicht nur seine Hauptfiguren, sondern die gesamte Szene realistisch mit Licht- und Schatteneffekten, wobei er das Chorfenster als Lichtquelle in den Bildaufbau miteinbezieht.

Auf dem sechsten Bild auf der rechten Wand unten ist die Schlacht am Ponte Milvio [**6**] dargestellt, die Konstantins Sieg veranschaulicht (leider ist das Fresko halb zerstört). Auf dem siebten Bild links unten neben dem Fenster fordert ein Engel die Mutter Konstantins auf, das Kreuz Christi zu suchen, eine Szene, die an die Verkündigungsmotive erinnert [**7**]. Darüber wird der Levit Judas, der das Versteck des Kreuzes kennt, brutal verhört [**8**] (links oben neben dem Fenster).

Auf der linken Wand sind die letzten fünf Episoden dargestellt: *Auffindung des Kreuzes* [**9**] (Mitte links) und *Kreuzwunder* [**10**] (Mitte rechts) sowie *Sieg des Heraklius über den Perserkönig Cosdras II.* [**11**], der das Kreuz geraubt hat (unten links), *Verurteilung des Cosdras* [**12**] (rechts daneben) und schließlich *Anbetung des Kreuzes* [**13**] in Jerusalem (ganz oben in der Lünette). Die feierliche Strenge im tektonischen Aufbau und die atmosphärischen Licht- und Landschaftsdarstellungen stellen den Zyklus der Kreuzlegende in die Reihe der bedeutendsten Werke der italienischen Renaissance-Malerei überhaupt.

Unter den übrigen Wandmalereien des 15. Jh. in San Francesco verdienen der *Michaels-Zyklus* von Spinello Aretino (um 1400) in der **rechten Chorkapelle** sowie die *Wunder des hl. Antonius von Padua* von Lorentino d'Arezzo (1480) in der **linken Seitenkapelle** besondere Beachtung.

Das Herz der Stadt Arezzo ist die von mittelalterlichen Häusern mit Holzbalkonen gesäumte **Piazza Grande**, seit 1593 Austragungsort der Reiterspiele ›Giostra del Saracino‹ und Marktplatz (u. a. für Antiquitäten). Vom Platz aus genießt der Betrachter einen Blick auf die von Giorgio Vasari entworfenen *Loggien*, die die Piazza einfassen, und auf die Fassade des Renaissancepalastes **Palazzo della Fraternità dei Laici** mit seinem *Uhrturm* von Vasari (dessen Fassade 1375–77 von gotischen Baumeistern begonnen und 1433 im Stil der Frührenaissance von Bernardo Rossellino weitergebaut wurde) sowie auf die romanische Apsis der Kirche **Pieve di Santa Maria**. Das im 12. und 13. Jh. aus Sandstein erbaute Gotteshaus gehört zu den schönsten romanischen Monumenten in der Toskana. Die weltberühmte *Fassade* weist im Erdgeschoss fünf Blendarkaden auf, darüber erheben sich drei elegante Säulenloggien, die erste mit 12, die zweite mit 24, die dritte mit 32 Säulen, wobei keine der anderen gleicht. Der rechteckige *Campanile* trägt wegen seiner 40 romanischen Biforien (durch eine

## Giorgio Vasari – ›Vater der Kunstgeschichte‹

Giorgio Vasari (1511–74) war ein begnadeter Maler, ein genialer Architekt und ein gewaltiges Klatschmaul. Dafür muss ihm die Wissenschaft ewig dankbar sein, denn sein Interesse für das Geschwätz unter Kollegen sorgte dafür, dass er unschätzbar wertvolles Material sammelte und dadurch ganz nebenbei eine neue Disziplin der Wissenschaften erfand. Dank seiner Chronik ›**Leben der ausgezeichnetsten Maler, Bildhauer, Baumeister**‹ gilt er als Vater der Kunstgeschichte. In dem Werk weiß er so erhellende Einzelheiten zu berichten, wie dass der Karmelitermönch **Filippo Lippi** schönen Frauen gern teure Geschenke machte und sie dafür mit ihm ins Bett gingen und dass **Sandro Botticelli** unter einem Nachbarn litt, der täglich einen mörderischen Krach verursachte. Doch Vasari tratscht auch über das Hickhack der Maler untereinander. So berichtet er, dass **Michelangelo Buonarroti** den Maler Tizian für einen dilettantischen Zeichner hielt. In seinen Berichten nahm es Vasari mit der Wahrheit nicht immer so genau, dafür schrieb er mit Herzblut, auch über sich selbst. Über seinem Haus in Arezzo [s. S. 163] liegt eine gewisse Melancholie. Hier wohnte Vasaris Frau Nicolosa (Spitzname: Cosina) meist ganz allein. Während ihr Mann gerade damit beschäftigt war, die gewaltigen Fresken an die Wände des Palazzo Vecchio in Florenz zu malen oder an den Uffizien zu bauen, musste sie sich mit seinen Bildern zu Hause begnügen, schließlich hatte Vasari das Haus vom Keller bis zum Dach ausgemalt.

Säule geteilte Fenster), die ihm ein filigranes Aussehen verleihen, den Spitznamen ›Turm der 100 Löcher‹. Der unregelmäßige Grundriss im *Inneren* der Kirche gleicht Unebenheiten des Geländes aus. Über der Vierung ist der Ansatz einer nicht ausgeführten Kuppel zu erkennen. Prachtstück der *Innenausstattung* ist ein elegantes **Marien-Polyptychon** von Pietro Lorenzetti, das er 1320 im Auftrag des Bischofs Tarlati malte. Das *Taufbecken* mit drei Reliefszenen aus dem ›Leben Johannes d. T.‹ rechts neben dem Eingang stammt von Giovanni d'Agostino (14. Jh.). Weitere *Reliefs* unbekannter Künstler des frühen 13. Jh. zieren Westwand und linkes Seitenschiff. Unter dem Chor befindet sich eine *Krypta*. Sehr schön sind hier die spätromanischen Kapitelle.

Über die Via dei Pileati erreicht man von der Piazza Grande aus den **Duomo San Donato** (1277–1510): Die aus Macigno-Stein erbaute Kathedrale weist Einflüsse französischer Zisterziensergotik auf. Zu Beginn schritten die Bauarbeiten rasch voran, doch 1340 begann eine 130 Jahre andauernde Pause. Piero della Francescas Fresko in San Francesco hält diesen Bauzustand der Kathedrale in der Darstellung Jerusalems fest. Der *Campanile* wurde erst 1858, die Fassade 1914 fertig.

Von seltener Schönheit sind die fünf vielfarbigen *Glasfenster* des vor seinem Eintritt ins Kloster in eine Mordaffäre verwickelten französischen Mönches Fra Guillaume de Macillat (ab 1515) im südlichen Seitenschiff der Kirche. Aus der weiteren Ausstattung sei ein gotischer Altar von 1369 mit zahlreichen Reliefdarstellungen und ein *Maria-Magdalena-Fresko* von Piero della Francesca (1465/66) an der Wand rechts neben dem Eingang zur Sakristei erwähnt. Links daneben befindet sich das *Grabmal des Bischofs Guido Tarlati* (1330) von Agostino di Giovanni und Agnolo di Ventura, angeblich nach einem Entwurf Giottos.

Vom Dom aus erreicht man über die Via Ricasoli und die Via di Sassoverde die Kirche **San Domenico**, einen eindrucksvollen, nach dem Bauschema der Bettelordenskirchen gestalteten Saalbau des 13. Jh. Die ursprüngliche Fassade, die nach dem Vorbild von Santa Maria Novella in Florenz errichtet wurde, ist mehrfach umgebaut worden, erhalten geblieben ist jedoch das romanische *Portal*. Im Inneren der Kirche wurden die Barockaufbauten entfernt und die *Fresken* – soweit noch vorhanden – wieder freigelegt.

Wichtigstes Ausstattungsstück ist ein **Tafelkreuz** von *Cimabue* (1260) über dem Hauptaltar, das Kunsthistoriker zu den herausragenden Werken des 13. Jh. zählen. Zum ersten Mal stellt es Christus in dieser Monumentalität als leidenden Menschen dar. Die Eingangswand rechts von der Tür bemalte um 1390 *Spinello Aretino* mit den *Viten der Apostel Jakobus und Philippus*, die *Kreuzigung* links stammt von Spinellos Sohn Parri (vor 1450).

Ein paar Schritte führen zur **Casa Vasari** (Via XX Settembre 55, Tel. 0575 40 90 40, Mo, Mi–Sa 9–19, So 9–13 Uhr), dem Haus von Giorgio Vasari (1511–74). Den gebürtigen Aretiner machte neben seiner Tätigkeit als Maler und Architekt vor allem sein sechsbändiges literarisches Werk mit ›Künstlerviten‹ berühmt [s. S. 162]. Die Entwürfe des Palazzo gehen größtenteils auf Vasari selbst zurück (1540–48). Bemerkenswert sind vor allem die *Wandfresken* mit Darstellungen der Künste. Das Gebäude ist eines der wenigen erhaltenen Beispiele eines Privathauses im manieristischen Stil. In der *Camera della Fama* (Zimmer des Ruhmes) verewigte Vasari sich selbst neben den Künstlern Luca Signorelli, Spinello Aretino, Bartolomeo della Gatta, Andrea del Sarto und Michelangelo. Im *Saal des Apollon* malte Vasari den Gott Apoll mit den Musen, darunter auch ein Porträt seiner Frau, Nicolosa Vasari, geborene Bacci.

Das wohl schönste Museum Arezzos ist das **Museo Statale d'Arte Medievale e Moderna** (Via San Lorentino 8, Tel. 0575 40 90 50, Di–So 9–19 Uhr) im **Palazzo Bruno-Ciocchi**. Der Renaissance-Palast wurde um 1445 von Bernardo Rossellino für Donato, den Sohn des Florentiner Kanzlers Leonardo Bruni-Aretino, entworfen. Schöm ist der *Innenhof* mit Kompositkapitellen. Das *Museum* selbst birgt eine umfangreiche Sammlung aretinischer und toskanischer Malerei vom Mittelalter bis zur Neuzeit, darunter ein berühmtes Bild von Luca Signorelli aus dem Jahr 1487, *Anbetung des Jesukindes*. Ferner sehenswert sind Vasaris *Gastmahl des Ahasver* (1548), eine *Madonna* des jungen Rosso Fiorentino (vor 1520) sowie ein *hl. Rocco* von Bartolomeo della Gatta (1479). Die *Sala dei Spinelli* im ersten Obergeschoss ist den beiden bekanntesten einheimischen Malern Spinello Aretino und seinem Sohn Parri gewidmet. Außerdem enthält das Museum eine umfangreiche *Majoliken-Sammlung*.

Eine Vorstellung von der Größe der antiken Stadt Arezzo geben die Ruinen des **Amphitheaters** in der Via Margaritone 12, das im 2. Jh. n. Chr. errichtet wurde und ursprünglich etwa 8000 Zuschauer

*Spannende Szenen bieten zweimal jährlich die Reiterspiele der Giostra del Saracino*

aufnehmen konnte. Die Ausmaße des Amphitheaters waren bemerkenswert, die längere Achse des ovalen Bauwerks erreichte 121 m, die kürzere 68 m. Sein Gemäuer ist allerdings bis ins 18. Jh. hinein als Steinbruch benutzt worden. Das Archäologische Museum, **Museo Archeologico Gaio Cilnio Mecenate** (Via Margaritone 10, Tel. 0575 20 88 82, tgl. 8.30–19.30 Uhr), liegt direkt neben dem antiken Amphitheater und enthält wertvolle Fundstücke aus etruskischer und römischer Zeit. Berühmt sind die im 13. Saal ausgestellten *Vasi corallini*, korallenrote Vasen römischer Produktion (1. Jh. v. Chr.–1. Jh. n Chr.), die besonders schön gearbeitete Reliefs aufweisen und ein Exportschlager ihrer Zeit waren.

Vor den Stadtmauern Arezzos, leicht zu erreichen über die Via Mecenate, liegt in einem ummauerten Piniengarten die im 15. Jh. erbaute kleine Kirche **Santa Maria delle Grazie**. Hier soll der hl. Bernhardin aus Siena 1428 mit seiner Predigt ein ›heidnisches‹ antikes Quellheiligtum zerstört haben. Die elegante *Vorhalle*, die gleichsam auf schmalen Säulen ›schwebt‹, ist ein Meisterwerk von Benedetto da Maiano (Ende 15. Jh.). Der *Hauptaltar* der Kirche ist eine der am besten erhaltenen Arbeiten von Andrea della Robbia, die er z. T. in Marmor ausführte, was für diesen Künstler, der sonst fast ausschließlich mit glasiertem Ton arbeitete, äußerst ungewöhnlich ist. Eingefügt in den Altar ist ein Fresko von Parri di Spinello, das die *Madonna della Misericordia* zeigt.

## i Praktische Hinweise

### Information

**Ufficio Informazioni**, Palazzo Comunale, Piazza della Libertà 1, Arezzo, Tel. 0575 40 19 45, www.turismo.provincia.arezzo.it

### Parken

Die Altstadt ist als **Zona Traffico Limitato** für Besucherautos meist gesperrt. An der nördlichen Stadtmauer gibt es einen Parkplatz an der Via Giuseppe Pietri. Nahe der Kirche San Francesco liegt das Parkhaus an der Piazza del Popolo.

### Stadtfest

**Giostra del Saracino**: Am vorletzten Sa im Juni und am ersten So im September finden auf der Piazza Grande Reiterspiele in historischen Kostümen statt. Eine hölzerne Drehstatue hält rechts einen Schild, den die ›Ritter‹ der acht Stadtteile mit Lanzen treffen müssen, und links einen Morgenstern, der ungeschickte Reiter aus dem Sattel wirft, Information: www.giostradelsaracino.arezzo.it.

### Einkaufen

An jedem ersten Wochenende des Monats findet rund um die zentrale **Piazza Grande** in Arezzo der größte **Antiquitätenmarkt** der Toskana statt.

### Hotels

****__Graziella Patio Hotel__, Via Cavour 23, Arezzo, Tel. 0575 40 19 62, www.hotelpatio.it. Nobles, farbenfrohes Designerhotel mit diversen Wellness-Angeboten.

***__Continentale__, Piazza Guido Monaco 7, Arezzo, Tel. 0575 20 25 1, www.hotelcontinentale. com. Das zentral gelegene Hotel ist modern und komfortabel eingerichtet.

****__Badia di Pomaio__, Loc. Pomaio 10 km, Arezzo, Tel. 0575 37 14 07, www.hotelbadiadipomaioarezzo.it. Hotel in einer Abtei aus dem 17. Jh. am östlichen Stadtrand, Pool, Restaurant und schöne Aussicht.

***__Fattoria Montelucci__, Loc. Montelucci 8, Pergine Valdarno, Tel. 0575 89 65 25, www.montelucci.com. Gutshof mit familiärer Atmosphäre.

### Restaurants

**Antica Osteria L'Agania**, Via Mazzini 10, Arezzo, Tel. 0575 29 53 81, www.agania.com. Rustikale Hausmannskost (Mo geschl.).

**Buca di San Francesco**, Via San Francesco 1, Arezzo, Tel. 0575 23 271, www.bucadisanfrancesco.it. Eines der besten Restaurants der Stadt mit einem Saal aus dem 14. Jh. (Di und Juli geschl.).

**La Torre di Gnicche**, Piazza S. Martino 8, Arezzo, Tel. 0575 35 20 35, www.latorredignicche.it. Gemütliche Weinstube mit großer Auswahl edler lokaler Tropfen, die auch kleinere Gerichte serviert (Mi und 14.–24. Juli geschl.).

# 36 Monterchi

*Der kleine Ort birgt ein spektakuläres Bild von Piero della Francesca.*

Das mittelalterliche Dorf mit ca. 1800 Einwohnern liegt auf einem Hügel etwa 35 km östlich von Arezzo. In einer Kapelle auf dem mit Zypressen bepflanzten Friedhof der römischen Pfarrei am Ortsaus-

*Berühmte ›Schwangere‹: ›Madonna del Parto‹ von Piero della Francesca in Monterchi*

gang, *Pieve Romana*, wurde 1888 bei Renovierungsarbeiten unter weißer Tünche eine von *Piero della Francesca* 1460 gemalte Muttergottes entdeckt. Das heute berühmte Werk ist im **Museo Madonna del Parto** (Via Reglia 1, Tel. 0575 70713, www.comunemonterchi.it, April–Sept. tgl. 9–13, 14–19 Uhr, Okt.–März tgl. 9–13, 14–17 Uhr) zu bewundern. Links und rechts halten zwei Engel einen Zeltvorhang auf, damit sich die heilige Jungfrau in froher Erwartung der baldigen Geburt Christi den Gläubigen präsentieren kann. Piero della Francesca hat die Muttergottes hier außergewöhnlich realistisch in der überzeugenden Körperhaltung einer Schwangeren dargestellt, die das zunehmende Gewicht ihrer Leibesfrucht bereits spürt und daher mit einer Hand den Rücken stützt.

## 37 Sansepolcro

*Die Geburtsstadt des Piero della Francesca.*

Sansepolcro, heute ein 16 000 Einwohner zählendes Handelszentrum am Rande der Toskana, war zu Beginn des 15. Jh. ein »Kaff voller Schlamm und Lehm«. So beschrieb **Piero della Francesca** in einem Brief seinen Heimatort, der nur deshalb in die Kunstgeschichte einging, weil eben dieser Künstler hier geboren wurde.

Während Piero della Francesca am Hof des Herzogs von Urbino arbeitete, verkaufte Papst Eugen IV. Sansepolcro im Jahre 1441 für 25 000 Goldflorin an Florenz. Die Medici bauten die kleine Burg in eine ansehnliche Fortezza um und sorgten für einen bescheidenen wirtschaftlichen Aufschwung. Heute erlebt der malerische Ort mit seinen Türmen, Renaissance- und Barockpalästen – auch bekannt für seine Goldschmiedehandwerker – vor allem als Pilgerstätte der Piero-della-Francesca-Verehrer eine touristische Blüte.

Sieben Stadttore führen in den mittelalterlichen Kern Sansepolcros und zur zentralen, von ansehnlichen Palastfassaden gesäumten **Piazza Torre di Berta,** die im September stets Bühne für den traditionellen Palio della Balestra [s.u.] ist.

Über die Via Matteotti erreicht man von hier die **Cattedrale di San Giovanni Evangelista**. Sie entstand im 11. Jh. als Abteikirche der Camaldulenser und wurde zu Beginn des 14. Jh. erneuert. Spätere Umbauten wurden 1936–45 wieder entfernt. Der Schatz der Kathedrale ist das *Holzkruzifix* ›Volto Santo‹ in der linken Chorkapelle, eine der Kopien des wundertätigen Kreuzes im Dom von Lucca.

Das *Polyptychon* stammt von Matteo di Giovanni: Die *Taufe Christi* auf der Mitteltafel, die Piero della Francesca gemalt hatte, wurde im 19. Jh. verkauft und befindet sich heute in London.

Benachbart liegt der **Palazzo delle Laudi**, das heutige Rathaus, ein manieristischer Bau von Alberto Alberti und Antonio Cantagallina aus den Jahren 1595 bis 1609 mit einem herrlichen *Innenhof*. Durch das Tor ›Porta della Pesa‹ gelangt man auf die *Piazza San Francesco* mit den Kirchen **Santa Maria delle Grazie** aus dem 16. Jh. und **San Francesco** aus dem 13. Jh., die im 18. Jh. umgebaut wurde. Interessant ist hier der *gotische Hauptaltar* (1304) mit dem Gemälde *Disput im Tempel* von Domenico Passignano (1558–1636).

Bedeutendste Attraktion Sansepolcros ist das **Museo Civico** (Via Aggiunti 65, Tel. 0575732218, www.museocivicosansepolcro.it, Mitte Juni–Mitte Sept. tgl. 9–13.30, 14.30–19, Mitte Sept.–Mitte Juni tgl. 9.30–13, 14.30–18 Uhr) im Palazzo della Residenza, das Hauptwerke **Piero della Francescas** ausstellt. Darunter sein berühmtes, überaus poetisches Fresko der *Resurrezione* (Auferstehung Christi) von 1463: Vor einer kargen Landschaft steigt der frontal dargestellte, siegesgewisse Christus mit dem Kreuzesbanner in der Hand und den Blick auf den Betrachter gerichtet, mit festem Schritt aus seinem Grab, vor dem vier Wächter niedergekauert liegen. Zwei von ihnen schlummern noch, ein dritter reibt sich die Augen, während der vierte – bereits geblendet vom Licht des Herrn – vergeblich versucht, sich aufzurichten.

Empfohlen sei noch eine Besichtigung der Kirche **San Lorenzo** (1556) in der Via Luca Pacioli. Am Hauptaltar hängt ein Meisterwerk von Rosso Fiorentino: eine *Beweinung Christi*, die er 1528–30 malte.

## Genie aus der Provinz

Als **Piero della Francesca**, der eigentlich Piero di Benedetto dei Franceschi hieß, um 1420 geboren wurde, besaß sein Geburtsort noch nicht einmal den Status einer Stadt. Sansepolcro war ein Kuhdorf. Als Ausbildungsort kam für den Jungen, der eine **Lehre** in der Werkstatt eines Malers absolvieren wollte, nur **Florenz** in Frage. Doch dort wurde das Genie des Provinzlers weder erkannt noch gefördert. Ein Fresko, das er in Florenz beendete, blieb unbeachtet. Es ist zerstört.

Nach dieser ersten Arbeit verließ Piero della Francesca Florenz und kehrte nie mehr dorthin zurück. Er arbeitete für die Herzöge von **Urbino** und **Rimini** und bereiste Kunstzentren wie **Ferrara** und **Rom**. Als das kleine Sansepolcro zur Stadt erhoben wurde, ließ sich Piero zum Stadtrat wählen. Die reiche Kaufmannsfamilie Baxxi aus Arezzo bot ihm schließlich die Gelegenheit, sein Genie zu entfalten. Er erhielt den Auftrag, den Chor der Kirche von **San Francesco** in Arezzo mit der Legende vom Heiligen Kreuz auszumalen. 1453–64 entwarf Piero della Francesca ein ›modernes‹ **Meisterwerk**, das die Maler der Kunsthauptstädte Florenz und Siena nötigte, nach Arezzo zu pilgern.

Noch bevor Piero 1482 erblindete, konnte er mit Genugtuung beobachten, dass die florentinischen Meister mit maßlosem Staunen anerkannten, dass Piero della Francesca eine der drängendsten Fragen der Malerei im **Traum Konstantins** [s. S. 160] beantwortet hatte: Woher kommt das Licht? Als der inzwischen berühmte und wohlhabende Piero della Francesca 1492 starb, wurde er, so schreibt Vasari, »von seinen Mitbürgern ehrenvoll in der Hauptkirche bestattet«. Seitdem reisen kunstinteressierte Menschen aus aller Welt nach Sansepolcro, um seine Werke zu bewundern.

## i Praktische Hinweise

### Information

**APT**, Via Matteotti 8, Sansepolcro, Tel. 0575740536, www.turismo.provincia.arezzo.it

### Stadtfest

**Palio della Balestra** am zweiten Sonntag im September: Armbrust-Wettkampf in historischen Kostümen zwischen den Gemeinden Sansepolcro und Gubbio an der Piazza Torre di Berta.

### Einkaufen

Sansepolcro ist bekannt für seine **Goldschmiedekunst**, die zahlreiche Juweliere in ihren Fenstern zur Schau stellen.

### Hotel

**Da Ventura**, Via Aggiunti 30, Sansepolcro, Tel. 0575742560, www.albergodaventura.it. Schlichter gemütlicher Gasthof im Zentrum mit rustikalem Restaurant.

*Hier soll der hl. Franz von Assisi seine Stigmata empfangen haben: Klosteranlage von La Verna*

## 38 La Verna

*Das ›Assisi der Toskana‹: Refugium der Franziskaner.*

La Verna liegt 30 km nördlich von Arezzo auf 1129 m Höhe in den **Alverner Bergen** zwischen dem Arno- und dem Tibertal. Der Bergort ist deshalb so berühmt, weil der hl. **Franz von Assisi** an dieser Stelle 1224 die Stigmata empfangen haben soll. Der Adelige Orlando di Chiusi hatte Franz von Assisi im Jahr 1213 das Land rund um La Verna geschenkt. Später bauten franziskanische Ordensbrüder eine kleine Kirche, die Franziskus nach seiner Stigmatisierung gegründet hatte, zu einem **Klosterkomplex** aus.

Seinen außerordentlichen Charme verdankt La Verna der mittelalterlichen Struktur und dem lebendigen geistigen Leben des Klosters. Der Konvent besitzt drei größere Kirchen. Die größte ist die **Chiesa Maggiore** (1348–1568), deren einschiffiger Innenraum im Stil der Renaissance ausgestattet ist. Hier sind zahlreiche *Terrakotta-Arbeiten* des Meisters Andrea della Robbia (1435–1525) zu sehen. Man verlässt die Kirche über den mit *Fresken* aus dem 17. Jh. geschmückten ›Corridoio delle Stimmate‹, der zu der *Grotte* führt, in der der hl. Franz betete.

Über einen kleinen *Innenhof* erreicht der Besucher die **Chiesa delle Stimmate** (Kirche der Stigmata, 1263). Ein im 14. Jh. verlegter Stein bezeichnet den genauen Ort, an dem der hl. Franz die Wundmale Christi empfangen haben soll. Hauptwerke sind eine *Kreuzigung* von Andrea della Robbia und eine *Madonna* von Luca della Robbia (am Portal).

An die Basilika angeschlossen ist die Kirche **Santa Maria degli Angeli** mit einem *Portikus*, der angeblich vom hl. Franz mithilfe des Stifters Orlando gebaut worden sein soll, und *Terrakotta-Werken* am Hauptaltar von Andrea della Robbia.

## 39 Abbazia di Farneta

*Don Sante Felici: Funde eines Forschers im Priestergewand.*

Rund 30 km südlich von Arezzo und 11 km von Cortona entfernt liegt ein hübscher Ort namens Farneta. Dort wirkte ein Mann, der sich selbst gern »der letzte Etrusker« nannte: Don Sante Felici. Der Pfarrer war bis zu seinem Tod 2002 einziger Bewohner des ehemaligen Klosters **Abbazia di Farneta**. Als Don Sante als blutjunger Priester in die winzige Bauerngemeinde Farneta geschickt wurde, fand er eine ziemlich hässliche Kirche im Stil des 18. Jh. vor. Er studierte eifrig alte Akten und stellte fest, dass er sich in der ältesten Kirche der Provinz Arezzo befand.

Nun begann er mit einigen Helfern die klassizistischen Verkleidungen abzunehmen, fand Reste von **Fresken** aus dem 14. Jh. und grub vor allem eine wunderschöne **Krypta** aus dem 9. Jh. v. Chr. aus. Während er das Gemäuer in mühsamer

Arbeit freilegte, kamen etruskische Grabsteine und römische Skulpturenreste, Münzen und Leuchter, mittelalterliche Holzfiguren und diverse andere Fundstücke zutage, die heute im *Museo dell'Accademia Etrusca e della Città di Cortona* [s. S. 169] zu sehen sind.

Außerdem interessierte sich Don Sante Felici für Knochen und Fossilien vorgeschichtlicher Tiere, die in der Nähe seines Klosters in großer Zahl entdeckt wurden. Die gewaltigen Stoßzähne einer prähistorischen Elefantendame hütet das *Museo di Storia Naturale* in Florenz. In Farneta selbst führt der 5 km lange Rundweg **Sentiero Paleontologico** von der Abbazia zu den verschiedenen Fundstätten (Anmeldung unter Tel. 0575 637235).

## 40 Cortona

*Einst Etruskerstadt und wichtige Garnison der Römer, heute von Mittelalter und Renaissance geprägt.*

Nichts würde das von der Stadt Cortona gern gepflegte Bild stören, dass diese 494 m hoch gelegene Stadt an den Hängen über dem **Chiana-Tal** das echte, das am wenigsten modernisierte Kleinod der Toskana sei, wenn da nicht dieser verräterische Blick der ›Musa Polihymnia‹ im Museum der Etruskischen Akademie wäre. Nichts fehlt, um den Besuchern ein zeitweiliges Eintauchen in eine uralte, aber noch immer lebendige Stadt zu gewähren, die auf einem **etruskischen Stadtgrundriss** wuchs, eine wichtige Garnison der Römer war und in der **Renaissance** ihre typisch toskanische Gestalt erhielt. Bei der angeblich antiken ›Musa Polihymnia‹ allerdings, der sich Cortona seit Jahrzehnten rühmt, handelt es sich – wie mittlerweile bekannt ist – um eine Fälschung aus dem 18. Jh.

Vielleicht ist die wirklich schöne Stadt aber auch gerade deshalb einen Besuch wert, weil die Heimatstadt des großen Renaissance-Malers **Luca Signorelli** eine Lektion darüber erteilen kann, dass Kunst immer auch durch Nachahmung entsteht und die Suche nach dem ›Echten‹ müßig ist. Signorellis Auftraggeber misstrauten ihm; allzu verschieden von seinen früheren Arbeiten schienen ihnen seine neueren Werke. Man glaubte, dass er zu viele Gehilfen einsetzte, seitdem er eine gewisse Berühmtheit erlangt hatte. Dabei hatte der Maler, wie man heute sicher

*Das hoch gelegene Cortona eröffnet weite Blicke auf das fruchtbare Chiana-Tal*

weiß, nur seinen Stil weiterentwickelt. Es gelang ihm gewissermaßen nicht mehr, ›sich selbst zu fälschen‹.

***Geschichte*** Cortona war ein bedeutendes etruskisches Zentrum. Rund um den Stadthügel wurden zahlreiche etruskische Gräber entdeckt und noch heute stehen Teile der 2500 Jahre alten **Stadtmauer**. 1991 ließ der Archäologe Francesco Nicosia unter der Stadt einen ›Tumulus‹, d. h. einen etruskischen Grabhügel, ausgraben und fand zwei Sphinx-Skulpturen aus dem 2. Jh. v. Chr. Zwar fielen 450 n. Chr. die Goten in Cortona ein. Doch anders als viele antike Städte ging die Siedlung im Mittelalter nicht unter. Im 12.–13. Jh. war Cortona freie Stadt. 1258 wurde die Kommune von Soldaten aus Arezzo geplündert, die Überlebenden flohen. Erst 1261 konnte die vertriebene Einwohnerschaft zurückkehren. 1409 ging Cortona in den Besitz des Königs von Neapel, Ladislao, über. Zwei Jahre später übernahm **Florenz** endgültig die Stadtherrschaft.

***Besichtigung*** Wenn man die Stadt durch die Porta Sant'Agostino betritt, passiert man zunächst die Klosterkirche **Sant'Agostino** in der Via Guelfa 42, die im 17. Jh. vollständig umgebaut wurde, aber noch ein schönes *Portal* aus dem 13. Jh. sowie einen großen *Kreuzgang* besitzt. Kurz darauf erreicht man das Herz der Stadt: die beiden ineinander übergehenden Plätze *Piazza della Repubblica* und *Piazza Signorelli*. Der **Palazzo Comunale** mit seiner großen *Freitreppe* wurde vermutlich schon im 12. Jh. begonnen und im 14. und 16. Jh. erweitert. Schräg gegenüber liegt der **Palazzo del Capitano del Popolo** mit kleiner *Loggia* aus dem 13. Jh.

Hinter dem Palazzo Comunale erhebt sich der **Palazzo Pretorio** bzw. **Casali** (um 1300) mit einer manieristischen *Fassade* von *Filippo Berrettini* (1613). Der Palast beherbergt neben Stadtarchiv und Bibliothek das **MAEC – Museo dell'Accademia Etrusca e della Città di Cortona** (Eingang an der Piazza Signorelli 9, Tel. 05 75 63 72 35, www.cortonamaec.org, April–Okt. tgl. 10–19, Nov.–März Di–So 10–17 Uhr). Die modern konzipierte Ausstellung entführt in die geheimnisvolle Welt der Etrusker. Zu den Exponaten gehören kostbare Grabbeigaben, Goldschmuck, Bronzen, Reliefs und Münzen. Glanzpunkte sind ein gigantischer *Bronzekessel* aus dem 5. Jh. v. Chr., ein bronzener *Ölleuchter* (4. Jh. v. Chr.), verziert mit gehörnten Menschenköpfen, und die *Tabula Cortonensis*, einer von nur drei überlieferten Texten in etruskischer Sprache, deren Entzifferung noch immer nicht gelungen ist. Das Museum offeriert auch Führungen zu den zahlreichen archäologischen Stätten in und um Cortona. Besonders spektakulär ist der archaische Tumulus *Melone II del Sodo* aus dem 6. Jh. v. Chr. mit zwei Grabbauten.

Wenn man das Museum verlässt, gelangt man nach links zur *Piazza del Duomo* mit dem über einem romanischen Vorgängerbau Ende des 15. Jh. von Giuliano da Maiano errichteten **Dom Santa Maria**. Das dreischiffige Innere wurde jedoch im 17. und 18. Jh. radikal umgebaut. Davon betroffen waren auch die Dekorationen, die man übermalte.

Gegenüber des Domes befindet sich in der ehemaligen Jesuitenkirche (1498–1505) eines der bedeutendsten Museen der toskanischen Kleinstädte: das **Museo Diocesano** (Piazza del Duomo 1, Tel. 057 56 28 30, April–Sept. tgl. 10–19, Okt. Di–

*Im malerischen Herzen von Cortona: Piazza della Repubblica mit Palazzo Comunale*

So 10–19, Nov.–März Di–So 10–17 Uhr). Prunkstück ist die *Verkündigung* (1433/34) von Fra Angelico, eines seiner berühmtesten Gemälde (Saal 3): Der Engel in überaus dekorativem rot-goldenem Gewand tritt aus einem blühenden Garten hervor, demütig empfängt Maria, die in einer Loggia in der Bibel liest, die Botschaft. Im Hintergrund erkennt man die Vertreibung aus dem Paradies.

Neben weiteren Werken Fra Angelicos, Pietro Lorenzettis und Bartolomeo della Gattas besitzt das Museum Gemälde von *Luca Signorelli* (1441–1523) und seiner Werkstatt, darunter die **Kreuzabnahme** (Saal 1), die der Schüler Piero della Francescas 1502 für den Dom fertigte und die als eines seiner besten Bilder gilt. Der Schmerz in den Gesichtern der weinenden Frauen steht im Kontrast zu den fröhlichen Farben und der harmonischen toskanischen Landschaft im Hintergrund. Die beiden diskutierenden Männer unter dem Kreuz sind Stifterbildnisse. Links im Hintergrund sieht man die Kreuzigung, rechts die Auferstehung des Herrn.

Fünf weitere Kirchen Cortonas sind einen Besuch wert: Die kleinste unter ihnen ist **San Cristoforo** hoch über dem Stadtzentrum auf dem Poggio, zu erreichen über die Via Berrettini. Der romanische Backsteinbau ist nur 18 m lang und 6,30 m breit und soll bereits 1192 geweiht worden sein. Im Inneren ist ein *Kreuzigungsfresko* aus dem 14. Jh. zu sehen.

Die hübscheste Kirche von Cortona, **San Nicolo**, stammt aus dem 15. Jh. und liegt an einer steilen Rampe über dem Stadtzentrum. Um sie zu besichtigen, muss man beim Hausmeisterehepaar, den Custodi, klingeln. Die eleganten *Säulengänge* vor und links neben dem Bau sind nicht original, sie wurden erst 1930 nach ursprünglichem Plan wieder aufgerichtet. Im Inneren der Kirche mit schöner Kassettendecke findet sich ein außergewöhnliches Altarbild von *Luca Signorelli*. Außergewöhnlich deshalb, weil es auf beiden Seiten bemalt wurde. Auf der Vorderseite ist eine *Grablegung Christi* dargestellt, auf der Rückseite eine *Madonna mit den Aposteln Petrus und Paulus*. Nahe dem Eingang ein weiteres Fresko von Signorelli: Da es 1768 überputzt wurde, fand man es erst 1847 zufällig.

**San Domenico**, nahe der Piazza Garibaldi, ein Bau aus dem 14. Jh., wurde erst 1438 vollendet und später mehrmals umgebaut. Da die Kirche vor der Stadtmauer Cortonas liegt, wurde sie bei der Verteidigung der Stadt mehrfach als Bollwerk benutzt und beschädigt. Erhalten blieben ein *Fresko* in der Lünette aus dem Umkreis von Fra Angelico (1387–1455), links ein *Altarbild* von Bartolomeo della Gatta (1448–1502) und der **Mehrtafelaltar** von Lorenzo di Niccolò dei Gerini von 1402.

Die Kirche **San Francesco** in der Via Maffai (Ende Via Berrettini), die auf etruskisch-römischen Resten entstand, war einst eine der wichtigsten Kirchen des Franziskanerordens, weil sie als zweite Kirche des Ordens überhaupt, nach der Basilika in Assisi, von Fra Elia errichtet wurde. Heute präsentiert sie sich in frisch restauriertem Zustand, an den Wänden lassen sich die erst vor kurzem wieder entdeckten Freskenspuren von Buffalmacco (frühes 14. Jh.) rechts hinter dem Eingang bewundern. Wichtigstes Ausstattungstück ist das dritte Altarbild links mit einer manieristischen ›Verkündigung‹ (17. Jh.) von Pietro da Cortona. Im Chor befindet sich das Grab Fra Elias.

In der Ebene unterhalb von Cortona, knapp 2 km vor der Stadt an der Straße nach Camucia, liegt die Renaissance-Kirche **Santa Maria delle Grazie al Calcinaio**, die 1485–1513 nach einem Entwurf von *Francesco di Giorgio Martini* erbaut wurde. Obwohl das Portal bereits manieristische Stilelemente aufweist, gilt die Kirche als bedeutendes Beispiel der Renaissancebaukunst. Der Grundriss in Form eines lateinischen Kreuzes verbindet den Zentralbau (mit achteckiger Vierungskuppel) mit dem Langhaus. Die Kirche wurde wegen eines wundertätigen *Madonnenbildes* errichtet, das heute in einer Ädikula am Hauptaltar aufbewahrt wird. Der Name der Kirche geht auf eine Kalkgrube (Calcinaio) zurück, die sich an dieser Stelle vor den Mauern befand und die der Schusterzunft zum Gerben diente.

## i Praktische Hinweise

### Information

**Ufficio Informazioni**, Piazza Signorelli 9, Cortona, Tel. 05 75 63 72 23, www.turismo.provincia.arezzo.it

### Stadtfest

**Sagra della Bistecca**: Festival der toskanischen Gastronomie am 14./15. August.

### Einkaufen

Cortona ist ein **Antiquitäten**-Schatzkästchen. Ende Aug.–Ende Sept. findet im Palazzo Vagnotti die Cortonantiquaria, eine Messe für antike Möbel, statt.

### Hotel

******San Michele**, Via Guelfa 15, Cortona, Tel. 05 75 60 43 48, www.hotelsanmichele.net. Exquisite Zimmer in einem mit Antiquitäten möblierten Renaissance-Palast im Herzen der Altstadt.

### Restaurant

**Osteria del Teatro**, Via Maffei 2, Cortona, Tel. 05 75 63 05 56, www.osteria-delteatro.it. Gemütliches kleines Lokal mit leckeren Speisen. Alle Nudeln und Desserts sind hausgemacht (Mi geschl.).

*In der belebten Fußgängermeile Cortonas: Via Nazionale nach der mittäglichen Ruhepause*

# Toskana aktuell A bis Z

## Vor Reiseantritt

**ADAC Info-Service:**
Tel. 018 05 10 11 12, (0,14 €/Min. aus dem deutschen Festnetz; max. 0,42 €/Min. aus Mobilfunknetzen).

Unter dieser Nummer oder bei den ADAC-Geschäftsstellen können ADAC-Mitglieder kostenlos **Informations- und Kartenmaterial** anfordern.

Außer dem vorliegenden Band *Toskana* sind im ADAC Verlag auch die *Reiseführer Italien* und *Florenz* sowie das *Reisemagazin Toskana* erschienen.

**ADAC im Internet:**
www.adac.de
www.adac.de/reisefuehrer

**Region Toskana im Internet:**
www.turismo.intoscana.it

**Informationsseite des Italienischen Tourismusministeriums:**
www.italia.it

**ENIT – Ente Nazionale Italiana per il Turismo** (Italienische Zentrale für Tourismus): www.enit.it

*Deutschland*
Barckhausstraße 10,
60325 Frankfurt/Main,
Tel. 069/23 74 34, frankfurt@enit.it

*Österreich*
Kärntnerring 4, 1010 Wien,
Tel. 01/505 16 39, vienna@enit.it

*Schweiz*
Uraniastr. 32, 8001 Zürich,
Tel. 043 466 40 40, zurich@enit.it.

## Allgemeine Informationen

### Reisedokumente

Reisende aus Deutschland, Österreich und der Schweiz benötigen einen gültigen *Reisepass* oder *Personalausweis*, für Kinder unter 13 Jahren genügen auch der *Kinderreisepass*, der *Kinderausweis* oder der *Eintrag im Reisepass eines Elternteils*.

### Kfz-Papiere

Führerschein und Zulassungsbescheinigung Teil 1 (vormals Fahrzeugschein) sind mitzuführen. Die Mitnahme der Internationalen Grünen Versicherungskarte wird empfohlen, weil sie die Abwicklung eines Unfalls sehr erleichtert.

### Krankenversicherung und Impfungen

Die *Europäische Krankenversicherungskarte* ist in die übliche Versicherungskarte integriert. Sie ist in der ganzen EU zur Bezahlung medizinischer Leistungen gültig. Sicherheitshalber empfiehlt sich der Abschluss einer zusätzlichen *Auslandskranken- und Rückholversicherung*.

### Hund und Katze

Für Hunde und Katzen ist bei Reisen innerhalb der EU ein gültiger, vom Tierarzt ausgestellter EU Heimtierausweis vorgeschrieben, ebenso die Kennzeichnung durch Mikrochip (seit Juni 2011 verbindlich). Für Hunde sind Leine und Maulkorb mitzuführen.

### Zollbestimmungen

Reisebedarf für den persönlichen Gebrauch obliegt innerhalb der EU keinen Beschränkungen und darf abgabenfrei eingeführt werden. Als Richtmengen für privaten Verbrauch gelten: 800 Zigaretten, 400 Zigarillos, 200 Zigarren, 1 kg Tabak, 10 l Spirituosen über 22 % Alkoholgehalt , 20 l Spirituosen bis zu 22 % Alkoholgehalt, 90 l Wein (davon maximal 60 l Schaumwein), 110 l Bier.

Bei Reisen in und durch die Schweiz dürfen zollfrei mitgeführt werden: 200 Zigaretten oder 50 Zigarren oder 250 g Tabak, 2 l alkoholische Getränke bis zu 15 % und 1 l Spirituosen über 15 % (für Personen ab 17 Jahren). Andere Waren bleiben bis zu einem Gesamtwert von 300 CHF zollfrei, beschränkt ist dabei die Mitnahme von Lebensmitteln, siehe www.ezv.admin.ch. Bei Einreise in die EU beträgt der Freibetrag 300€ (für Flugreisende 430€).

### Geld

Die gängigen *Kreditkarten* werden in Banken, Hotels und den meisten Geschäften akzeptiert. An *Maestro-Geldautomaten* kann man rund um die Uhr Geld abheben.

### Tourismusämter im Land

Die Toskana ist in 14 Tourismusgebiete eingeteilt, für die jeweils eine **Agenzia di Promozione Turistica** (APT) zuständig ist (siehe ›Praktische Hinweise‹ im Textteil). Informationsbüros, **Ufficio Informazioni**, **IAT** oder **Pro Loco**, findet man häufig am Hauptplatz der Städte und Orte.

### Notrufnummern

**Notruf:** Tel. 112 (EU-weit, auch mobil: Polizei, Unfallrettung, Feuerwehr)

**ACI-Soccorso Stradale** (**Pannendienst**): Tel. 80 31 16 (rund um die Uhr, mehrsprachig). Man beachte die *gelben Notrufsäulen* an den Autobahnen (ca. alle 2 km).

**ADAC-Notrufstation Monza:**
Tel. 03 92 10 41 (rund um die Uhr)

**ADAC-Notrufzentrale München:**
Tel. 00 49/89/22 22 22 (rund um die Uhr)

**ADAC-Ambulanzdienst München:**
Tel. 00 49/89/76 76 76 (rund um die Uhr)

**ÖAMTC Schutzbrief-Nothilfe:**
Tel. 00 43/(0)1/251 20 00, www.oeamtc.at

**TCS Zentrale Hilfsstelle:**
Tel. 00 41/(0)224 17 22 20, www.tcs.ch

Bei Unfällen mit *Sachschäden* sind unbedingt Versicherung und Versicherungsnummer des Unfallgegners zu notieren. Bei Unfällen mit *Personenschäden* muss die Polizei verständigt werden.

### Diplomatische Vertretungen

**Honorarkonsulat der Bundesrepublik Deutschland**, Corso dei Tintori 3, 50122 Florenz, Tel. 05 52 34 35 43, rapp.toscana@ahk-italien.it

**Österreichisches Honorarkonsulat**, Lungarno A. Vespucci 58, 50123 Florenz, Tel. 05 52 65 42 22, cons.austria@albinipitigliani.it

**Schweizer Konsulat**, Piazzale Galileo 5, 50125 Florenz, Tel. 055 22 24 34, firenze@honorarvertretung.ch

### Besondere Verkehrsbestimmungen

*Tempolimits* (in km/h): Für Pkw, Motorräder und Wohnmobile gilt innerorts 50, außerorts 90, auf mit blauem Autobahnschild gekennzeichneten Schnellstraßen 110 und auf Autobahnen 130, bei Regen oder Schnee auf Schnellstraßen 90 und auf Autobahnen 110. Fahranfänger (Führerschein unter 3 Jahre alt) auf Schnellstraßen 90 und auf Autobahnen 100. Für Wohnmobile über 3,5 t gilt außerorts 80, auf Autobahnen 100; Pkw mit Anhänger dürfen außerorts und auf Schnellstraßen max. 70, auf Autobahnen 80 fahren.

Motorräder müssen grundsätzlich auch tagsüber mit Abblendlicht fahren, Autos auf allen Straßen außerhalb geschlossener Ortschaften.

Es besteht *Anschnallpflicht* und für Lenker und Mitfahrer von Zweiradfahrzeugen *Sturzhelmpflicht*. Kinder unter 12 Jahren müssen auf dem Rücksitz befördert werden. Das *Telefonieren* während der Fahrt ist nur mit Freisprechanlage erlaubt. Das Nationalitätenkennzeichen bzw. das EU-Kennzeichen ist Pflicht. Eine reflektierende *Warnweste* nach DIN EN 471 ist griffbereit im Wagen mitzuführen. Sie ist von jeder Person, die im Falle einer Panne oder eines Unfalls auf offener Straße den Wagen verlässt, zu tragen.

*Promillegrenze* 0,5, für Fahranfänger (Führerschein unter 3 Jahre alt) 0,0.

Öffentliche *Parkplätze* sind durch weiße oder blaue Markierungen gekennzeichnet. Die ›blauen‹ Parkplätze sind gebührenpflichtig. Gelbe oder Gelb-schwarze Markierungen bedeuten Parkverbot.

Jede Ladung, die nach hinten überragt (Surfbretter, Boote, Fahrradständer) muss mit einer 50 x 50 cm großen, rot-weiß gestreiften reflektierenden Warntafel versehen sein. Keine Ladung darf über die Vorderkante des Fahrzeugs hinausragen.

### Strom

Die Netzspannung beträgt 125 oder 220 V. Es empfiehlt sich die Mitnahme eines Zwischensteckers, der z.B. in den ADAC-Geschäftsstellen erhältlich ist.

## Anreise

### Auto

Die wichtigsten **Routen** aus Deutschland und Österreich führen über den Brenner oder Reschenpass und Verona nach Florenz; aus der Schweiz über den St.Gotthard-Pass, dann über Mailand nach Florenz oder von Mailand über Genua, alternativ Piacenza und Parma, zur ligurischen Küste Richtung Pisa.

Auf *österreichischen* und *Schweizer Autobahnen* herrscht **Mautpflicht**, Vignetten gibt es bei den ADAC Geschäftsstellen und an grenznahen Tankstellen. In *Italien* werden die **Autobahngebühren** nach Wagenklassen und Teilstücken berechnet. Besitzer der *Viacard* (erhältlich beim ADAC; in Italien bei Banken, an der Grenze und an Autobahnstationen zu 25€ und 50€) werden bei den Mautstellen auf eigenen Fahrspuren bargeldlos abgefertigt. Achtung: Fehlende Beträge können nicht mit Bargeld beglichen werden.

**Autobahn-Tankstellen** sind 24 Stunden geöffnet; übrige Tankstellen meist Mo–Fr 7–12.30 und 15–19 Uhr, Sa/So Schichtdienst. An Hauptstrecken gibt es *SB-Tanksäulen*, die Geldscheine annehmen.

### Bahn und Autoreisezug

Es bestehen gute Direktverbindungen, auch mit Autoreise- und Nachtzügen, von europäischen Großstädten in die Toskana: Massa-Carrara, Pisa, Livorno, Grosseto liegen an der Strecke Genua – Rom; Florenz und Arezzo an der Strecke Mailand – Rom.

**Fahrplanauskunft:**

**Deutsche Bahn**, Tel. 018 05 99 66 33 (persönlich, 0,14 €/Min. aus dem deutschen Festnetz; max. 0,42 €/Min. aus Mobilfunknetzen), Tel. 080 01 50 70 90 (sprachgesteuert, gebührenfrei), www.bahn.de

**Deutsche Bahn AutoZug**, Tel. 018 05 99 66 33 (0,14 €/Min. aus dem deutschen Festnetz; max. 0,42 €/Min. aus Mobilfunknetzen), www.dbautozug.de

**City Night Line**, Nachtzüge nach Florenz, www.citynightline.de

**Österreichische Bundesbahn**, Tel. 05 17 17, www.oebb.at

**Schweizerische Bundesbahnen**, Tel. 09 00 30 03 00 (1,19 CHF/Min. aus dem Schweizer Festnetz), www.sbb.ch

**Trenitalia**, Buchungscenter in Deutschland Tel. 018 05 01 35 33 (0,14 €/Min. aus dem deutschen Festnetz; max. 0,42 €/ Min. aus Mobilfunknetzen), www.trenitalia.news-plus.net

### Bus

Von größeren deutschen Städten fahren Busse z.B. nach Florenz, Siena oder Pisa.

**Deutsche Touring**, Am Römerhof 17, 60486 Frankfurt/Main, Tel. 069/790 35 01, www.touring.de

### Flugzeug

Der Flughafen von **Florenz** (Aeroporto Amerigo Vespucci, Tel. 05 53 06 13 00, www.aeroporto.firenze.it) wird von Frankfurt, Stuttgart, München, Wien, Genf und Zürich angeflogen, **Pisa** (Aeroporto Internazionale Galileo Galilei, Tel. 050 84 91 11, www.pisa-airport.com) von Hamburg, Berlin, Düsseldorf, Köln, Frankfurt-Hahn, Memmingen und München, zudem via Mailand. Von Pisa kann man auch täglich nach **Elba** (Marina di Campo) fliegen.

## Bank, Post, Telefon

### Bank

Banken öffnen in der Regel Mo–Fr 8.30–13.30 und 14.30–15.45, an Flughäfen und Bahnhöfen meist tgl. 8–20 Uhr.

### Post

Postämter sind in der Regel Mo–Fr 8–13.30/14 und Sa 8–12 Uhr geöffnet. Briefmarken (*Francobolli*) gibt es auch in Tabakläden (*Tabacchi*, mit Monopolzeichen ›T‹ über der Tür) und Souvenirläden. Karten und Briefe mit Frankierung als *Posta priorita* kommen meist innerhalb weniger Tage in Mitteleuropa an.

### Telefon

**Internationale Vorwahlen:**

Italien 00 39
Deutschland 00 49
Österreich 00 43
Schweiz 00 41

In Italien ist die Ortsnetzkennzahl fester Bestandteil der Telefonnummern und muss **immer** (inkl. der 0) mitgewählt werden. Bei Handynummern fällt die 0 weg.

Die Benutzung handelsüblicher **Mobiltelefone** ist in ganz Italien möglich. Man sollte sich über das günstigste Netz vor Ort informieren und das eigene Mobiltelefon entsprechend einstellen.

Öffentliche Telefonzellen funktionieren mit *Telefonkarten* (*Scheda telefonica*, perforierte Ecke abreißen), die in Tabakläden, Kiosken und z. T. in Bars verkauft werden.

## Einkaufen

Die **Geschäftszeiten** sind regional unterschiedlich. Meist sind Läden Mo–Sa 9–12.30 und 16–19.30 Uhr geöffnet. Am Samstagnachmittag ist normaler Einkauf, dafür schließen viele Läden an einem anderen Werktag früher. Ferienorte haben zusätzliche Öffnungszeiten (abends, manchmal auch sonntags).

### Antiquitäten

Antiquitätenmärkte sind Fundgruben für Sammler. Treffpunkt am 1.So des Monats ist **Arezzo**, am 2.So **Pistoia** und **Pisa**, am 3.So **Lucca**. In **Florenz** gibt es werktags Flohmarkt auf der Piazza dei Ciompi.

### Delikatessen

Kulinarisches eignet sich gut als Mitbringsel: **Lebensmittelgeschäfte** mit Spezialitäten wie Pecorino-Schafskäse, Wildschweinsalami (*Salame di cinghiale*), Trüffel (*Tartufo*) oder ›Cantucci‹-Kekse findet man in jeder toskanischen Stadt. Günstiger kauft man auf den wöchentlichen **Freiluftmärkten**. *Florenz*: Mercato Centrale (nördlich von San Lorenzo) und Mercato Ambrogio (Piazza Ghiberti), *Siena*: Piazza La Lizza.

### Mode und Lederwaren

Zentrum der *Alta Moda* ist **Florenz** mit den eleganten Läden in der Via de' Guicciardini, Via de' Tornabuoni und Via Strozzi, preiswerter ist der Kleidermarkt in den Gassen um die Piazza San Lorenzo. Rund um die Piazza Santa Croce führen viele Läden erschwingliche *Lederwaren*. In den Geschäften der Fußgängerzone Via de' Calzaiuoli kauft man nur Exklusives.

### Kunsthandwerk

**Prato** hat sich auf Spitze, Stoff und Strick eingestellt; **Arezzo** gilt als Metropole der Gold- und Silberschmiede; **Impruneta** (unweit südlich von Florenz) pflegt seinen Ruf als führende Terrakottastadt und nach **Colle Val d'Elsa** fährt man für mundgeblasenes Glas. In **Volterra** wird traditionell Alabaster verarbeitet, während man in **San Gimignano** Schmiedeeisen und Korbwaren kauft. Nicht zu vergessen natürlich Marmornes aus **Carrara**.

## Essen und Trinken

Im Restaurant wird oft ein Pauschalbetrag für Brot und Gedeck (Pane e Coperto) berechnet. Man bezahlt erst den Rechnungsbetrag und lässt das Trinkgeld, etwa 10%, auf dem Tisch zurück.

Für die toskanische Küche gelten zwei **Grundsätze**: Erstens einfache, frische, regionale Zutaten sowie zweitens der Jahreszeit entsprechende Gerichte.

So findet man rund um **Livorno** ausgezeichnete Fischgerichte, etwa ›Caciucco‹, eine Suppe aus mehreren Fischarten.

Die als ›Bistecca Fiorentina‹ geführten T-Bone-Steaks der *Maremma-Rinder* aus der Provinz **Grosseto** werden nach Gewicht berechnet. Unter den Wild-

*Aus feinstem Alabaster entstehen in Volterra reizvolle Kunsthandwerk-Souvenirs*

*Hochwertiges Olivenöl aus Lucca ist die Basis toskanischer Küche*

schweingerichten sind das Gulasch ›Cinghiale in umido‹ mit schwarzen Oliven und Polenta zu empfehlen und verschiedene Nudelgerichte. ›Pappardelle al cinghiale‹ und ›Pappardelle sulla lepre‹ (mit Hasenfleisch) heißen Leckerbissen in der Region um Capalbio, Saturnia und Sovana.

In **Pisa** findet man auf der Speisekarte anspruchsvoller Restaurants als Spezialität ›Cee' alla Pisana‹, auf besondere Art zubereitete winzige Aale.

Mit dem um **Lucca** produzierten qualitätvollen Olivenöl werden die ›Crostini‹, geröstete Vorspeisenbrote, eingerieben, eine Luccheser Spezialität, die häufig zusätzlich mit einer Creme aus Artischockenherzen (*Carciofini*) serviert wird.

Zwischen **Siena** und **Florenz** gibt es fantastische Lebergerichte und leckeren Fasan wie den mit Schinken und Trüffel servierten ›Fagiano tartufato‹ oder die als Vorspeisen gereichten ›Fegatini‹.

Die Region südlich von Siena, vor allem rund um **Pienza**, ist berühmt für ihren lange gelagerten und gut gewürzten ›Pecorino‹-Schafskäse. Er wird auch, wie Parmesan, zu Nudelgerichten gereicht.

Die bekannteste Sieneser **Süßspeise** heißt ›Panforte‹, ein Kuchen mit Mandeln und Trockenfrüchten. Steinhart, aber köstlich sind die Florentiner ›Cantucci‹, süße Mandelkekse, die man in den Dessertwein ›Vin Santo‹ eintunkt.

## Wein

Wenn Sie Wein mit nach Hause nehmen wollen, sollten Sie ein paar Bezeichnungen und Etiketten kennen und die häufig von Weingütern und Enotecen (Weinhandlungen) angebotene Einladung zur Weinprobe (*Degustazione*) nutzen.

**DOC** (*Denominazione di origine controllata*) ist ein Siegel freiwilliger Konsortien.

**DOCG** (... – *e garantita*) steht auf dem Etikett der nach gesetzlichen Vorschriften hergestellten Weine. Wichtig für die Reinheit ist ferner die Aufschrift ›Imbottigliato all'Origine da ...‹ gefolgt vom Hersteller- oder Gutsnamen. Wenn nur ›Imbottigliato da ...‹ auf der Flasche steht, deutet das auf die Beimischung fremder Weine oder Trauben hin.

Der weltberühmte **Chianti** wird meist als Qualitätstropfen produziert. Der schwarze Hahn auf dem Etikett, der **›Gallo nero‹**, ist das Zeichen der Winzer des Chianti-Classico-Gebietes, die unter bestimmten Qualitätsauflagen produzieren und sich gegenseitig kontrollieren. Die teils sehr guten Chianti, die nicht aus dem zentralen Chianti-Gebiet kommen – es gibt **sechs weitere Chianti-Anbauzonen** – tragen meist das Etikett **›Chianti Putto‹**. ›Riserva‹ zeigt die mind. 3-jährige, ›Vecchio‹ die 2-jährige Lagerung an.

In der Region südlich von Siena sind gleich zwei Spitzenrotweine beheimatet: **›Brunello di Montalcino‹** und **›Nobile di Montepulciano‹**. Der jahrzehntealt werdende Brunello muss mind. vier, als ›Riserva‹ fünf Jahre lagern. Sein ein Jahr lagernder Bruder heißt ›Rosso di Montalcino‹. Der Nobile ist herber als dieser.

Einen guten Ruf genießen auch die Rotwein-Gebiete **Carmignano**, westlich von Florenz, **Maremma** (Provinz Grosseto) und die **Etruskische Weinstraße** zwischen Montescudaio (Pisa) und Piombino (Livorno).

Im heißen Sommer werden in der Toskana auch Weißweine getrunken: **›Montecarlo‹**, aus dem Gebiet östlich von Lucca, oder **›Vernaccia‹** aus San Gimignano. Sehr leicht und preisgünstig sind der **›Galestro‹** und der **›Bianco della Lega‹**. Eine toskanische Spezialität ist der bernsteinfarbene Dessertwein **›Vin Santo‹**.

## Bars

Zu jeder Tageszeit sorgen die Bars für das leibliche Wohl. Der Italiener nimmt seinen Imbiss oder sein Getränk – preiswerter – im Stehen an der Theke ein.

## Rauchverbot

Das *Rauchen* ist in allen Lokalen, Bars, Restaurants und Clubs verboten, die nicht über separate, belüftete Räumlichkeiten verfügen. Die Missachtung des Rauchverbots kann mit Geldstrafen bis zu 275 € geahndet werden.

## Feiertage

1.Januar (*Capodanno*), 6.Januar (*Epifania*), Ostersonntag (*Pasqua*) und Ostermontag (*Pasquetta*), 25.April (*Liberazione*, Tag der Befreiung von der deutschen Besatzung 1945), 1.Mai (*Festa del Lavoro*), 2.Juni (*Festa della Repubblica*, Nationalfeiertag), 15.August (*Ferragosto*, Mariä Himmelfahrt), 1.November (*Ognissanti*, Allerheiligen), 8.Dezember (*Immacolata Concezione*, Mariä Empfängnis), 25./26.Dezember (*Natale/Santo Stefano*). Zu den nationalen Feiertagen kommen noch die *Festtage der lokalen Schutzheiligen.*

## Festivals und Events

Die Toskaner feiern zahlreiche **Dorffeste**, **Sagre** oder Essfeste, bei denen lokale Spezialitäten aufgetischt werden, ferner **Patronatsfeste** für den Stadtheiligen und **Wettkämpfe in historischen Kostümen**. Eine Liste der regionalen Termine hält das jeweilige Tourismusbüro bereit [siehe Praktische Hinweise]. Es infomiert auch über andere kulturelle Veranstaltugen. Hier folgt eine Auswahl der wichtigsten Events:

*Februar*

**Viareggio:** Der dortige Umzug ist der Höhepunkt der Karnevalszeit.

*März/April*

**Florenz:** Am Ostersonntag beginnt die Saison historischer Spiele mit dem Scoppio del Carro – einem heiligen Feuer auf einem Ochsenkarren.

*April/Mai*

**Florenz:** Maggio Musicale Fiorentino – Oper, Ballett und Konzerte (Ende April–Mai, aber auch im September und Dezember, www.maggiofiorentino.com).

*Mai*

**Massa Marittima:** Balestro del Girifalco – Armbrustschützenwettkampf (am 4. Maisonntag und auch am 2.Augustsonntag).

**Gargonza:** Festival ›Klänge und Farben der Toskana‹ (südwestlich von Arezzo, Mitte–Ende Mai).

*Juni*

**Pisa:** Regatta Storica di San Ranieri – historische Ruderregatta (17.Juni).

**Florenz:** Calcio Storico Fiorentino (Fußballspiel) anlässlich des Stadtfestes zu Ehren Johannes des Täufers (24.Juni).

**Pisa:** Gioco del Ponte – Kräftemessen auf dem Ponte di Mezzo (Ende Juni).

*Juni/Juli*

**Prato, Poggio a Caiano und Umgebung:** Festival delle Colline – Musik und Tanz (www.festivaldellecolline.com).

**Volterra:** Volterrateatro – Theaterfestival, auch Kindertheater – auf den schönsten Plätzen der Stadt (www.volterrateatro.it).

**Siena:** Settimana Musicale Senese – Konzertreihe der Accademia Musicale Chigiana.

*Für die Pause zwischendurch: Caffè oder Snack direkt an der Theke einer schönen Bar*

*Wild und ungestüm ist das berühmte Pferderennen des Palio delle Contrade in Siena*

**Barga (Garfagnana):** Festival Internazionale dell'Opera – Opernfestival.

*Juli*

**Siena:** Palio delle Contrade – Pferderennen der Stadtteile gegeneinander auf der Piazza del Campo (2. Juli, Wiederholung am 16. August, www.ilpalio.org).

**Pistoia:** Giostra dell'Orso – Wettkampf um eine Bärentrophäe (25. Juli).

*Juli/August*

**Montepulciano:** Cantiere Internazionale d'Arte – Musikfestival (www.fondazione cantiere.it).

**Musica nel Chianti** – Konzerte und Opern in Gärten, Parks und Villen des Chianti.

**Torre del Lago:** Festival Puccini (s. S. 123).

**Batignano:** Musica nel Chiostro – Festival unbekannter und selten aufgeführter Opern (nordöstlich von Grosseto).

*August*

**Montepulciano:** Bruscello – Kostümfest der Handwerker und Bauern (15. Aug.).

**Arezzo:** Concorso Polifonico Internazionale Guido d'Arezzo – Internationaler Chorwettbewerb (2. Augusthälfte).

*August/September*

**Sansepolcro:** Festival delle Nazioni di Musica da Camera – Kammermusik.

*September*

**Arezzo:** Giostra del Saracino – Lanzenstechen (1. So).

**Lucca:** Prozession für den Volto Santo – religiös-folkloristisches Fest (13. Sept.).

## Klima und Reisezeit

Wer Kunst und Gastronomie genießen will, ist auch im **Winter** gut bedient: Dann sind die Übernachtungspreise relativ niedrig und die Museen bei weitem nicht so überlaufen wie im Sommer. Auch die immergrüne Landschaft behält in der kalten Jahreszeit ihre Reize. Viele Hotels und Restaurants haben dann allerdings geschlossen. Der regenreichste Monat ist der November.

Sonnenanbeter und Badetouristen kommen im **Juli** und **August** garantiert auf ihre Kosten, aber Besichtigungstouren werden bei bis zu 40° im Schatten schnell sehr anstrengend. Im **Mai** und **Juni** sowie im **September** und **Oktober** ist das Klima angenehmer. Da diese Monate als Reisezeit sehr beliebt sind, empfiehlt sich eine frühzeitige Hotelbuchung. Die Badeorte an der Küste haben von Juni bis September Saison.

### Klimadaten Toskana (Florenz)

| Monat | Luft (°C) min./max. | Wasser (°C) | Sonnen-std./Tag | Regen-tage |
|---|---|---|---|---|
| Januar | 2/ 8 | 9 | 4 | 8 |
| Februar | 3/10 | 11 | 4 | 7 |
| März | 6/14 | 13 | 5 | 8 |
| April | 8/18 | 17 | 7 | 8 |
| Mai | 12/23 | 18 | 9 | 8 |
| Juni | 16/28 | 20 | 9 | 7 |
| Juli | 19/31 | 20 | 11 | 3 |
| August | 18/30 | 20 | 9 | 4 |
| September | 16/26 | 20 | 8 | 6 |
| Oktober | 11/19 | 18 | 6 | 9 |
| November | 7/13 | 16 | 4 | 10 |
| Dezember | 3/ 9 | 14 | 3 | 9 |

## Museen und Kirchen

### Museen

Die *Öffnungszeiten* der Museen sind uneinheitlich. An Feiertagen sind viele Sammlungen geschlossen. Detaillierte Angaben finden sich bei den Ortsbeschreibungen. Einige große Museen in den Kunstzentren der Toskana, vor allem in Florenz [s.S. 153], bieten die Möglichkeit der telefonischen oder Online-Kartenvorbestellung. Damit lassen sich längere Wartezeiten vermeiden.

### Kirchen

Kirchen sind in den Mittagsstunden zumeist geschlossen. Kleinere Kirchen in abgelegenen Orten sind oft generell verschlossen, es findet sich jedoch immer jemand, der behilflich sein kann.

Einige Kirchen in den großen Kunstzentren erheben mittlerweile *Eintrittsgelder* für die Besichtigung ihrer Kunstschätze.

## Statistik

Die mittelitalienische Region **Toskana** zwischen der Emilia Romagna im Norden, Ligurien im Nordwesten, Umbrien und den Marken im Osten sowie Latium im Süden nimmt als **fünftgrößte Region Italiens** rund 23 000 km² der Fläche des Landes ein.

Mit einer **Ausdehnung** von 215 km von Nord nach Süd und 235 km von West nach Ost wartet die Region, außer mit den weltberühmten **Kunstzentren** Florenz, Pisa und Siena, mit den verschiedensten Landschaftstypen auf: Den sanft gewellten **Hügeln mit Weinterrassen und Olivenhainen** im Zentrum zwischen Florenz und Siena (67% der Fläche) stehen im Norden als natürliche Grenze zur Emilia Romagna der **Tosco-Emilianische Apennin** gegenüber, im Nordwesten die wegen ihres Marmors berühmten **Apuanischen Alpen** und im Süden der **Monte Amiata** – diese Gebirgsregionen machen ein Viertel der Gesamtregion aus. Badevergnügen bietet die insgesamt **572 km** lange **Küste** des Ligurischen und Tyrrhenischen Meers oder der Inseln des Toskanischen Archipels.

Von den 3,6 Mio. Bewohnern dieser Tourismusregion (jährlich etwa 6 Mio. Besucher) arbeiten über 60% im **Dienstleistungsbereich.** Die **Industrie** ist immerhin noch für rund 35% der Arbeitgeber, während die **Landwirtschaft** nur rund 3% der Toskaner beschäftigt.

Am dichtesten besiedelt ist das **Arno-Tal** mit 300 Einwohnern pro km², hier liegen auch einige der **größten Städte** der Region: Florenz (370 000 Einw.), Prato (185 000 Einw.) und Pisa (88 000 Einw.).

Die Region gliedert sich in **10 Provinzen** (Arezzo, Florenz, Grosseto, Livorno, Lucca, Massa/Carrara, Pisa, Pistoia, Prato, Siena), denen jeweils ein Kapitel des Reiseführers gewidmet ist, und **287 Gemeinden**.

## Thermen

In der Toskana gibt es sowohl exklusive Kurorte mit modernsten Thermalanlagen als auch badewannengroße Naturbecken mit schwefelhaltigem oder radioaktivem Heilwasser weitab jeder größeren Stadt. Hier eine Auswahl für jeden Geschmack:

### Montecatini Terme

Provinz Pistoia, 49 km westlich von Florenz (**Servici Turistici**, Palazzo Comunale, Montecatini Terme, Tel. 05 72 77 22 44, www.termemontecatini.it)

Der auf halbem Wege zwischen Florenz und Küste gelegene renommierte Kurort mit seinen palastartigen Thermalanlagen aus dem 19. Jh. bietet Kuren zur Heilung von Stoffwechselkrankheiten sowie Haut- und rheumatischen Erkrankungen [s. S. 132].

******Hotel Torretta**, Viale Bustichini 63, Montecatini Terme, Tel. 05 72 70 30 5, www.hoteltorretta.it. Schönes Hotel mit hübschem Garten und Schwimmbad (Nov.–März geschlossen).

### Chianciano Terme

Chianciano Terme liegt 73 km südlich von Siena und ist der **größte Kurort** der südlichen Toskana (**APT**, Piazza Italia 67, Chianciano Terme, Tel. 05 78 67 11 22, www.vivichiancianoterme.it). Die ausgezeichneten Anlagen um die Quellen Acqua Santa, Di Sillene, Di Fucoli und Sant' Elena sind besonders geeignet für Leber- und Gallenleiden sowie Rheuma.

******Hotel Michelangelo**, Via delle Piane 146, Chianciano Terme, Tel. 05 78 64 00 4, www.hotel-michelangelo.it. Das Hotel besitzt einen Park, ein Schwimmbad sowie Sauna und Solarium.

### Saturnia

Der sehr schön gelegene Thermalbadeort in der Provinz Grosseto besitzt ein gut ausgestattetes **Thermalschwimmbad**, das für die Heilung von Kreislaufbeschwerden und rheumatischen Erkrankungen eingesetzt wird. Das schweflig riechende Heilwasser sprudelt mit konstanten 37,5 °C. Der Kurkomplex gehört zu einem Wellnesshotel, ist aber das ganze Jahr auch für Nicht-Hotelgäste zugänglich. Unterhalb des Hotelresorts liegt ein frei zugänglicher heißer Wasserfall, die Cascata del Mulino.

******Terme di Saturnia Spa & Golf Resort**, Loc. Follonata, Tel. 05 64 60 01 11, www.termedisaturnia.it. Das noble Wellness-Hotel samt eigenem 18-Loch-Golfplatz liegt direkt am Thermalbad, 3 km südlich der Stadt, seine schöne Naturbruchstein-Fassade umrahmt die große Badelandschaft.

Top Tipp ***Villa Clodia**, Via Italia 43, Saturnia, Tel. 05 64 60 12 12, www.hotelvillaclodia.com. Das Hotel liegt im Ortszentrum, nahe der Haupt-Piazza. Die reizende Villa in schöner Hanglage hat nur zehn Zimmer., aber eine Sauna und ein Türkisches Bad.

### Terme Bagni di Petriolo

Oberhalb der nur als Ruinen erhaltenen Thermen von Papst Pius II. liegt die heutige Thermalanlage, 35 km südlich von Siena (**Complesso Termale Bagni di Petriolo**, Pari, Civitella Paganico, Tel. 05 77 75 71 04, www.termesaluteambiente.com, Mai–Okt.). Das schwefelige, 43 °C heiße Thermalwasser ist gegen Rheuma und Hautkrankheiten angezeigt.

*****__Atahotel Petriolo Spa & Resort__, Loc. Bagni di Petriolo, Pari, Tel. 05 64 90 91, www.atahotels.it. Das moderne Luxushotel direkt an den Thermalquellen bietet ein riesiges Spa mit vielfältigen Kuranwendungen.

### Terme di Bagno Vignoni

Das Thermalbad **Stabilimento Termale di Bagno Vignoni** liegt 43 km südlich von Siena (Piazza del Moretto 32, San Quirico d'Orcia, Tel. 05 77 88 73 65, www.termebagnovignoni.it, Juni–Okt. Mo–Sa 8–13 Uhr). Schon Lorenzo de' Medici badete im historischen Katharinen-Becken, einem von mittelalterlichen Bauten umrahmten Heilwasserbad, das sienesische Baumeister anlegten. Das 52 Grad heiße Wasser wird heute in ein modernes Thermalbecken hinter dem Hotel Posta Marcucci geleitet.

***__Hotel Posta Marcucci__, Bagno Vignoni, San Quirico d'Orcia, Tel. 05 77 88 71 12, www.hotelpostamarcucci.it. Modernes komfortables Kurhotel mit eigenem Thermalbad (Zugang auch für Nicht-Gäste) und Tennisplatz.

****__Hotel Adler Thermae Spa & Relax Resort__, Bagno Vignoni, San Quirico d'Orcia, Tel. 05 77 88 90 01, www.adler-thermae.com. Luxushotel in einem Neubau aus Travertin unter Südtiroler Leitung, großes Wellnessangebot.

**La Locanda del Loggiato**, Piazza del Monetto 30, Bagno Vignoni, San Quirico d'Orcia, Tel. 05 77 88 89 25, www.loggiato.it. Romantisches Acht-Zimmer-Gasthaus im historischen Ortskern.

### Bagni di Lucca

Der kleine Kurort, 27 km nördlich von Lucca, war früher einer der mondänsten Italiens und wurde auch von Königen besucht. Bade-, Fango- und Schwitzkuren werden zur Heilung von rheumatischen Erkrankungen, Magen-, Leber- und Gallenleiden eingesetzt (**Terme Bagni di Lucca**, Piazza San Martino 11, Tel. 05 83 87 22 1, www.termebagnidilucca.it).

***__Antico Albergo Terme__, Via del Peretaio 1, Bagni di Lucca, Tel. 05 83 86 03 4, www.termebagnidilucca.it. Zu den Thermen gehört ein Hotel mit Restaurant, das toskanische Spezialitäten anbietet.

## Unterkunft

### Agriturismo

Auskünfte zu ›Ferien auf dem Bauernhof‹ erteilt **Agriturist**, Corso Vittorio Emanuele II 101, 00186 Rom, Tel. 06 68 52 34 2, www.agriturist.it.

### Bed & Breakfast

Bed & Breakfast wird auch in Italien immer beliebter, *Information* im Internet: www.bedandbreakfast.it.

### Camping

Sehr umfangreich und vielseitig ist das Angebot an Campingplätzen. Geprüfte Anlagen beschreiben der **ADAC Camping-Caravaning-Führer**, Band Südeuropa, der **ADAC Stellplatz-Führer** und der

**ADAC Bungalow-Mobilheim-Führer**, die alle jährlich erscheinen (Information unter www.adac.de/campingfuehrer).

### Ferienhäuser und -wohnungen

Im ganzen Reisegebiet werden wochenweise mietbare Ferienhäuser und -wohnungen angeboten. Sie sind komplett eingerichtet, Wäsche muss häufig mitgebracht werden (Kaution und Endreinigung zusätzlich zum Preis einkalkulieren!). *Kataloge* geben detaillierte Auskünfte.

### Hotels

Prospekte und Hotellisten mit Informationen über Hotels, Ferienwohnungen, Agriturismo, Campingplätze und Jugendherbergen erhält man über die Tourismusämter oder über das Staatliche Fremdenverkehrsamt **ENIT** [s. S. 173].

### Jugendherbergen

**Associazione Italiana Alberghi per la Gioventù** (AIG), Via Cavour 44, 00184 Rom, Tel. 064 87 11 52, www.aighostels.com.

## Verkehrsmittel im Land

### Bahn

Mit der Bahn erreicht man direkt alle größeren Städte in der Toskana. Auskunft: **Ferrovie dello Stato** (Ital. Staatsbahn), Tel. 89 20 21, www.ferroviedellostato.it.

*Das Wohl der Gäste im Sinne haben stilvolle Hotels wie die Villa Clodia in Saturnia*

*Elba lässt sich auch mit dem Rad entdecken, Mountainbikeverleiher liefern die Ausrüstung*

### Bus

Von Florenz aus fahren Überlandbusse fast jeden Ort der Toskana an. Ticketkauf vor der Reise bei den Busgesellschaften:

**ATAF**, Tel. 05 55 65 01, innerhalb Italiens: Tel. 800 42 45 00 (kostenlos, nur vom Festnetz), Tel. 199 10 42 45 (kostenpflichtig, vom Handy), www.ataf.net

**Lazzi**, Info-Tel. 055 36 30 41, Ticketverkauf Tel. 055 21 51 55, www.lazzi.it

**Sita**, Tel. 05 54 78 21, www.sitabus.it

Im Innenstadtverkehr der größeren Städte gibt es ein dichtes Liniennetz.

### Fahrradverleih

Einige Städte wie Florenz, Lucca, Pistoia und Regionen wie Elba und das Pratomagno (Waldregion nordwestlich von Arezzo) haben sich auf Fahrrad- und Mountainbikeverleih eingestellt (Auskünfte bei den Tourismusämtern).

### Mietwagen

Internationale Autovermieter sind in den größeren Städten und an beiden Flughäfen vertreten. Für Mitglieder bietet die **ADAC Autovermietung GmbH** günstige Bedingungen. Buchung bei den ADAC-Geschäftsstellen, unter Tel. 089/76 76 34 34 oder auf www.adac.de/autovermietung.

### Taxi

In größeren Städten gibt es Taxis mit Taxametern. Tabellen in den Taxis listen die zahlreichen Zuschläge auf (Nacht, Sonn- und Feiertag, Übergepäck etc.). Bei Überlandfahrten sollte man vorher einen Festpreis *(Prezzo fisso)* aushandeln.

# Sprachführer

## Italienisch für die Reise

### Das Wichtigste in Kürze

| | |
|---|---|
| Ja/Nein | *Sì/No* |
| Bitte/Danke | *Per favore/Grazie* |
| In Ordnung./Einverstanden. | *Va bene./D'accordo.* |
| Entschuldigung! | *Scusi!* |
| Wie bitte? | *Come dice?* |
| Ich verstehe Sie nicht. | *Non La capisco.* |
| Ich spreche nur wenig Italienisch. | *Parlo solo un po' d'italiano.* |
| Können Sie mir bitte helfen? | *Mi può aiutare, per favore?* |
| Das gefällt mir (nicht). | *(Non) Mi piace.* |
| Ich möchte … | *Vorrei …* |
| Haben Sie …? | *Ha …?* |
| Wie viel kostet …?/ | *Quanto costa …?* |
| Kann ich mit Kreditkarte bezahlen? | *Posso pagare con la carta di credito?* |
| Wie viel Uhr ist es? | *Che ore sono?/Che ora è?* |
| Guten Morgen!/Guten Tag! | *Buon giorno!* |
| Guten Abend! | *Buona sera!* |
| Gute Nacht! | *Buona notte!* |
| Hallo!/Grüß dich! | *Ciao!* |
| Wie ist Ihr Name, bitte? | *Come si chiama, per favore?* |
| Mein Name ist … | *Mi chiamo …* |
| Ich bin Deutsche(r) | *Sono tedesco(-a)* |
| Ich komme aus Deutschland. | *Sono della Germania.* |
| Wie geht es Ihnen? | *Come sta?* |
| Auf Wiedersehen! | *Arrivederci!* |
| Tschüs! | *Ciao!* |
| Bis bald! | *A presto!* |
| Bis morgen! | *A domani!* |
| gestern/heute/morgen | *ieri/oggi/domani* |
| am Vormittag/am Nachmittag | *la mattina/al pomeriggio* |
| am Abend/in der Nacht | *la sera/la notte* |
| um 1 Uhr/um 2 Uhr … | *all'una/alle due …* |
| um Viertel vor (nach) ... | *alle ... meno un quarto (e un quarto)* |
| um ... Uhr 30 | *alle ... e trenta* |
| Minute(n)/Stunde(n) | *minuto(-i)/ora (-e)* |
| Tag(e)/Woche(n) | *giorno(-i)/settimana(-e)* |
| Monat(e)/Jahr(e) | *mese(-i)/anno(-i)* |

### Zahlen

| | | | |
|---|---|---|---|
| 0 | *zero* | 19 | *diciannove* |
| 1 | *uno* | 20 | *venti* |
| 2 | *due* | 21 | *ventuno* |
| 3 | *tre* | 22 | *ventidue* |
| 4 | *quattro* | 30 | *trenta* |
| 5 | *cinque* | 40 | *quaranta* |
| 6 | *sei* | 50 | *cinquanta* |
| 7 | *sette* | 60 | *sessanta* |
| 8 | *otto* | 70 | *settanta* |
| 9 | *nove* | 80 | *ottanta* |
| 10 | *dieci* | 90 | *novanta* |
| 11 | *undici* | 100 | *cento* |
| 12 | *dodici* | 200 | *duecento* |
| 13 | *tredici* | 1000 | *mille* |
| 14 | *quattordici* | 2000 | *duemila* |
| 15 | *quindici* | 10 000 | *diecimila* |
| 16 | *sedici* | 1 000 000 | *un millione* |
| 17 | *diciassette* | 1/2 | *mezzo* |
| 18 | *diciotto* | 1/4 | *un quarto* |

### Wochentage

| | |
|---|---|
| Montag | *lunedì* |
| Dienstag | *martedì* |
| Mittwoch | *mercoledì* |
| Donnerstag | *giovedì* |
| Freitag | *venerdì* |
| Samstag | *sabato* |
| Sonntag | *domenica* |

### Monate

| | |
|---|---|
| Januar | *gennaio* |
| Februar | *febbraio* |
| März | *marzo* |
| April | *aprile* |
| Mai | *maggio* |
| Juni | *giugno* |
| Juli | *luglio* |
| August | *agosto* |
| September | *settembre* |
| Oktober | *ottobre* |
| November | *novembre* |
| Dezember | *dicembre* |

### Maße

| | |
|---|---|
| Kilometer | *chilometro(-i)* |
| Meter | *metro(-i)* |
| Zentimeter | *centimetro(-i)* |
| Kilogramm | *chilo(-i)* |
| Pfund | *mezzo chilo* |
| 100 Gramm | *etto(-i)* |
| Liter | *litro(-i)* |

## Unterwegs

| | |
|---|---|
| Nord/Süd/West/Ost | *nord/sud/ovest/est* |
| oben/unten | *sopra/sotto* |
| geöffnet/geschlossen | *aperto/chiuso* |
| geradeaus/links/ rechts/zurück | *diritto/sinistra/ destra/indietro* |
| nah/weit | *vicino/lontano* |
| Wie weit ist …? | *A che distanza si trova…?* |
| Wo sind die Toiletten? | *Dove sono le toilette?* |
| Wo ist die (der) nächste … | *Dove si trova nelle vicinanze …* |
| Telefonzelle/ | *una cabina telefonica/* |
| Bank/ | *una banca/* |
| Geldautomat/ | *un bancomat/* |
| Post/ | *la posta/* |
| Polizei? | *la polizia?* |
| Bitte, wo ist … | *Scusi, dov'è …* |
| der Hauptbahnhof/ | *la stazione centrale/* |
| der Busbahnhof/ | *la stazione autolinee/* |
| der Flughafen? | *l'aeroporto?* |
| Wo finde ich … | *Dove si trova …* |
| eine Bäckerei/ | *un panificio/* |
| Fotoartikel/ | *gli articoli fotografici* |
| ein Kaufhaus/ | *un grande magazzino/* |
| ein Lebensmittel-geschäft/ | *un negozio di alimentari/* |
| den Markt? | *il mercato?* |
| Ist das der Weg/ die Straße nach …? | *È questa la strada per ….?* |
| Ich möchte mit … | *Vorrei andare …* |
| dem Zug/ | *col treno/* |
| dem Schiff/ | *colla nave/* |
| der Fähre/ | *col traghetto/* |
| dem Flugzeug | *col aereo* |
| nach … fahren. | *a …* |
| Gilt dieser Preis für Hin- und Rückfahrt? | *È la tariffa di andata e ritorno?* |
| Wie lange gilt das Ticket? | *Fino a quando è valido il biglietto?* |
| Wo ist das Fremden-verkehrsamt/ | *Dov'è l'Ufficio per il turismo/* |
| ein Reisebüro? | *un'agenzia viaggi?* |
| Ich suche eine Hotelunterkunft. | *Cerco un albergo.* |
| Wo kann ich mein Gepäck lassen? | *Dove posso deposi-tare i miei bagagli?* |
| Ich habe meinen Koffer verloren. | *Ho perso la mia valigia.* |
| Ich möchte eine Anzeige erstatten. | *Vorrei fare una denuncia.* |
| Man hat mir … | *Mi hanno rubato …* |
| Geld/die Tasche/ | *i soldi/la borsa/* |
| die Papiere/ | *i documenti/* |
| die Schlüssel/ | *le chiavi/* |
| den Fotoapparat/ | *la macchina foto-grafica/* |
| den Koffer/ | *la valigia/* |
| das Fahrrad gestohlen. | *la bicicletta.* |

## Freizeit

| | |
|---|---|
| Ich möchte ein … | *Vorrei noleggiare …* |
| Fahrrad/ | *una bicicletta/* |
| Motorrad/ | *un moto/* |
| Surfbrett/ | *una tavola da surf/* |
| Mountainbike/ | *un mountain bike/* |
| Boot/ | *una barca/* |
| Pferd mieten. | *un cavallo.* |
| Gibt es in der Nähe ein(en) … | *Dove si trova nelle vicinanze …* |
| Freizeitpark/ | *un parco di divertimento/* |
| Freibad/ | *una piscina pubblica/* |
| Golfplatz/ | *un campo di golf/* |
| Strand? | *una spiaggia?* |
| Wann hat … geöffnet? | *Quando è aperto (aperta) …?* |

## Bank, Post, Telefon

| | |
|---|---|
| Brauchen Sie meinen Ausweis? | *Vuole vedere i miei documenti?* |
| Wo soll ich unterschreiben? | *Dove debbo firmare?* |
| Ich möchte eine Telefon-verbindung nach … | *Vorrei un colle-gamento telefonico con …* |
| Wie lautet die Vorwahl für …? | *Qual è il prefisso per …?* |
| Wo gibt es … | *Dove trovo …* |
| Telefonkarten/ | *le schede telefoniche/* |
| Briefmarken? | *i francobolli?* |

## Tankstelle

| | |
|---|---|
| Wo ist die nächste Tankstelle? | *Dov'è la stazione di servizio più vicina?* |

## Hinweise zur Aussprache

| | |
|---|---|
| c, cc | vor ›e‹ und ›i‹ wie ›tsch‹, Bsp.: **ci**ao; sonst wie ›k‹, Bsp.: **co**me |
| ch, cch | wie ›k‹, Bsp.: **che**, **chi**lo |
| g, gg | vor ›e‹ und ›i‹ wie ›dsch‹, Bsp.: **ge**nte; sonst wie ›g‹, Bsp.: **go**la |
| gli | wie ›Li**li**e‹, Bsp.: fi**gli**o |
| gn | wie ›Co**gn**ac‹, Bsp.: ba**gn**o |
| sc | vor ›e‹ und ›i‹ wie ›sch‹, Bsp.: **sci**opero; sonst wie ›sk‹, Bsp.: **sc**ala |
| sch | wie ›sk‹, Bsp.: I**sch**ia |
| sci | vor ›a,o,u‹ wie ›sch‹, Bsp.: la**scia**re |
| z | wie ›ds‹, Bsp.: **zu**ppa |

| | |
|---|---|
| Ich möchte ... Liter ... Benzin/Super/ Diesel. | *Vorrei ... litri ... di benzina/super/ diesel.* |
| Volltanken, bitte. | *Faccia il pieno, per favore.* |
| Bitte prüfen Sie ... | *Verifichi per favore ...* |
| den Reifendruck/ | *la pressione delle ruote/* |
| den Ölstand/ | *il livello dell'olio/* |
| den Wasserstand/ | *il livello dell'acqua/* |
| das Wasser für die Scheibenwischanlage/ | *l'acqua per il tergicristallo/* |
| die Batterie. | *la batteria.* |
| Würden Sie bitte ... | *Per favore, mi può ...* |
| den Ölwechsel vornehmen/ | *cambiare l'olio/* |
| den Radwechsel vornehmen/ | *cambiare la ruota/* |
| die Sicherung austauschen/ | *sostituire il fusibile/* |
| die Zündkerzen erneuern/ | *sostituire le candele/* |
| die Zündung nachstellen. | *regolare l'accensione.* |

## Panne

| | |
|---|---|
| Ich habe eine Panne. | *Ho un guasto.* |
| Der Motor startet nicht. | *La macchina non parte.* |
| Ich habe die Schlüssel im Wagen gelassen. | *Ho le chiavi in macchina.* |
| Ich habe kein Benzin/ Diesel. | *Non ho più benzina/ diesel.* |
| Gibt es hier in der Nähe eine Werkstatt? | *C'è un'officina qui vicino?* |
| Können Sie mein Auto abschleppen? | *Può effettuare il traino?* |
| Können Sie mir einen Abschleppwagen schicken? | *Mi potrebbe mandare un carro attrezzi?* |
| Können Sie den Wagen reparieren? | *Può riparare la mia macchina?* |
| Bis wann? | *Quando sarà pronta?* |

## Mietwagen

| | |
|---|---|
| Ich möchte ein Auto mieten. | *Vorrei noleggiare una macchina.* |
| Was kostet die Miete ... | *Quanto costa il noleggio ...* |
| pro Tag/ | *al giorno/* |
| pro Woche/ | *alla settimana/* |
| mit unbegrenzter km-Zahl/ | *senza limite chilometraggio/* |
| mit Kaskoversicherung/ | *con assicurazione ›kasko‹/* |
| mit Kaution? | *con cauzione?* |
| Wo kann ich den Wagen zurückgeben? | *Dove posso restituire la macchina?* |

## Unfall

| | |
|---|---|
| Hilfe! | *Aiuto!* |
| Achtung!/Vorsicht! | *Attenzione!* |
| Rufen Sie bitte schnell ... | *Per favore, chiami subito ...* |
| einen Krankenwagen/ | *un'ambulanza/* |
| die Polizei/ | *la polizia/* |
| die Feuerwehr. | *i vigili del fuoco.* |
| Es war (nicht) meine Schuld. | *(Non) È stata colpa mia.* |
| Geben Sie mir bitte Ihren Namen und Ihre Adresse. | *Mi dia il suo nome ed indirizzo, per favore.* |
| Ich brauche die Angaben zu Ihrer Autoversicherung. | *Mi dia i particolari della sua assicurazione auto.* |

## Krankheit

| | |
|---|---|
| Können Sie mir einen guten Deutsch sprechenden Arzt/ Zahnarzt empfehlen? | *Mi può consigliare un bravo medico/ dentista che parla il tedesco?* |
| Wann hat er Sprechstunde? | *Qual è l'orario delle visite?* |
| Wo ist die nächste Apotheke? | *Dove si trova la farmacia più vicina?* |
| Ich brauche ein Mittel gegen ... | *Vorrei qualcosa contro ...* |
| Durchfall/ | *la diarrea/* |
| Halsschmerzen/ | *mal di gola/* |
| Fieber/ | *la febbre/* |
| Insektenstiche/ | *le punture d'insetti/* |
| Kopfschmerzen | *mal di testa* |
| Verstopfung/ | *la costipazione/* |
| Zahnschmerzen | *mal di denti.* |

## Hotel

| | |
|---|---|
| Können Sie mir bitte ein Hotel/eine Pension empfehlen? | *Potrebbe consigliarmi un albergo/ una pensione, per favore?* |
| Ich habe bei Ihnen ein Zimmer reserviert. | *Ho prenotato una camera.* |
| Haben Sie | *Ha una camera* |
| ein Einzel-/ Doppelzimmer ... | *singola/ doppia ...* |
| mit Dusche/ | *con doccia/* |
| mit Bad/WC/ | *con bagno/toilette/* |
| für eine Nacht/ | *per una notte/* |
| für eine Woche/ | *per una settimana/* |
| mit Blick aufs Meer? | *con vista sul mare?* |
| Was kostet das Zimmer ... | *Quanto costa una camera ...* |
| mit Frühstück/ | *con prima colazione/* |

| | |
|---|---|
| mit Halbpension/ | *con mezza pensione/* |
| mit Vollpension? | *con pensione completa?* |
| Wie lange gibt es Frühstück? | *Fino a che ora viene servita la colazione?* |
| Ich möchte um … Uhr geweckt werden. | *Vorrei essere svegliato alle ore ...* |
| Ich reise heute Abend/ morgen früh ab. | *Vorrei partire questa sera/ domani mattina.* |
| Haben Sie ein Fax/ Internetzugang einen Hotelsafe? | *Ha un fax/l'accesso alla rete/una cassetta di sicurezza?* |
| Kann ich mit Kreditkarte zahlen? | *Posso pagare con la carta di credito?* |

## Restaurant

| | |
|---|---|
| Ich suche ein gutes/günstiges Restaurant. | *Cerco un buon ristorante/ un ristorante non troppo caro.* |
| Die Speisekarte/ Getränkekarte, bitte. | *Vorrei la carta/ la lista delle bevande, per favore.* |
| Welches Gericht können Sie besonders empfehlen? | *Quale piatto mi può consigliare?* |
| Ich möchte das Tagesgericht/ das Menü (zu …). | *Vorrei il piatto del giorno/ il menù (da …).* |
| Ich möchte nur eine Kleinigkeit essen. | *Vorrei uno spuntino.* |
| Haben Sie … | *Ha dei …* |
| vegetarische Gerichte/ | *piatti vegetariani/* |
| offenen Wein/ alkoholfreie Getränke? | *vini della casa/ analcolici?* |
| Kann ich bitte … | *Vorrei avere …* |
| ein Messer/ eine Gabel/ einen Löffel haben? | *un coltello/ una forchetta/ un cucchiaio.* |
| Die Rechnung bitte. | *Vorrei il conto, per favore!* |

## Essen und Trinken

| | |
|---|---|
| Abendessen | *cena* |
| Apfel | *mela* |
| Artischocken | *carciofi* |
| Auberginen | *melanzane* |
| Bier | *birra* |
| Brot/Brötchen | *pane/panino* |
| Butter | *burro* |
| Desert | *dolce* |
| Ei (Eier) | *uovo (uova)* |
| Ente | *anitra* |
| Erdbeeren | *fragole* |
| Espresso (mit Milch) | *caffè (macchiato)* |
| Essig | *aceto* |
| Feigen | *fichi* |
| Fisch | *pesce* |
| Flasche | *bottiglia* |
| Fleisch | *carne* |
| Fruchtsaft | *succo di frutta* |
| Frühstück | *prima colazione* |
| Gebäck | *pasticcino* |
| gegrillt | *ai ferri/alla griglia* |
| Gemüse | *verdura* |
| Glas | *bicchiere* |
| Huhn | *pollo* |
| Kalbfleisch | *vitello* |
| Kalbshaxenscheibe | *ossobuco* |
| Kaninchen | *coniglio* |
| Kartoffeln | *patate* |
| Käse | *formaggio* |
| Knoblauch | *aglio* |
| Kotlett | *costoletta* |
| Krabben | *gamberetti* |
| Lamm | *agnello* |
| Languste | *aragosta* |
| Maisgericht | *polenta* |
| Meeresfrüchte | *frutti di mare* |
| Miesmuscheln | *cozze* |
| Milch mit einem Schuss Espresso | *latte macchiato* |
| Milchkaffee | *caffellatte* |
| Mineralwasser (mit/ ohne Kohlensäure) | *acqua minerale (con/senza gas)* |
| Mittagessen | *pranzo* |
| Obst | *frutta* |
| Öl | *olio* |
| Orange | *arancia* |
| Parmesankäse | *parmigiano* |
| Pfeffer | *pepe* |
| Pfirsich | *pesca* |
| Pilze | *funghi* |
| Rindfleisch | *carne di manzo* |
| Salat | *insalata* |
| Salz | *sale* |
| Schafskäse | *ricotta* |
| Schinken | *prosciutto* |
| Schweinefleisch | *maiale* |
| Spinat | *spinaci* |
| Steak | *bistecca* |
| Suppe | *minestra/zuppa* |
| Tee | *té* |
| Thunfisch | *tonno* |
| Tintenfische | *polpetti* |
| Tomaten | *pomodori* |
| Venusmuscheln | *vongole* |
| Vorspeisen | *antipasti* |
| Wein, | *vino* |
| Weiß-/ | *bianco/* |
| Rot-/ | *rosso/* |
| Rosé-Wein | *rosato* |
| Weintrauben | *uva* |
| Zucker | *zucchero* |
| Zwiebeln | *cipolle* |

# Register

## Q



## R



## S



## T



## U



## V

## Bildnachweis

**Umschlag-Vorderseite:**
Der Campanile des Doms von Pisa ist als ›Schiefer Turm‹ weltberühmt.
Foto: Bildagentur Huber (Giovanni Simeone)

**Titelseite**
**Oben:** Meisterlich in Szene gesetzt – Siena mit Dom Santa Maria Assunta (Wh. von S. 22/23)
**Mitte:** Fresken von Benozzo Gozzoli in Sant'Agostino in San Gimignano (Wh. von S. 58)
**Unten:** Blühende Landschaften prägen die Maremma (Wh. von S. 72)

AKG-Images: 83 unten (Rainer Hackenberg), 164 (Sandart) – AP Images: 15 unten (Luca Bruno) – Bildagentur-online: 158/159 – Bilderberg: 6/7 (Hans-Joachim Ellerbrock), 30, 52, 53, 58 (Hans Madej), 98 (Jerzy Modrak), 115 oben, 117, 176 (Madej) – Bridgeman Art: 34 – DIZ Bilderdienst: 15 oben – F1online: 41 (Tips Images), 156/157 (Peter Adams) – Fan & Mross: 80/81, 172 unten links, 182 oben (Reisebildarchive), 82 (Achterberg) – Franz Marc Frei: 115 unten – Hartmuth Friedrichsmeier: 10/11, 22/23, 42/43, 50, 172 Mitte (Hubert Stadler) – Getty Images: 141 (Vincenzo Lombardo) – Bildagentur Huber: 8 oben (Fantuz), 10 oben, 16/17, 21, 39, 48, 107, 126/127, 143, 179 (Giovanni Simeone), 50/51 (Leimer), 56/57 (Hänel), 118 (M. Ripani) – IFA Bilderteam: 13 oben (Siebig), 35 (Peter Grüner), 139 unten (Jose Fuste Raga), 150/151 (Stadler) – Jahreszeiten Verlag: 139 oben (Lukas Spörl) – János Kalmár: 36, 37, 172 unten rechts, 178 – Laif: 62, 76 (Hedda Eid) – Look: 55 (Jürgen Richter), 83 oben, 84/85 (Ingolf Pompe) – Mauritius Images: 18/19 (Pigneter), 20, 78, 99, 101, 120 (Cubolimages), 54/55, 71 (Harscher), 59 (Mehlig), 68/69 (Bibikow), 72/73 124/125 (age fotostock) – Werner Neumeister: 103 unten, 128 – Picture Press: 132 (Marc Chapeaux) – Jürgen Richter: 6, 8 Mitte, 8/9, 61, 79, 100/101, 104, 131, 140, 142, 144, 144/145, 147, 148, 152, 154/155, 165, 167, 170 – Ullstein Bilderdienst: 14 unten – Verlagsarchiv: 14 oben, 28, 33, 136, 150 – Hanna Wagner: 40, 44, 45, 64, 65 oben, 80, 93, 94/95, 97, 108, 110/111, 116/117, 120/121, 122, 123, 149, 177 – Thomas Peter Widmann: 7 oben, 9 Mitte, 11, 13 unten, 31, 47, 63, 70/71, 77, 105 (2), 114, 129, 133 oben, 135, 145, 146, 160, 161, 163, 166/167, 171, 172 oben links – Ernst Wrba: 7 Mitte, 9 oben, 10 Mitte, 12, 24, 25, 26, 32, 46, 49, 65 unten, 66, 67, 68, 74/75, 86/87, 90, 91, 92, 103 oben, 109, 119, 133 unten, 137, 172 oben rechts, 182 unten

## Impressum

Redaktionsleitung: Dr. Dagmar Walden
Aktualisierung: Astrid Rohmfeld
Bildredaktion: Astrid Rohmfeld
Karten: Mohrbach Kreative Kartographie
Layout: Martina Baur
Herstellung: Ralph Melzer
Druck, Bindung: Rasch Druckerei und Verlag

Printed in Germany

Ansprechpartner für den Anzeigenverkauf:
Kommunalverlag GmbH & Co KG,
MediaCenterMünchen, Tel. 089/9 80 96-44

ISBN 978-3-89905-328-9

Neu bearbeitete Auflage 2012